REVUE AFRICAINE DES SCIENCES JURIDIQUES

AFRICAN JOURNAL OF LAW

N° 2/2016

UNE PUBLICATION DE L'UNIVERSITÉ DE YAOUNDÉ II

Faculté des Sciences Juridiques et Politiques

RASJ

L'Harmattan

UNIVERSITÉ DE YAOUNDÉ II

UNIVERSITY OF YAOUNDE II

FACULTÉ DES SCIENCES JURIDIQUES FT POLITIQUES

FACULTY OF LAWS AND POLITICAL SCIENCES

ORGANISATION DE LA REVUE AFRICAINE DE SCIENCES JURIDIQUES

5-7, rue de l'Ecole-Polytechnique, 75005 Paris

http://www.harmattan.fr
diffusion.harmattan@wanadoo.fr
harmattan1@wanadoo.fr

ISBN : 978-2-343-10429-4
EAN : 9782343104294

SOMMAIRE

I.

DROIT PRIVÉ

LES AUSPICES DE LA LOI N° 2014/028 DU 23 DÉCEMBRE 2014 PORTANT RÉPRESSION DES ACTES DE TERRORISME

Jeanne Claire MEBU NCHIMI[1]

Introduction

L'évocation du terrorisme n'est plus un sujet lointain nulle part au monde. Les Camerounais quant à eux, s'en sont familiarisés à la faveur de la sombre actualité récurrente sur Boko-Haram[2]. La peur, la hantise et la terreur causées par ce groupe ont ravivé la problématique de l'aménagement d'un cadre juridique adéquat, pour des réponses efficaces tant aux plans juridique, diplomatique, humain que sécuritaire. C'est donc tout naturellement et pour garantir ce besoin de sérénité des populations que le projet d'adoption d'une loi spécifique a été inscrit dans le calendrier des pouvoirs publics.

En réalité, il n'y a pas eu de nouveauté en tant que telle, le Cameroun étant déjà partie prenante à la plupart des instruments juridiques internationaux et régionaux de lutte contre le terrorisme. En revanche, est nouvelle, la volonté de priorisation dans les politiques gouvernementales des mesures de lutte contre le phénomène qui, au moins jusqu'à l'adoption de la loi, ne semblait pas particulièrement préoccuper l'agenda gouvernemental. C'est en quelque sorte reconnaître que jadis simplement un signal clignotant, le combat contre le terrorisme a gagné en intérêt face à un contexte politicosécuritaire particulièrement marqué, à la fois par des guerres

---

[1] Professeur Titulaire des universités, Vice-Doyen à la Faculté des Sciences Juridiques et Politiques, Directeur du Centre de Recherche en Droit du Travail, de la Sécurité Sociale et des Affaires - Université de Yaoundé II.

[2] Il est intéressant d'avoir une analyse économique des actes terroristes pour mieux appréhender les enjeux de ce phénomène sur le plan juridique. Lire à cet effet : TAMBA (I.), « *Une analyse économique des actes terroristes de la secte djihadiste Boko-Haram dans la bande transfrontalière Tchad-Cameroun-Nigéria* », International Journal of Economics, 01, 06, 2014, PP 28-30.

civiles dans certains pays frontaliers et des attaques à répétition de groupes terroristes aux frontières et à l'intérieur du territoire national[3]. Le double attentat-suicide enregistré le 20 septembre 2015 à l'extrême-nord du pays a été justement une illustration frappante de ce climat sécuritaire particulièrement délétère dans un État qui n'entend ménager aucun effort pour la préservation de la paix, la tranquillité publique et la cohésion sociale. L'escalade terroriste contre les intérêts du Cameroun a fini par hisser la lutte contre ses actes constitutifs au sommet des priorités des pouvoirs publics par l'affermissement et le renforcement du dispositif répressif notamment. C'est dans cette perspective que les engagements internationaux du Cameroun en matière de lutte contre le terrorisme gagnent en visibilité au plan interne.

Le choix politique s'est concrètement traduit entre autres par la ratification de textes à dimension continentale dont on peut citer la convention de l'OUA sur la prévention et la lutte contre le terrorisme, adoptée le 14 juillet 1999 à Alger et de son protocole adopté le 08 juillet 2004 à Addis Abeba ; le Règlement CEMAC N° 02/10 du 02 octobre 2010 portant révision du Règlement N° 01/03/CEMAC/UMAC/CM du 04 avril 2003 portant prévention et répression du blanchiment des capitaux et financement du terrorisme en Afrique centrale[4]. Il s'est également traduit par un confinement utilitaire de la réaction antiterroriste, à travers l'adoption et la promulgation de la loi n° 2014/028 du 23 décembre 2014 portant répression des actes de terrorisme.

Cette loi constitue indéniablement au plan répressif interne, l'un des plus récents témoignages explicites de bonnes intentions quant au respect des engagements souscrits dans l'optique spécifique de lutter contre le terrorisme. Plus qu'un choix, l'émergence d'une politique pénale nouvelle plus adaptée à la complexité du terrorisme et au nouveau paradigme sécuritaire, est une nécessité. Il est aussi constant que la consolidation des acquis en matière de protection des droits fondamentaux est tributaire du combat engagé contre ce phénomène. De la sorte, procéder à une lecture de la loi sans prêter le flanc à une interrogation sur le sort des droits essentiels

---

[3] - Tchad-Cameroun-Nigéria, notamment.

[4] - Même si l'on peut reconnaître que l'objectif premier de ce règlement était la lutte contre le blanchiment, ce dernier est un facteur fondamental d'entretien du terrorisme.

procèderait d'un déni. Plus concrètement, au regard de la polysémie des enjeux, mais aussi des défis du combat contre le terrorisme, on peut difficilement s'empêcher une interrogation sur l'apport et *l'implémentation de ce nouvel instrument répressif dans « la guerre »*[5] *contre la menace terroriste en cohérence avec la sauvegarde des droits fondamentaux.* Cette question invite *in fine* à se prononcer sur l'existence ou non, de mesures indispensables d'optimisation de sa mise en œuvre sous-tendue par le principe d'équité tant à l'égard des droits des assaillants que de ceux des victimes. Sans souscrire à la prédiction des effets catastrophiques éventuels de la loi sur les libertés individuelles, des indicateurs perceptibles donnent à succomber à la pertinence de la valeur pédagogique d'un tel instrument, en résonnance à la fonction préventive et informative du droit pénal. Toutefois, on ne peut s'empêcher de redouter des risques de mauvais maniement de cette arme à double tranchant par les techniciens du droit. L'utilité de la loi dépendra des choix de méthodes d'interprétation chères à la loi pénale, pour résoudre les problèmes soulevés contre l'intégrité des personnes et paix sociale.

Cet « outil » normatif dont s'est doté le Cameroun doit être un atout d'une fondamentalisation de la lutte contre les actes de terrorisme, sous l'influence des instruments internationaux de protection des droits de l'homme. Les sujets des droits de l'homme n'excluant pas les suspects, le corolaire d'un combat efficace doit trouver à se réaliser dans le changement de paradigme dans la manière de juger et la nécessaire conciliation des intérêts en présence dans le procès pénal.

Plus précisément, c'est à l'aune de son réel apport dans le processus global de protection des droits fondamentaux en général et de lutte contre le terrorisme en particulier que l'on oserait analyser les auspices de la nouvelle loi contre les actes. Dans ce sens, les espoirs, comme les inquiétudes suscitées par cette loi, trouveraient à être confirmés pour les premiers, et dissipées pour les secondes, à travers la virtuosité des praticiens à l'ancrer dans son contexte (*II*) ; un ancrage dont les vertus dépendront de la mise en

---

[5] - Nous empruntons la force et la détermination du mot au président de la République du Cameroun qui, dans son intervention au Mini-Sommet sur la sécurité dans la sous-région d'Afrique centrale, organisé à Paris, le 17 mai 2014, déclarait « *Nous sommes ici pour déclarer la guerre à Boko Haram* ».

perspective de cette loi spécifique avec le dispositif législatif national de protection des droits fondamentaux (*I*).

I- La loi antiterroriste et le dispositif national de protection des droits fondamentaux

La loi de 2014 a été adoptée dans un contexte particulier dont le rappel des fondements n'est pas inutile (*A*), pour apporter un éclairage sur le degré de renforcement qu'elle apporte ou est susceptible d'apporter[6] au dispositif textuel de lutte contre le terrorisme (*B*).

A- Les fondements de l'adoption de la loi antiterroriste

Il est connu que le législateur qui adopte des mesures préventives de gestion des faits sociaux est parfois surpris par des évènements qui le forcent à agir *a posteriori*, au risque de fragiliser par des mesures exceptionnelles et souvent sévères, la quiétude sociale et institutionnelle[7]. C'est ce contexte de drames successifs, de risque de déstabilisation de la paix et d'absence de sérénité, qui semble avoir présidé à légiférer spécifiquement sur le terrorisme. Le climat et l'environnement social se caractérisaient par une nécessité prégnante de réconforter une population visiblement préoccupée par le caractère inédit de la situation sécuritaire au Cameroun, mais davantage inquiète par une carence manifeste dans l'ordre juridique interne d'un dispositif juridique approprié pour répondre à la violence et à l'impitoyabilité des terroristes. En franchissant le pas, le législateur posait un acte rassurant.

À cette utilité indiscutable, semblait liée une opportunité manifeste pour le Cameroun, quant au moment du respect de son agenda relativement à la concrétisation de l'engagement pris par la signature d'un certain nombre de textes internationaux de lutte contre le terrorisme.

Sous le prisme des observations qui précèdent, on peut s'autoriser à décrypter de la loi de 2014 à la fois une réplique à l'émergence graduelle d'une forme inhabituelle d'atteinte aux droits fondamentaux (*1*) ; et un

---

6 - La façon de l'implémenter déterminera en effet la plus-value que l'on peut en tirer, au regard de la politique de lutte contre le terrorisme.

7 - On peut relever à titre d'exemple, les célèbres ordonnances de 1972, caractérisées par leur sévérité, prises pour réagir contre la montée du grand banditisme.

levier idoine de renforcement du dispositif juridique existant de lutte contre le terrorisme (*2*).

1°) Réplique à l'émergence graduelle d'une forme inhabituelle d'atteinte aux droits fondamentaux

Affirmer que le terrorisme constitue une atteinte d'une gravité singulière aux valeurs essentielles de l'humanité relève du truisme. La pesanteur de la transgression et des traumatismes qu'il sous-tend est justifiée au regard d'un certain nombre de facteurs : importance des victimes ; cruauté des mécanismes et moyens employés ; et surtout la multiplicité des libertés et droits fondamentaux concomitamment violés.

De fait, de la sécurité publique à la vie humaine, en passant par l'intégrité physique, ou encore la liberté et la paix des personnes, nombreuses sont les valeurs bafouées par la barbarie des auteurs d'actes terroristes. Or, la déficience dans les politiques de lutte contre le terrorisme tient à l'inaptitude du cadre juridique existant à résorber de nouvelles formes d'atteintes aux droits fondamentaux. La loi spéciale de 2014 arrive donc à point nommé pour sinon juguler, du moins réduire cette menace tout aussi spécifique et complexe. Car aussi pertinent que puisse être le dispositif répressif existant qui par ailleurs a souvent su s'adapter à travers l'adoption de nombreuses lois pénales spéciales, certains comportements criminels à l'instar des activités terroristes, ne réussissent pas moins à y échapper. Il était donc d'une utilité incontestable qu'une loi spéciale soit adoptée, nonobstant l'existence d'un cadre global. Cette stratégie d'action à la base et pointue peut avoir l'avantage d'être élargie à tous les nombreux maillons de la chaîne terroriste[8].

Au demeurant, la spécificité de la réaction juridique tient de ce que le terrorisme est lui-même une forme inhabituelle d'actes de violence commis généralement avec l'intention de semer la terreur au sein des populations ou de contraindre une entité publique à adopter une certaine attitude ou idéologie[9]. La dimension pédagogique de l'actualité au quotidien qui a pour

[8] - Composée des terroristes eux-mêmes, de leurs complices, de leurs financiers ou des pourvoyeurs d'armes.

[9] - Il en a ainsi été des attentats du 11 septembre 2001 aux États-Unis d'Amérique qui constituent une des illustrations qui aura certainement le plus marqué les esprits au cours de

objectif de les présenter et de sensibiliser sur les mesures de précautions à adopter en guise de prévention, ne doit néanmoins pas voiler la nécessité de dissiper toute confusion susceptible de s'établir entre cette forme de criminalité, avec d'autres formes d'atteintes aux droits humains qui lui sont très voisines. Loin, en effet, d'être de simples atteintes à la vie ou aux droits fondamentaux de manière générale[10], les actes de terrorisme sont des atteintes perpétrées avec la ferme détermination d'exercer des contraintes sur les pouvoirs *publics*, en utilisant les populations comme cibles. Par fanatisme ou dérives idéologiques, les auteurs se plongent dans un déni absolu d'humanité pour imprimer leur violence de l'atrocité la plus ultime. Autant dire qu'au plan pénal, cette activité est porteuse de dol spécial à effets dévastateurs des politiques publiques de sécurisation des citoyens. C'est un dol spécial qui s'étend par ailleurs au dessein conscient et soutenu des terroristes, de semer la panique et l'instabilité au sein des populations.

Relativement méconnu ou marginal au moment de l'adoption du Code pénal en 1965, ce phénomène social trouve à s'affirmer en Afrique en général, et au Cameroun en particulier, autour des années 1970-80[11]. La récurrence et la lâcheté des attaques font désormais des actes terroristes la hantise du quotidien des Camerounais[12]. Paradoxalement, cette émergence

---

ces deux dernières décennies. C'est aussi le cas de la secte islamique Boko Haram dont l'objectif est de convertir le monde entier à l'islam radical ou califat, de faire appliquer strictement la charia au Nigéria qui est sa base. Son idéologie est le rejet de l'école occidentale. Pour plus de détails, lire (I.) TAMBA, *op.cit.*

[10]- La plupart de ces atteintes étant déjà réprimées tant dans le Code pénal de 1967, dans la Loi n° 2016/007 du 12 juillet 2016 portant Code pénal, que dans des lois pénales spéciales. En l'occurrence, assassinat (art. 276) ; incendie et destruction de biens (art. 227) ; activités dangereuses (art. 228) ; substances explosives (art. 229) ; arrestation et séquestration (art. 191) ; apologie des crimes et délits (art. 267) ; réunions et manifestations publiques (art. 231) ; etc. Il est toutefois regrettable que le nouveau Code pénal n'ait pas tenu compte du changement de paradigme pour prendre suffisamment en considération cette loi spéciale de 2014 dans sa politique d'incrimination.

[11]- 1970 en Égypte : naissance de la Gamaa Islamiyya, l'un des groupes terroristes égyptiens les plus meurtriers dans le pays entre 1985 et 1997. Septembre 1989 : l'attentat contre un DC-10 de la compagnie UTA au-dessus du Niger (170 morts) est imputé à la Libye1988.

[12]- Enlèvement de religieux à Waza il y a quelques années, menaces du chef de la secte Boko Haram contre les autorités camerounaises en 2015, attentats de Maroua septembre 2015, double attentat à Mora le 20 septembre 2015.

des activités terroristes contrastait avec l'insuffisance du dispositif pénal interne de répression et l'absence des textes spécifiques encadrant des activités aussi singulières en droit camerounais jusqu'au 23 décembre 2014. La disproportion entre la violence et les mécanismes de riposte fonde à dire que le législateur n'avait pas d'autre choix que d'intervenir. C'est pourtant depuis 1988 que le pays avait souscrit à plusieurs engagements internationaux lui recommandant l'intégration des actes terroristes, en tant que forme autonome et violente d'atteinte aux droits fondamentaux, dans son dispositif répressif interne. La sombre actualité donnait de la sorte l'opportunité d'accélérer le processus de respect des engagements.

2°) Respect des engagements internationaux

Le respect des engagements internationaux est un objectif cher au Cameroun comme peut en témoigner sa forte présence au concert des nations. Depuis les années 1970, la récurrence des actes de terrorisme et l'organisation des mouvements terroristes en réseaux constituent un véritable obstacle à toute entreprise de coopération internationale, toute chose de nature à compromettre le développement des pays et singulièrement, ceux du tiers-monde.

L'engagement du Cameroun aux côtés des autres États dans la lutte contre le terrorisme revêt alors un intérêt multidimensionnel. Coopérer pour freiner la menace à la sécurité des personnes et des biens, afin de juguler le phénomène terroriste qui recèle une réelle capacité de remise en cause des fondations même de toute idée de développement humain et de la nation. Il s'agissait aussi de rendre opérationnel et les harmonisant, les dispositions substantielles et formelles permettant de poursuivre les auteurs des actes de terrorisme[13]. Ainsi, quand bien même il y aurait lieu de noter le retard qui a caractérisé l'adhésion du Cameroun à des instruments internationaux pourtant adoptés depuis le début des années 1970, le pays semble résolument engagé dans le processus de lutte contre le terrorisme depuis près de trois décennies par la ratification de plusieurs conventions à divers échelons :

[13] - Au-delà de l'aspect fondamental, la loi règle aussi les aspects procéduraux concernant la compétence matérielle et territoriale.

Au niveau international

– Convention internationale contre la prise d'otages adoptée en 1979 (9 mars 1988) ;

– Convention sur la prévention et la répression des infractions contre les personnes jouissant d'une protection internationale, y compris les agents diplomatiques, adoptée en 1973 (1992) ;

– Convention internationale pour la répression des attentats terroristes à l'explosif de 1997 (20 mars 2005).

Au niveau de la sous-région

– Règlement CEMAC relatif à la prévention et à la lutte contre le blanchiment de capitaux et le financement du terrorisme (2003) ;

– Règlement n° 08/05-UEAC-057-cm-13 portant adoption de la convention relative à la lutte contre le terrorisme en Afrique centrale (2005) ;

– Convention de l'OUA sur la Prévention et la Lutte contre le Terrorisme (1999) ; a également fait l'objet d'une ratification, même si elle n'est intervenue que le jour même de l'adoption de la loi camerounaise antiterrorisme, le 23 décembre 2014. Si la résolution 1373 du Conseil de Sécurité intervenu au lendemain des attentats du 11 septembre 2001 recommande aux États de devenir parties à ces instruments de lutte contre le terrorisme, on peut valablement compter le Cameroun parmi les deux tiers des États membres de l'ONU ayant clairement manifesté la volonté de respecter leurs engagements à l'égard de la communauté internationale[14].

S'agissant de la protection de la souveraineté des États, le mécanisme consacré en droit international est celui d'une coexistence complémentaire des ordres juridiques. Notamment, les incriminations sont fixées par l'instrument international, confiant le soin de la détermination des sanctions à la compétence des États-partie. Ainsi incombe-t-il généralement à tout État-partie d'incriminer les actes de terrorisme dans son droit interne ou tout au moins de rendre ces infractions juridiciables par la définition du régime de répression approprié.

---

[14] - La réserve liée à la question de souveraineté est classique.

Cependant, malgré l'engagement du Cameroun à l'échelon international, régional et sous régional, le constat au regard du droit pénal interne semble pour le moins paradoxal. Si l'on excepte en effet le Règlement CEMAC de 2002 qui est d'application directe dans les États membres, et celui de 2005 qui se contente de qualifier les faits constitutifs d'actes de terrorisme, on note une quasi-inexistence de dispositions légales autonomes expressément consacrées à la répression des actes de terrorisme. Autant dire que le droit camerounais jusqu'au 23 décembre 2014, ne réprimait effectivement que le financement du terrorisme. L'intégration des infractions de terrorisme proprement dites en droit interne faisait notoirement défaut. La loi de 2014 vient donc à point nommé rectifier cette relative défaillance de l'État camerounais vis-à-vis de ses engagements à l'égard de la communauté internationale. C'est affirmer que la loi de 2014 n'est nullement redondante. Son arrivée était au contraire une rectification attendue de cette relative défaillance de l'État camerounais, vis-à-vis de ses engagements à l'égard de la communauté internationale ; ainsi qu'un acte d'apaisement au sein des populations, qui est un avantage comparatif en regard de la pression sécuritaire qu'elle recèle et dont la susceptibilité qu'elle freine les libertés fondamentales est redoutée par certains experts.

D'autres fondements politicosécuritaires au niveau national s'expliquent par la pression sécuritaire qui n'est parfois pas sans effets néfastes sur les libertés fondamentales. L'action du législateur était l'occasion de manifester la robustesse de sa réaction face à la témérité tout aussi redoutable des réseaux terroristes. Celle-ci peut être lue comme une volonté d'opposer à une menace exceptionnelle des mesures exceptionnelles. Il n'est de secret pour aucun observateur que le Cameroun traverse un contexte sécuritaire exceptionnel depuis quelques années. Son statut « d'Afrique en miniature » par ailleurs considéré comme un « ilot de paix » aux yeux du monde est mis à rude épreuve. Loin d'être une simple description hyperbolique au dessein politicotouristique[15], il y a lieu de restituer que jamais le peuple camerounais n'avait été auparavant confronté à une telle envergure d'inquiétude sécuritaire. En témoigne la stabilité politique enviée par certains États

[15] - En effet depuis les indépendances en 1960, il y a eu lieu quelquefois de noter un certain nombre de revendications mineures à caractère éminemment politiques au lendemain des indépendances, au début des années 1990 ou encore en février 2008.

africains exposés de manière quasi récurrente à l'insécurité institutionnelle[16]. En témoignent aussi les points engrangés dans l'amorce significative de la croissance économique depuis l'admission du pays au point de décision, puis d'achèvement de l'Initiative en faveur des Pays Pauvres Très Endettés (PPTE)[17]. C'est reconnaître que le phénomène du terrorisme était jusque-là, perçu au Cameroun davantage comme une menace susceptible d'avoir tout au plus des répercussions incidentes, et moins comme une réalité quotidienne. Cette atmosphère de sérénité a sans doute pu justifier la relative léthargie des institutions publiques à mettre en place un dispositif véritablement effectif et fiable. Il appert pourtant que le risque d'insécurité s'est suffisamment généralisé sur toute l'étendue du territoire pour autoriser une inertie des pouvoirs publics.

On se souvient de l'enlèvement à Waza (Nord-Cameroun), de la famille Fournier en février 2013, puis le père Georges Vandenbeusch en novembre de la même année. Le 05 avril 2014, c'était au tour de trois religieux canadiens et italiens d'être enlevés à Maroua (toujours au Nord-Cameroun). Courant 2014, des éléments de la secte islamiques Boko Haram imposaient une guerre à l'armée camerounaise à travers des tentatives d'incursion en séries sur le territoire camerounais. Ces tentatives ont été à chaque fois repoussées par les forces de défenses camerounaises, parfois avec un bilan lourd en pertes humaines. Des villages entiers font régulièrement l'objet de massacres par les éléments de ladite secte. Depuis des mois cependant, la barbarie semble s'être déplacée des lignes de front pour davantage se rapprocher des populations civiles au travers des attentats suicides (Le 22 juillet 2015 à Maroua, le 03 septembre 2015 à Kolofata, le 20 septembre de la même année, à Mora, etc.). L'émoi a gagné une telle ampleur et la psychose si généralisée que les populations scrutaient des mesures drastiques de sauvegarde de la sécurité que leur a proposées le législateur à travers l'adoption de la loi de 2014.

L'adoption de moyens adéquats pour faire face à menace régulière, s'érigeait réellement en une nécessité. L'effet psychologique recherché pourrait donc bien résider au caractère exceptionnel que le législateur a

---

16 - Burkina Faso, Soudan, Libye, Égypte, Côte d'Ivoire, etc.

17 - Respectivement en 1999 et 2001.

voulu imprimer à cet instrument de lutte contre une menace tout aussi exceptionnelle, lâche et insidieuse. Le caractère extrêmement large des actes incriminés en témoigne. En témoigne aussi le recours aux sanctions pénales les plus sévères ainsi que la célérité qui semble manifestement vouloir être attachée à la procédure.

Plus généralement, il semblait nécessaire pour les institutions publiques de rassurer les populations en adressant un signal fort à toute velléité d'instrumentaliser sa vie, son intégrité physique, sa sécurité ou celle de ses biens, dans le dessein d'exercer une pression indirecte sur les autorités légitimes en place. La loi portant répression des actes de terrorisme est à cet égard perçue comme un levier complémentaire du dispositif de lutte contre le terrorisme au Cameroun.

B- Levier de renforcement du dispositif textuel de lutte contre le terrorisme

Maillon essentiel de la chaîne de répression du terrorisme, la nouvelle loi se démarque tant par son modèle d'incrimination (*1°*) que par son régime de répression (*2°*).

1°) Particularisme du modèle d'incrimination

Il a déjà été relevé la nécessité de percevoir ce nouvel instrument juridique dans une logique de complémentarité à l'égard de l'arsenal répressif existant. Ainsi n'intervient-il pas dans la finalité d'abroger des dispositions légales en vigueur. La politique d'incrimination a démontré une certaine efficacité dont la remise en cause n'était pas à l'ordre du jour. Le législateur de 2014 n'introduisait pas une nouvelle manière de sanctionner l'atteinte à la vie en elle-même ni davantage de faire double usage ou ombrage à une quelconque disposition incriminant une atteinte à la sécurité des personnes ou à la paix des personnes.

Il est constant que la plupart des actes de terrorisme portent simultanément atteinte à plusieurs droits fondamentaux. Pour prendre l'exemple des attentats-suicides, on relève en confusion des atteintes à la vie, à l'intégrité physique, aux biens, à la tranquillité des personnes, etc. Cependant, de nombreuses incriminations existent déjà pour protéger ces droits fondamentaux. On rappellera entre autres dans le Code pénal, l'art.

276 (assassinat) ; l'art. 227 (incendie et destruction) ; l'art. 228 (activités dangereuses) ou encore l'art. 229 (substances explosives).

Ce qui est visé à travers la nouvelle incrimination c'est la finalité de ces actes. C'est cette finalité spécifique des actes d'atteinte à la vie, à l'intégrité des personnes, à la liberté des personnes qui était jusque-là restée non incriminée, et non pas ces actes d'atteinte en eux-mêmes. Ces derniers étaient pour la plupart saisis par le droit pénal à travers des incriminations déjà existantes, et n'auraient pas eu besoin d'un nouveau cadre législatif[18]. La violation de ces libertés individuelles avec cette finalité particulière a accru ces dernières décennies en ampleur au point de s'ériger en un véritable secteur d'activité criminelle et que l'on qualifie de terrorisme. À l'aune de l'existence de cette finalité tout au moins en termes de probabilité, il y aurait donc lieu d'attribuer à l'acte matériel la qualification d'acte de terrorisme ou plutôt une autre qualification voisine. Il s'agit en termes plus scientifiques d'un dol spécial érigé en élément constitutif de l'infraction de terrorisme. Cette finalité particulière qui est incriminée dans les actes de terrorisme peut prendre plusieurs aspects. Si l'énumération des actes matériels semble paradoxalement traduire une volonté du législateur de balayer au maximum tout moyen pouvant conduire au terrorisme, celle des aspects que peut revêtir ce dol spécial traduit davantage la précision et la concision dont il a voulu envelopper les actes qu'il y a lieu de qualifier d'actes de terrorisme.

Le raisonnement approprié pourrait donc consister à procéder en sens inverse et à interroger d'abord ces finalités circonscrites par le législateur avant d'aller interroger les différents actes matériels, simples moyens pour atteindre ces finalités particulières et qui en général devraient être de moindres difficultés ; puisque la logique législative semble être de viser le maximum de moyens de terroriser.

Les finalités expressément prévues par l'article 2 de la loi sont notamment :

- intimider la population ;
- provoquer une situation de terreur ;

[18]- En l'occurrence, certains de ces actes étaient justement déjà punis de mort (cf. art 276 CP - assassinat).

– contraindre soit la victime de l'acte envisagé, soit une organisation nationale ou internationale, soit alors le gouvernement (à agir d'une certaine manière ou plutôt à s'abstenir d'une façon précise) ;

- perturber le fonctionnement normal d'un service public ;
- la prestation de services essentiels à la population ;
- créer une situation de crise au sein de la population ;
- créer une insurrection générale dans le pays.

De l'énumération qui précède ressortent des finalités qui semblent pour l'essentiel cerner trois grandes idées : *une peur à grande échelle ; une contrainte des pouvoirs publics* et ; une *déstabilisation de l'État*. Au centre de ces finalités se retrouvent l'organisation et le fonctionnement harmonieux de l'État. Car ces actes sont principalement dirigés contre les pouvoirs publics en vue de leur exercer des contraintes ou/de décrédibiliser ; et non spécialement aux individus victimes en tant que particuliers. On peut légitimement en déduire qu'au-delà des atteintes contre les particuliers, l'infraction de terrorisme vise davantage les atteintes à la sureté de l'État. D'où le rapprochement de l'infraction de terrorisme du domaine des infractions contre la sureté de l'État. Sa place naturelle serait donc davantage aux côtés de crimes tels que la trahison (punie de mort à l'art. 102 CP) ; la sécession (punie de mort à l'art. 111 CP), la guerre civile (punie de mort à l'art. 112 CP) ou encore l'insurrection (punie d'un minimum de 10 ans de privation de liberté)[19].

---

[19] - La déstabilisation et la terreur créées au sein de la population sont elles-mêmes rarement concevables sans une ambition implicite d'obliger les autorités publiques à agir ou à s'abstenir d'agir dans un sens déterminé. Dès lors on pourrait bien être fondé à penser que toutes les finalités énumérées par le législateur ne sont en réalité que des finalités intermédiaires, des moyens de contrainte à grande échelle. La finalité ultime serait donc principalement la contrainte des pouvoirs publics (celle des particuliers étant déjà réprimée par l'art 291 CP [arrestation et séquestration]. La question de savoir si l'acte posé a pour finalité ultime exercée une forme de pression – fut-elle implicite – à l'endroit des pouvoirs publics pour les contraindre à agir ou à s'abstenir d'agir pourrait donc s'avérer essentielle. Elle pourrait être la mesure du caractère terroriste ou non des actes matériels généralement incriminés par d'autres textes de droit interne.

2°) Originalité du régime de la répression

Le régime de la répression choisi par le législateur de 2014 tient tantôt de la sublimation de la fonction préventive, tantôt des particularités procédurales.

S'agissant de la sublimation de la fonction préventive, l'analyse de la loi de 2014 semble ressortir trois traits essentiels qui déclinent l'originalité qu'il y a lieu de noter au sujet de la sanction des actes de terrorisme.

D'abord, on peut remarquer le recours récurrent aux sanctions extrêmes telles que la peine de mort (art 2, 3,4, 5) ou encore l'emprisonnement à perpétuité (art 2al 3).

Il convient ensuite de mentionner la restriction de l'effet ordinaire des circonstances atténuantes en cas de crime. Aux termes de l'art 91 du Code pénal en effet, les peines prévues par la loi contre ceux reconnus coupables de crime passible d'un emprisonnement à vie peuvent être réduites à 5 ans. Lorsque la peine encourue est un emprisonnement à temps, elle peut être réduite à un an. Pourtant au regard des dispositions de la loi de 2014, il y a lieu de remarquer que l'abaissement de la peine par l'admission des circonstances atténuantes ne peut s'effectuer en deçà de 10 ans[20].

L'imprescriptibilité des peines (art 15) mérite enfin d'être soulignée. L'art 67 CP prévoit en effet qu'en cas de crimes, les peines et les mesures de sureté non subies ne peuvent plus être exécutées après l'expiration d'un délai de 20 ans. Les actes de terrorisme dérogent nettement à cette règle ; puisque l'article 15 de la loi de 2014 énonce clairement que les peines prononcées par les juridictions compétentes sont imprescriptibles.

En définitive, la nouvelle loi n'apporte aucune sanction nouvelle. Mais la finalité que le législateur s'est proposé d'atteindre à travers le recours à toutes ces techniques semble se dégager d'elle-même : l'élimination sociale systématique du terroriste et l'intimidation des candidats au terrorisme. Il s'agit d'une autre façon d'évoquer les deux aspects de la fonction préventive dévolue à la sanction pénale, à savoir la prévention de la récidive et l'intimidation des délinquants primaires. Le souci de resocialisation cher à la

---

[20]- Cf. art 13 al 1.

plupart des grands criminalistes de l'ère moderne n'est donc pas une priorité à l'égard des terroristes.

Les spécificités d'ordre procédural quant à elles, s'articulent autour de la garde à vue, de l'action publique et de la phase d'instruction.

Le particularisme de la garde à vue se traduit d'abord par l'allongement du délai. Le délai de la garde à vue ordinaire est de quarante-huit heures renouvelables une fois en principe. Exceptionnellement, ce délai peut être renouvelé deux fois sur autorisation du procureur de la République. La durée maximale de la garde à vue est donc de six jours (cf. art 19 al 2). Au regard de ces dispositions, le contraste avec l'article 11 de la loi de 2014 est particulièrement remarquable. En effet, aux termes de la loi antiterroriste, le délai de garde à vue dans les enquêtes de terrorisme est au moins sept fois plus élevé que celui de l'enquête ordinaire, passant de quarante-huit heures à 15 jours. Par ailleurs, le pouvoir de prorogation de cette mesure de privation de liberté semble avoir perdu toutes les précautions qui l'entouraient et l'empêchait de devenir un instrument de l'arbitraire. Cette mesure de privation très temporaire de liberté semble s'être sérieusement rapprochée d'une véritable peine d'emprisonnement, puisqu'elle peut ici être renouvelée indéfiniment. Le procureur de la République étant désormais doté d'un pouvoir de prorogation sans limites. Au sens de l'exposé des motifs de cette loi antiterrorisme, cette particularité de la garde à vue se justifie par le caractère complexe de l'enquête et la dangerosité des auteurs.

Cette préoccupation semble aussi pouvoir justifier l'imprescriptibilité de l'action publique en matière d'infraction de terrorisme d'ailleurs soumise au *jus cogens*[21], comme certaines infractions formant un noyau dur qui choque la conscience de l'humanité. On peut y déceler de manière quasi similaire ce souci de ne laisser à l'accusé aucune chance de profiter d'un quelconque sanctuaire pour échapper à la justice à cause de la complexité des enquêtes. L'art 15 énonce à ce propos que l'action publique et les peines prononcées sont imprescriptibles en cas de commission d'actes de terrorisme. La déclinaison de la sévérité que le législateur entend donner au traitement de

21 - *Norme impérative de droit international général acceptée et reconnue par la communauté internationale dans son ensemble en tant que norme à laquelle aucune dérogation n'est permise.*

l'activité de terrorisme ne se limite pas à cette observation, certains gages d'équité de la procédure ayant été supprimés.

L'instruction, ou information judiciaire, est une des phases névralgiques du procès pénal. Elle est celle au cours de laquelle le juge d'instruction le cas échéant rassemble les charges afin de vérifier si l'infraction est réellement constituée. Il s'agit en quelque sorte d'une phase au cours de laquelle le juge d'instruction évalue la pertinence d'une action en justice au regard des indices produits par le procureur et au regard des éventuels incidents de procédure. Ce moment permet une appréciation du dossier judiciaire par une personne dotée d'une certaine neutralité par rapport au procureur qui a pour mission de rechercher ces éléments. Constituant donc en réalité un gage d'une justice équitable, elle doit être objective. L'exigence de ces garanties n'a pourtant pas dissuadé le législateur de 2104 de supprimer cette phase essentielle du procès pénal. L'art 12 de la loi prévoit une saisine exclusive des juridictions de jugement par ordre de mise en jugement direct du commissaire du gouvernement. Ce retour à la procédure en vigueur à l'époque de l'application du Code d'instruction criminelle de 1838 pourrait être regardé comme une reculade.

II- Instrument complémentaire de renforcement des droits fondamentaux

Comme la plupart des États-partie aux instruments internationaux, le Cameroun doit prendre toutes les mesures nécessaires pour protéger les droits fondamentaux de leurs populations contre tous les actes terroristes. La loi de 2014 doit dans cette perspective, relever un certain nombre de défis. Pour l'essentiel, ces défis peuvent être d'ordre procédural (*A*) et d'ordre substantiel (***B***).

A. Défis d'ordre procédural

L'évocation de la répression couvre toujours des risques d'atteinte aux libertés et droits individuels. Il revient donc à tout État de droit d'organiser la procédure pénale autour de la protection desdits droits. C'est dans ce sens que le Cameroun a consacré les principes fondamentaux gouvernant le procès pénal[22], dont la consolidation peut être mise à rude épreuve dans des législations de crise comme celle du terrorisme. Le droit au procès équitable (*1°*) et l'extension de la spécialisation des juges répressifs (*2°*) sont entre autres, des gages du renforcement des droits des personnes.

1°) Consolidation du droit à un procès équitable

Toute mise en œuvre des règles de droit pénal est gouvernée par une idée maitresse qui semble être l'âme de la justice pénale sans laquelle toute la puissance attribuée à ses instruments de répression ne serait que ruine de la société qu'ils sont censés protéger. On ne doit jamais perdre de vue que la finalité est la recherche de la vérité. Le principe général qui matérialise le mieux cette idée est le principe d'équité dont des déclinaisons telles que la présomption d'innocence, l'impartialité, la publicité, les droits de la défense ne sont que des aspects. D'une manière générale, il y a lieu de signaler le spectre d'une grave menace à ce principe cardinal de la justice pénale à plusieurs points de vue ; des écueils qu'il y aura lieu d'éviter tout au long du processus de mise en œuvre de cette nouvelle législation.

La présomption d'innocence constitue à première vue l'aspect le plus exposé du principe d'équité au regard des dispositions de la nouvelle loi, si on s'en tient non seulement à la durée de la garde à vue, mais aussi au pouvoir de prorogation reconnu au commissaire du gouvernement (cf. art. 11). Il convient dès lors de souligner que, les droits du gardé à vue tels qu'aménagés par le Code de procédure pénale ne doivent en aucun cas être ignorés du moment où ils ne présentent aucune incompatibilité avec la nouvelle loi. La sauvegarde du droit à un traitement humain du suspect notamment avec toutes les incidences qui s'ensuivent relève de la gageure, au regard des tensions et colères qui entourent les actes de terrorisme. Il en va de même du droit à la santé physique et morale ; du principe du contradictoire qui convoque entre autres le droit à l'assistance d'un avocat, le droit à l'information et le droit à un délai raisonnable pour la préparation de la défense. Toutes ces mesures sont destinées à prémunir le suspect contre l'usage arbitraire des moyens de contrainte placés entre les mains de son adversaire. Car convient-il de le rappeler, le ministère Public est partie

[22] - Le Code de procédure pénal nouveau, adopté en 2005 semble résolument inscrit dans cette philosophie.

principale au procès pénal. La faculté de prorogation illimitée de la garde à vue lui confère de la sorte un pouvoir de « sanction » comparable au moins à celui de la détention provisoire qui lui a été en principe retiré dans le cadre de la procédure ordinaire. Les autorités chargées de l'application de cette loi sont à cet égard, interpelées quant à la dextérité avec laquelle ils devront rechercher le juste équilibre entre les aspects extrêmement répressifs et la préservation des acquis dans la quête de l'idéal d'un État de droit.

Le principe d'impartialité semble également pouvoir prendre un coup à travers l'application des dispositions de l'article 12 de la loi de 2014. En effet, la nécessité de garantir à tout citoyen un traitement sans parti pris, justifie bien que le législateur ait encadré la procédure des mécanismes pouvant garantir l'impartialité dans tout le processus. La diversification des fonctions judicaires assurées par des magistrats différents participe justement de ces garanties offertes au citoyen susceptible d'être poursuivi à tort même pour des motifs souvent les plus graves[23]. L'intérêt de cette diversification — séparation s'en trouve davantage accru ici au regard de la sévérité des sanctions encourues. Or c'est justement cette garantie d'équité que le législateur de 2014 s'est proposé de réaménager à travers la suppression de la phase d'instruction. Ce qui appelle nécessairement un surcroît de minutie et un sens supplémentaire d'objectivité de la part du juge de jugement qui, dans le cadre des procédures en matière de terrorisme devra lui-même mettre l'affaire en état de jugement avant de juger. C'est donc le lieu d'établir considérant le caractère déterminant de la fonction d'instruction en cas de crime, que si le législateur a supprimé la phase d'instruction, la fonction d'instruction en elle-même demeure. Sa mise en œuvre est donc dans le cadre de cette loi dévolue au juge de jugement qui devra ainsi cumuler les fonctions d'instruction et celle de jugement.

2°) Extension de la logique de spécialisation des juges répressifs

L'adaptation de la justice pénale aux contextes nouveaux postule l'intégration du juge dans ce processus de contextualisation des solutions juridiques face aux nouvelles réalités sociales. Tout en demeurant dans la foi

---

[23] - MEBU NCHIMI (J. C.), « La Procureur de la République « décoiffé » de sa casquette de magistrat instructeur », *in Les nouvelles tendances de la procédure pénale*, ouvr. Coll., sous la direction de TCHAKOUA (J. M.), 2007.

de l'interprétation stricte de la loi pénale, le juge ne saurait plus être seulement « *la bouche qui dit la loi* ». C'est toute la problématique de spécialisation des personnels de la justice et du juge répressif en particulier qui est ainsi mise en exergue. La spécialisation des juges consiste en une attribution de contentieux d'une certaine nature à un juge spécifique en raison de la technicité, la complexité inhérente de ce contentieux[24]. La spécialisation est perçue comme l'un des moyens de mettre en œuvre une justice efficace et de qualité, compte tenu de la complexité et la technicité de certaines affaires. La question se pose dans les milieux judiciaires avec de plus en plus d'acuité. Le législateur camerounais semble avoir été convaincu par les vertus de cette technique. Aussi a-t-il pris l'option de spécialiser les juges dans certaines matières criminelles jugées particulièrement complexes. C'est le cas notamment du juge des infractions de détournement de deniers publics d'un montant supérieur à 50 000 000[25]. Contentieux qui a été confié exclusivement aux juges du Tribunal Criminel Spécial. Au regard des avantages généralement présentés par cette technique, il semble impérieux qu'elle s'étende en matière de terrorisme si l'on veut relever les nombreux défis de la législation antiterroriste. Il est permis de soupçonner que le législateur a implicitement rejoint l'école de la spécialisation à travers la consécration de la compétence exclusive du contentieux des actes terroristes au tribunal militaire. Si tel était le cas, l'avancée ne peut occulter l'insuffisance qui relègue cette spécialisation uniquement au niveau purement juridictionnel. En effet l'exclusivité de dévolution de compétence ne s'attache pas aux matières qui pourraient être soumises au juge militaire, mais uniquement au type de juridiction compétente. Le juge militaire reste bien entendu également compétent pour connaître d'un grand éventail de contentieux qui peuvent être de nature à atténuer l'efficacité de cette belle

---

[24]- RUBIS-CAVAGNA (E.), « L'extension des procédures dérogatoires », Revue de science criminelle, 2008, p. 23 ; POTASZKIN (T.), « La poursuite du processus de spécialisation de la justice pénale. (Commentaire des articles 22, 23 et 24 de la loi du 13 décembre 2011 relative à la répartition des contentieux et à l'allègement de certaines procédures juridictionnelles », Dalloz 2012, p. 452 ; YAWAGA [S.], « La poursuite du processus de spécialisation de la justice pénale en matière de détournement des deniers publics : À propos de la loi portant création du Tribunal criminel spécial et des textes subséquents », Juridis-Périodique n° 90, 2012, p. 41-64.

[25] - MEBU NCHIMI (J. C.), « Fallait-il créer un Tribunal Criminel Spécial au Cameroun ? », à paraître.

déclaration d'intention. Le juge militaire ayant manifestement été constitué juge anti-terroriste au Cameroun, nous appelons de nos vœux que les pouvoirs publics peaufinent leur œuvre à travers des mesures d'accompagnement relatives à la formation du personnel judiciaire concerné. La solution pourrait davantage être efficace si elle permettait la création d'une section spéciale avec un ministère Public et un greffe spécialisé en plus du juge anti-terroriste. Toutes choses de nature à permettre la mise en œuvre des défis d'ordre substantiel.

B - Défis d'ordre substantiel

Les défis d'ordre substantiel tiennent davantage à la mise en convergence des textes et au respect de leur hiérarchie.

Du point de vue de l'application de la loi, la loi de 2014 en tant que simple intégration des engagements juridiques internationaux dans l'ordre interne, le praticien pourrait être confrontée à certaines difficultés relatives à la conciliation des dispositions des différents ordres et textes juridiques. Il y a en effet lieu de rappeler que nombreuses sont les infractions dont la qualification pourrait créer une confusion avec l'infraction de terrorisme. Il en est ainsi d'abord de nombreuses atteintes contre les particuliers à l'instar du meurtre, de l'assassinat, des coups et blessures ou incendie et destruction des biens. Il en est également ainsi de nombreuses infractions contre la sécurité des personnes telles que les activités dangereuses (art 228 CP), les réunions et manifestations, les pillages en bande (art 236 CP), les attroupements (art 232 CP). Certaines atteintes à la sureté de l'État peuvent également soulever un problème identique.

Le premier défi que les autorités judiciaires devraient relever est de réussir à faire coexister toutes ces infractions dans un processus global de protection des libertés individuelles. Ainsi que nous l'avons décliné précédemment, la différence entre tous ces comportements doit être cherchée au-delà du simple contexte sécuritaire. Car même dans un contexte d'insécurité grandissante et même d'attaque extérieure, les différentes infractions du dispositif répressif devraient pouvoir opérer de manière complémentaire. Car, il faut le redire, chaque infraction comporte une particularité qui justifie son existence et sa présence dans le dispositif d'ensemble.

Il y aura également lieu pour les juridictions camerounaises de concilier l'application de la loi avec les autres engagements internationaux du Cameroun. Tel est le cas de la Convention contre la torture et d'autres peines ou traitements cruels, inhumains ou dégradants à laquelle le Cameroun a adhéré le 19 décembre 1986. Celle-ci définit la torture comme « *tout acte par lequel une douleur ou des souffrances aiguës, physiques ou mentales, sont intentionnellement infligées à une personne aux fins notamment d'obtenir d'elle ou d'une tierce personne des renseignements ou des aveux, de la punir d'un acte qu'elle ou une tierce personne a commis ou est soupçonnée d'avoir commis, de l'intimider ou de faire pression sur elle ou d'intimider ou de faire pression sur une tierce personne, ou pour tout autre motif fondé sur une forme de discrimination quelle qu'elle soit, lorsqu'une telle douleur ou de telles souffrances sont infligées par un agent public ou toute autre personne agissant à titre officiel ou à son instigation ou avec son consentement exprès ou tacite* » ; la parenté avec les actes terroristes est ténue sur le champ interprétatif et en fonction du contexte. La tâche des praticiens est cardinale dans cette œuvre de sécurisation des individus et de construction du sentiment humain à grande échelle.

La loi a été votée et publiée, mais l'on ne peut s'empêcher de se demander si le véritable problème se pose principalement en termes juridiques. Le dispositif normatif est certes essentiel en fonction du paradigme de protection des droits fondamentaux. Il semble pourtant que la question du dispositif de forces de défense sécuritaire soit un garde-fou à dresser en aval. De même, les attaques sont lâches et s'opèrent par effet de surprise, d'où la nécessité d'éduquer les populations à la vigilance, en plus du renforcement du volet relatif au renseignement et à la coopération. Quoi qu'il en soit, cette « guerre » est loin d'être gagnée pour ce combat dont la fin reste une grande inconnue.

LA RESPONSABILITÉ PÉNALE DES DIRIGEANTS DES ENTREPRISES PUBLIQUES CAMEROUNAISES À L'ÉPREUVE DU DROIT OHADA

Elvice Médard KAMTA FENDOP[1]

Résumé :

L'insertion du droit OHADA dans le corpus juridique camerounais a engendré, par l'adoption de la multitude des textes nationaux qu'elle a suscitée, une véritable complication dans la détermination du régime de la responsabilité pénale des dirigeants des entreprises publiques (ou sociétés d'État) camerounaises. Ces dernières portent d'ailleurs en elles-mêmes les germes d'une telle complication. Contrairement aux sociétés commerciales classiques de droit privé, elles sont soumises à un régime particulier ayant vocation à convoquer les dispositions tant du droit privé OHADA ayant une répercussion douce sur la sphère pénale, que du droit public impliquant une répression sévère. Sur la question, la position des juges camerounais en faveur de la sévérité publiciste tend à laisser croire que le conflit entre la norme supranationale OHADA et les normes nationales est réel. Cela est sans doute critiquable.

Abstract:

The insertion of the OHADA law in the Cameroonian legal corpus has generated, through the adoption of a vast bunch of national laws it has created, a serious complication in determining the regime of penal responsibility of public companies' managers (or state companies) in Cameroon. These companies carry the seeds of that complication. Unlike traditional private law corporations, public companies are subject to special regime which aspires, on the one hand, to call on the provisions of the

[1] Doctorat Ph. D en Droit privé, Attaché d'Enseignement et de Recherche, rattaché au département de théorie de Droit, Coordonnateur adjoint des licences professionnelles, niveau 1, FSJP/UY-II, Courriel : kamel_tavis@yahoo.fr

OHADA private law which has a soft impact on the criminal sphere, and on the other hand, on the public law which involves a severe repression. On this issue, the position of the Cameroonian judges which favour severe repression tends to show the reality of the conflict between the OHADA supranational norms and national norms. This situation is undoubtedly questionable.

Mots-clés : Banqueroute, Détournement, Abus des biens, Qualification, Conflits de normes, Ordre public, Régime particulier, Non-*dérogeabilité*, Sanctions

La loi n° 99/016 du 22 décembre 1999 portant statut général des établissements publics et des entreprises du secteur public et parapublic est venue reconfigurer en substance la nomenclature des entreprises publiques dans le paysage juridique camerounais. Votée dans une dynamique de conformité avec le droit CEMAC, et surtout avec le droit OHADA[2], elle consacre trois entités qui constituent le secteur public et parapublic. Il s'agit des établissements publics administratifs, personnes morales de droit public, des sociétés à capital public et des sociétés d'économie mixte, toutes les deux des personnes morales de droit privé assujetties au droit OHADA[3]. Tandis qu'une partie de la doctrine appréhende ces deux dernières comme pouvant seules rentrer dans la catégorie des entreprises publiques, une autre rassemble dans cette catégorie toutes les trois entités[4].

---

[2] La loi camerounaise de 1999 s'était fixé un certain nombre d'objectifs clairement énoncés dans l'exposé des motifs de son projet. On pouvait lire qu'elle avait pour finalité « la fixation d'un cadre juridique approprié pour la dissolution et la liquidation des entreprises publiques d'une part, et l'harmonisation de la législation camerounaise dans ce secteur avec les principes édités par l'Acte uniforme n° 2 de l'Organisation pour l'Harmonisation en Afrique du Droit des Affaires (OHADA) et le traité de la Communauté Économique et Monétaire de l'Afrique Centrale (CEMAC) d'autre part ». Cité par NGUIHE KANTE (P.), « Réflexions sur le régime juridique de dissolution et de liquidation des entreprises publiques et parapubliques au Cameroun depuis la réforme des procédures collectives OHADA », *Penant*, N°837, Septembre à décembre 2001, p. 249 et s.

[3] Cf. article 1er de l'Acte uniforme relatif au droit des sociétés commerciales et du groupement d'intérêt économique (AUSC) et article 3 alinéa 3 de la loi de 1999.

[4] Pour le débat doctrinal sur la notion d'entreprise publique, cf. KAMTA FENDOP (E. M.), Droit OHADA et entreprise publique, thèse de doctorat, UY-II, février 2014, p. 73 et

L'expression « ***entreprise publique*** » suggère dans un premier temps l'idée d'une unité économique plus ou moins dotée de la personnalité morale, appartenant totalement ou partiellement à une personne morale de droit public. Sous cet angle, il est curieux d'assister à la rixe doctrinale ayant trait à l'insertion de cette notion dans la sphère du droit. Alors que certains n'y voient qu'une notion économique et par conséquent insusceptible de définition juridique[5], d'autres par contre estiment qu'elle recoupe assez d'éléments pour recevoir une telle définition, et incidemment un régime

---

s. et 256 et s. L'on doit néanmoins relever qu'avant les réformes, les entreprises publiques étaient essentiellement constituées par les établissements publics à caractère industriel et commercial (EPIC), véritables commerçants publics, aujourd'hui juridiquement disparus bien que l'existence de facto soit susceptible d'être détectée par la doctrine (V. KAMTA FENDOP [E.M.], *op.cit.*, p. 266 et s.) V. aussi :

- MAKANDA (L. N.), « La liquidation des entreprises publiques en droit camerounais, in *Penant*, n° 835, janvier-avril 2001, p. 88-112 ;
- NGUIHE KANTE (P),
  - « Réflexions sur la notion d'entreprise en difficulté dans l'Acte uniforme portant organisation des procédures collectives d'apurement du passif OHADA », *Annales de la Faculté des Sciences Juridiques et Politiques de l'Université de Dschang*, 2001, p. 87-103 ;
  - « Réflexions sur le régime juridique de dissolution et de liquidation des entreprises publiques et parapubliques au Cameroun depuis la réforme des procédures collectives OHADA », *Penant*, n° 837, 2001, p. 37-56 ;
- SERVOIN (F.), « Entreprises publiques et droit communautaire », France, Grenoble II, WWW.upmf-grenoble.fr/curei/cahiers/15/servoin.htm. ;
- Du BOIS De GAUDUSSON (J.), :
  - « Identification des entreprises publiques », in *Encyclopédie juridique de l'Afrique*, Strasbourg, Les Nouvelles Éditions africaines, 1982, p. 201-204 ;
  - « Les formes juridiques des entreprises publiques », in *Encyclopédie juridique de l'Afrique*, Strasbourg, Les Nouvelles Éditions africaines, 1982, p. 205-219 ;
  - « Les rapports de l'État et des entreprises publiques », in *Encyclopédie juridique de l'Afrique*, Strasbourg, Les Nouvelles Éditions africaines, 1982, p. 331-335.
- DEBENE (M.),
  - « La création des entreprises publiques », in *Encyclopédie juridique de l'Afrique*, Strasbourg, Les Nouvelles Éditions africaines, 1982, p. 223-240 ;
  - « La restructuration des entreprises publiques », in *Encyclopédie juridique de l'Afrique*, Strasbourg, Les Nouvelles Éditions africaines, 1982, p. 241-258 ;
- GAUTRON (J.-Cl.), « Les organes de direction dans les entreprises publiques », in *Encyclopédie juridique de l'Afrique*, Strasbourg, Les Nouvelles Éditions africaines, 1982, p. 261-270 ;

[5] COLSON (J.-P.), Droit *public économique*, *op.cit.*, p. 275 et s.

juridique systématique[6]. Au-delà de la controverse doctrinale, étrangement plus âpre au sujet de la notion d'entreprise prise seule[7], le législateur communautaire européen contrairement à son homologue africain, ose et définit l'entreprise publique comme « *toute entreprise sur laquelle les pouvoirs publics peuvent exercer directement ou indirectement une influence dominante du fait de la propriété, de la participation financière ou des règles qui la régissent* »[8].

À cette définition, cependant, nous substituerons volontiers celle d'après laquelle l'entreprise publique est toute entité quelle qu'en soit la forme, dotée d'une personnalité morale distincte de l'État, mais constituée par une

---

[6] DELION, DEVOLVE, GAUTRON, ... tous cités par GRABOY-GROBESCO, *Droit public économique*, éd. Dalloz 2001, p.142.

[7] ROBE (J. P.), *L'entreprise et le droit*, coll. Que sais-je ? PUF 1re édition, 127 p. Pour ce dernier auteur dont l'analyse porte essentiellement sur l'entreprise en rapport avec le droit, la vie particulière de l'entreprise entre droit et non-droit sert les intérêts aussi bien de l'État que ceux de l'entreprise elle-même, et que par conséquent, il est maladroit d'envisager une reconnaissance juridique de l'entreprise (Cf. p.102 et s.).

En analysant eux aussi l'entreprise en rapport avec le droit, François TERRE et Dominique FENOUILLET observent d'abord que malgré le silence du législateur, les efforts de la doctrine de traduire l'entité économique en une notion juridique réunissant le capital, la direction et le travail, sont appuyés par l'existence de cette entité et la nécessité d'en constituer la théorie. Mais par la suite, ils affirment que la notion juridique d'entreprise est incertaine et surtout des plus variables suivant le contexte économique et juridique à propos duquel on l'utilise. Ils concluent cependant qu'à titre d'exemple d'une sorte d'évolution vers une personnalité, l'intérêt attaché à notre époque par le législateur à une localisation des entreprises, qui oriente vers l'idée de domicile, tout comme l'inscription ou l'immatriculation des commerçants individuels ou des sociétés, civiles ou commerciales, pourraient appeler à une comparaison avec l'organisation de l'état civil. (TERRE [F.], FENOUILLET [D.], *Les personnes, la famille, les incapacités*, Précis Dalloz, 7e édition, 2005, p. 264.

À titre de droit comparé, la notion d'entreprise du droit communautaire européen est désormais bien connue et bien reçue dans le droit interne français. Elle dispose d'un champ d'application particulièrement large conformément à l'esprit économique libéral qui anime la construction européenne. En effet, le juge communautaire européen définit expressément l'entreprise comme « *une entité exerçant une activité économique, indépendamment du statut juridique de cette entité et de son mode de financement* » [CJCE 23 avril, 1991, HÖFNER et ELSER, C. 41-90, Rec. P. I-1979 ; HUBRECHT (H-G), *Droit public économique*, Dalloz, Tome 1, 1997, p.153].

[8] Directive 80/723/CEE du 25 juin 1980 ; HUBRECHT (H-G), *op.cit.*, p.153.

ou plusieurs personnes publiques, à travers laquelle elles exercent directement ou indirectement, seules ou en concours avec d'autres personnes publiques ou privées, une activité marchande.

Cette définition large de l'entreprise publique qui met en exergue le critère de simple participation a le mérite, pensons-nous, de tenir aussi compte de l'approche de définition que le législateur camerounais donne aux sociétés d'économie mixte. Celle-ci fait fi, contrairement à celle du législateur français des sociétés d'économie mixte, et à titre de droit comparé, du pourcentage de participation de la personne morale de droit public dans le capital social[9]. Cette définition exclut cependant les établissements publics administratifs qui dans ce contexte, ne sauraient constituer des entreprises publiques, dans la mesure où elles n'ont pas vocation à accomplir les activités marchandes. D'ailleurs, par son intitulé, la loi de 1999 semble accréditer ce point de vue. En guise de rappel, la loi vise les « *établissements publics et les entreprises du secteur public et parapublic* ».

Au reste, la gestion, l'administration et/ou la direction des sociétés commerciales, y compris donc celles dans lesquelles l'État ou une personne morale de droit public est associée, sont, d'après les législations en vigueur, notamment celles issues de l'OHADA, confiées à des personnes physiques[10],

---

[9] L'article 2-6 de la loi camerounaise N° 99/016 du 22 décembre 1999 portant statut général des établissements publics et des entreprises du secteur public et parapublic définit la société d'économie mixte comme une personne morale de droit privé dotée de l'autonomie financière et d'un capital-actions détenu partiellement d'une part, par l'État, les collectivités territoriales décentralisées, ou les sociétés à capital public et d'autre part, par des personnes morales ou physiques de droit privé.

En France par contre, la société d'économie mixte n'est acquise comme telle que si l'actionnariat public correspond au moins à 50% et au plus 85% du capital social (V. COLSON [J.-P.] *op.cit.*, p.297 et s.)

[10] L'exception est faite concernant les sociétés en nom collectif pour lesquelles, les gérants peuvent aussi bien être des personnes physiques que des personnes morales. Dans le second cas de figure, les dirigeants de la personne morale gérante sont soumis aux mêmes conditions et obligations et encourent les mêmes responsabilités civiles et pénales que s'ils étaient gérants en leur nom propre, sans préjudice de la responsabilité solidaire de la personne morale qu'ils dirigent (V. Article 276 de l'AUSC). Une autre exception concerne la fonction d'administrateur dans une SA, qui peut être exercée par une personne morale ; l'article 421 de l'AUSC est assez formel sur la question lorsqu'elle dispose qu'« une personne morale peut être nommée administrateur ».

les dirigeants sociaux, qui doivent en assumer la responsabilité aussi bien civile et commerciale que pénale[11]. Sur le plan civil et commercial, la responsabilité consiste en l'obligation pour l'auteur d'un dommage causé à autrui, à le réparer. Sur le plan pénal, elle renvoie à l'obligation de répondre des infractions commises et de subir la peine prévue par le texte qui les réprime. L'aménagement du régime de la responsabilité participe, on le sait, de la réalisation de cette finalité de la règle de droit qui vise aussi bien l'ordre, la justice que la paix sociale. C'est dire que dans le champ restreint des entreprises commerciales, une mauvaise gestion de la part des dirigeants sociaux peut avoir pour conséquence la mise en difficulté de l'entreprise, susceptible d'entraîner ainsi sa disparition, avec tous les effets fâcheux que l'on pourrait énumérer tant sur le plan économique que sur le plan social. Pour limiter donc à leur plus simple expression de tels dégâts, le législateur OHADA a soumis les dirigeants sociaux aussi bien à une responsabilité civile qu'à une responsabilité pénale. S'agissant de cette dernière, la question n'est pas toujours simple lorsqu'il s'agit des dirigeants des entreprises publiques. L'actionnariat public, seul ou en concours avec l'actionnariat privé, justifiera toujours l'intervention des règles de droit public, avec ses répercussions particulières dans la sphère pénale. Le Code pénal camerounais, par exemple, sanctionne très sévèrement les gestionnaires indélicats des deniers publics, alors que pour les mêmes faits, la loi n° 2003-008 du 10 juillet 2003 relative à la répression des infractions contenues dans certains Actes uniformes OHADA infligera des sanctions bien moins sévères. Dès lors se pose la question de savoir comment articuler les dispositions pénales spécifiques de l'OHADA et le droit commun pénal. Confrontés à cette problématique, les juges nationaux camerounais adoptent une position, à notre avis, relativement maladroite, parce que supposant la dislocation du droit pénal traduite par l'éviction du droit OHADA par les dispositions des textes nationaux (**II**). La critique de cette position doit cependant tenir compte de la difficulté à laquelle le juge camerounais a été confronté, laquelle difficulté se traduisant par la foison des textes actuels

[11] À l'appui du Vocabulaire juridique de Gérard CORNU (9e édition, 2011, p. 821 et 822), la notion de responsabilité correspond dans un sens général à l'obligation de répondre d'un dommage devant la justice et d'en assumer les conséquences civiles, pénales, disciplinaires, etc. (soit envers la victime, soit envers la société).

susceptibles de régir la responsabilité pénale des dirigeants de telles entreprises (**I**).

I- La complexité du fondement législatif actuel

La responsabilité pénale des dirigeants sociaux est expressément aménagée par le droit OHADA. Elle ne pose juridiquement aucun problème s'agissant des dirigeants sociaux des sociétés commerciales strictement de droit privé. Mais elle est sujette à complication si le dirigeant visé est celui d'une entreprise publique. Cette complication législative procède de l'existence actuelle de plusieurs textes divergents en la matière (**A**), et ce, de nature à poser un réel problème de choix (**B**).

A- Diversité des textes pénaux

Les textes législatifs en matière pénale visant les dirigeants sociaux des entreprises publiques peuvent se recenser tant sur le plan communautaire, que sur la sphère nationale. Bien que dans la première assiette l'on peut observer une certaine unicité (**1**), il y a lieu de relever que dans la seconde, l'on fait face à une certaine disparité (**2**).

1- Unicité des dispositions communautaires

L'unicité des dispositions communautaires doit s'entendre de manière *macro juridique*. En ce sens, il s'agit de rendre compte sur le fait que le droit OHADA est le seul droit communautaire, source des dispositions pénales qui sanctionnent les dirigeants sociaux des sociétés qui lui sont assujetties. Il n'est pas en concours avec les dispositions de quelque autre droit communautaire lorsqu'il s'agit d'examiner le régime juridique des dirigeants des entreprises publiques. Cependant, sous l'angle micro juridique, l'on constate que plusieurs Actes uniformes prévoient des infractions susceptibles d'être perpétrées par tous les dirigeants des sociétés commerciales y compris ceux des entreprises publiques.

L'Acte uniforme relatif au droit des sociétés commerciales et du groupement d'intérêt économique (en abrégé AUSC pour les prochaines lignes) consacre trois infractions concernant les dirigeants sociaux. Il s'agit de la répartition des dividendes fictifs de l'article 889[12], de la publication des états financiers de synthèse inexacts de l'article 890[13], et de l'abus des biens et du crédit de la société de l'article 891[14]. L'AUSC ne prévoit pour ces infractions que l'incrimination. Le soin est laissé à la législation des États parties d'en fixer les sanctions. Il en est ainsi également des infractions contenues dans l'Acte uniforme portant organisation des procédures collectives d'apurement du passif (en abrégé AUPC pour les prochaines lignes), comme celles contenues dans les autres Actes uniformes[15].

L'AUPC prévoit lui aussi des infractions dont peuvent se rendre coupables les dirigeants sociaux. Il s'agit principalement de l'infraction de banqueroute. Celle-ci est normalement une infraction commise par un commerçant, personne, physique en état de cessation des paiements[16]. C'est par assimilation qu'on peut l'imputer aux personnes physiques dirigeantes de personnes morales assujetties aux procédures collectives. Dès lors, les dirigeants visés, d'après l'article 230 alinéa 2 de l'AUPC, renvoient à tous les dirigeants de droit ou de fait et, d'une manière générale, à toute personne ayant directement ou par personne interposée, administré, géré ou liquidé la personne morale sous le couvert ou aux lieu et place de ses représentants légaux.

---

[12] L'article 889 dispose que : « Encourent une sanction pénale, les dirigeants sociaux qui, en l'absence d'inventaire ou au moyen d'inventaire frauduleux, auront, sciemment, opéré entre les actionnaires ou les associés la répartition des dividendes fictifs ».

[13] L'article 890 dispose que : « Encourent une sanction pénale, les dirigeants sociaux qui auront sciemment, même en l'absence de toute distribution de dividendes, publié ou présenté aux actionnaires ou associés, en vue de dissimuler la véritable situation de la société, des états financiers de synthèse ne donnant pas, pour chaque exercice, une image fidèle des opérations de l'exercice, de la situation financière et de celle du patrimoine de la société, à l'expiration de cette période ».

[14] L'article 891 dispose que : « Encourent une sanction pénale le gérant de la société à responsabilité limitée, les administrateurs, le président directeur général, le directeur général, l'administrateur général ou l'administrateur général adjoint qui, de mauvaise foi, font des biens ou du crédit de la société, un usage qu'ils savaient contraire à l'intérêt de celle-ci, à des fins personnelles, matérielles ou morales, ou pour favoriser une autre personne morale dans laquelle ils étaient intéressés, directement ou indirectement ».

[15]Il s'agit notamment de l'Acte uniforme portant droit commercial général et de l'Acte uniforme portant organisation et harmonisation des comptabilités des entreprises.

[16] Cf. Gérard CORNU, *op.cit.,* p.109 ; voir aussi les articles 228 et 229 de l'AUPC.

L'infraction de banqueroute peut être simple ou frauduleuse. Pour le législateur OHADA, il y a banqueroute simple lorsqu'en sa qualité, le dirigeant social a de mauvaise foi :

- consommé des sommes appartenant à la personne morale en faisant des opérations de pur hasard ou des opérations fictives ;
- dans l'intention de retarder la constatation de la cessation des paiements de la personne morale, fait des achats en vue d'une revente au-dessous du cours ou, dans la même intention, employé des moyens ruineux pour se procurer des fonds ;
- après cessation des paiements de la personne morale, payé ou fait payer un créancier au préjudice de la masse ;
- fait contracter par la personne morale, pour le compte d'autrui, sans qu'elle reçoive de valeurs en échange, des engagements jugés trop importants eu égard à sa situation lorsque ceux-ci ont été contractés ;
- tenu ou fait tenir irrégulièrement ou incomplètement la comptabilité de la personne morale conformément aux règles comptables et aux usages reconnus de la profession eu égard à l'importance de l'entreprise ;
- omis de faire au greffe de la juridiction compétente, dans le délai de trente jours, la déclaration de l'état de cessation des paiements de la personne morale ;
- en vue de soustraire tout ou partie de leur patrimoine aux poursuites de la personne morale en état de cessation des paiements ou à celles des associés ou des créanciers de la personne morale, détourné ou dissimulé, tenté de détourner ou de dissimuler une partie de leurs biens ou qui se sont frauduleusement reconnus débiteurs de sommes qu'ils ne devaient pas[17].

La banqueroute frauduleuse à l'encontre des dirigeants sociaux a été doublement appréhendée par le législateur OHADA : d'une part, il y a banqueroute frauduleuse lorsque le dirigeant social a frauduleusement soustrait les livres de la personne morale, détourné ou dissimulé une partie

[17] Article 231 de l'AUPC.

de son actif, reconnu la personne morale débitrice de sommes qu'elle ne devait pas (soit dans les écritures, soit par des actes publics ou des engagements sous signature privée, soit dans le bilan), exercé la profession de dirigeant contrairement à une interdiction prévue par les Actes uniformes ou par la loi de chaque État-partie, stipulé avec un créancier, au nom de la personne morale, des avantages particuliers à raison de son vote dans les délibérations de la masse, ou qui ont fait avec un créancier un traité particulier duquel il résulterait pour ce dernier un avantage à la charge de l'actif de la personne morale, à partir du jour de la décision déclarant la cessation des paiements ; d'autre part, le dirigeant social est puni de banqueroute frauduleuse lorsqu'à l'occasion de règlement préventif, il a de mauvaise foi présenté ou fait présenter un compte de résultats ou un bilan ou un état des créances et des dettes ou un état actif et passif des privilèges et sûretés, inexact ou incomplet ; et aussi lorsqu'il a accompli un des actes interdits par l'article 11 de l'AUPC, sans l'autorisation du président de la juridiction compétente.

En cas de banqueroute simple ou de banqueroute frauduleuse, la faillite personnelle constitue une peine accessoire que le juge compétent peut infliger au dirigeant social. Il s'agit dès lors d'une sanction emportant, entre autres déchéances, interdiction de diriger, gérer, administrer ou contrôler directement ou indirectement toute entreprise (commerciale, artisanale ou toute personne morale ayant une activité économique, mais revêtue de la forme d'une personne morale de droit privé) que peut prononcer le tribunal, lorsqu'une procédure collective d'apurement du passif est ouverte. Le régime de la faillite personnelle est organisé par les articles 194 et suivants de l'AUPC. La doctrine estime que la gravité de cette sanction ainsi que sa finalité la rapprochent d'une sanction pénale[18]. D'ailleurs, le droit positif camerounais va dans ce sens puisque la faillite constitue l'intitulé du troisième paragraphe du chapitre IV (atteintes aux biens) du titre III (des crimes et délits contre les particuliers) de la deuxième partie (Des crimes, délits) de son Code pénal. Il reste à observer que la question de la faillite est

---

[18] SAWADOGO (F.M.), « Commentaire de l'Acte uniforme du 10 avril 1998 portant organisation des procédures collectives d'apurement du passif », *in* ISSA SAYEGH (J.), POUGOUE (P.G.), SAWADOGO (F. M.), *OHADA. Traité et Actes uniformes commentés et annotés*, France, Juriscope, 2008, p. 1013.

loin de constituer l'unique hypothèse où le droit OHADA reçoit a priori et/ou a posteriori un prolongement législatif à l'échelle nationale des États-parties.

2- Pluralité des dispositions nationales

La législation camerounaise en matière de sanction pénale des dirigeants sociaux se caractérise par une dualité plus ou moins conflictuelle. D'une part, on a un texte de loi qui est d'emblée en harmonie avec le droit OHADA puisqu'il réprime les infractions contenues dans certains Actes uniformes à savoir, la loi n° 2003-008 du 10 juillet 2003 ; et d'autre part, des textes dont les dispositions, tantôt renvoient à celles du Code pénal (La loi N° 99/016 du 22 décembre 1999 portant statut général des établissements publics et des entreprises du secteur public et parapublic) en vigueur, tantôt sont celles mêmes de ce Code, englobant pour cette hypothèse dans leur champ d'application, les dirigeants des entreprises publiques. Dans cette seconde catégorie, il faut nécessairement insérer la loi N° 2011/028 du 14 décembre portant création d'un tribunal criminel spécial qui, bien qu'essentiellement procédurale, apparaît comme une excroissance de l'article 184 du Code pénal.

La loi n° 2003-008 du 10 juillet 2003 relative à la répression des infractions contenues dans certains Actes uniformes OHADA comporte 40 articles dont 6 visent les dirigeants sociaux. Il s'agit des articles 7, 8 et 9 pour les infractions contenues dans l'AUSC, et des articles 27, 28, 29 et 30 pour les infractions contenues dans l'AUPC. Pour le premier Acte uniforme, à savoir l'AUSC, la répartition des dividendes fictifs de l'article 889 est sanctionnée par une peine d'emprisonnement allant d'un à cinq ans et d'une amende dont le montant est compris entre 1 000 000 à 10 000 000 FCFA ou de l'une de ces deux peines seulement[19] ; la publication des états financiers de synthèse inexacts de l'article 890 est sanctionnée par une peine d'emprisonnement d'un à cinq ans et d'une amende de 1 000 000 à 10 000 000 FCFA[20], tandis que l'abus des biens et du crédit de la société de l'article 891 est quant à lui puni par un emprisonnement d'un à cinq ans et

[19] Article 7 de la loi de 2003.

[20] Article 8 de la loi de 2003.

d'une amende de 2 000 000 à 20 000 000 FCFA[21]. Quant aux infractions contenues dans l'AUPC, la loi de 2003 punit les dirigeants coupables de banqueroute simple d'un emprisonnement d'un mois à deux ans[22], et ceux coupables de banqueroute frauduleuse d'un emprisonnement de cinq à dix ans[23].

La loi N° 99/016 du 22 décembre 1999 portant statut général des établissements publics et des entreprises du secteur public et parapublic renvoie à l'article 184 du Code pénal, la peine à laquelle sont passibles les dirigeants des entreprises publiques coupables aussi bien de l'infraction de répartition des dividendes frauduleuses, de l'infraction de publication des états financiers de synthèse inexacts, que de l'infraction d'abus des biens et du crédit de la société. En qualifiant, de « *détournement* » l'infraction qu'il consacre et sanctionne, cet article 184 du Code pénal prévoit in extenso que : « Quiconque par quelque moyen que ce soit obtient ou retient frauduleusement quelque bien que ce soit mobilier ou immobilier, appartenant, destiné ou confié à l'État unifié, à une coopérative, collectivité ou établissements privés ou publics ou soumis à la tutelle administrative de l'État ou dont l'État détient directement la majorité du capital est puni :

a) au cas où la valeur des biens excède 500 000 francs, d'un emprisonnement à vie ;

b) au cas où cette valeur est supérieure à 100 000 francs et inférieure ou égale à 500 000 francs, d'un emprisonnement de 15 à 20 ans ;

c) au cas où cette valeur est inférieure ou égale à 100 000 francs, d'un emprisonnement de cinq à dix ans et d'une amende de 50 000 à 500 000 francs ».

On se rend bien compte que la législation pénale en rapport avec les dirigeants des personnes morales en général, et ceux des entreprises publiques en particulier, est assez plurielle et croisée ; d'une part on a des textes juridiques nationaux qui s'opposent pour certains et sont compatibles pour d'autres à la norme communautaire OHADA, et d'autre part des textes

[21] Article 9 de la loi de 2003.

[22] Article 29 de la loi de 2003.

[23] Article 30 al.1 et 2 de la loi de 2003.

législatifs nationaux qui semblent s'opposer entre eux. C'est dire qu'un sérieux problème d'interprétation et de détection de la norme applicable aux dirigeants des entreprises publiques se pose en matière pénale. Ce problème ne saurait trouver une solution adéquate que si auparavant il est clairement énoncé.

B- Présentation de la difficulté

La réflexion qu'impose l'existence d'une législation plurielle et divergente en matière pénale telle que décrite plus haut, suggère l'examen au moins de deux difficultés en relation au régime des dirigeants des entreprises publiques dans le droit positif camerounais. La première consiste à identifier entre le droit pénal OHADA et le Code pénal camerounais, la norme qui doit s'appliquer aux dirigeants des entreprises publiques (**1**), tandis que la seconde a trait au régime dual que semble dégager le Code pénal camerounais en la matière (**2**).

1- Concours de règles issues du droit pénal OHADA et du Code pénal camerounais

Lorsqu'il s'agit de sanctionner pénalement les dirigeants des entreprises publiques, il faut d'emblée faire observer que la difficulté liée au choix de la norme applicable ne se pose aucunement en droit des entreprises en difficulté, et plus singulièrement en matière de répression de l'infraction de banqueroute. En effet, les dispositions de la loi N° 2003-008 du 10 juillet 2003 relative à la répression des infractions contenues dans certains Actes uniformes, prévoient contre les auteurs de banqueroute simple ou de banqueroute frauduleuse, des sanctions identiques à celles contenues dans le Code pénal. Ainsi en cas de banqueroute simple, l'article 29 de la loi de 2003 et l'article 332 du Code pénal punissent le dirigeant social coupable d'une peine d'emprisonnement allant d'un mois à deux ans ; tandis qu'en cas de banqueroute frauduleuse, l'article 30 de la loi de 2003 et l'article 333 du Code pénal prévoient cinq à dix ans d'emprisonnement. C'est dire qu'en matière de banqueroute et infractions assimilées, il n'existe théoriquement aucun conflit de normes entre les dispositions du droit OHADA et celles du Code pénal camerounais. L'harmonie est ici de mise et rend pratiquement inutile tout débat lié au choix de la norme applicable[24]. D'ailleurs, même en matière d'incrimination, la jurisprudence française applique aux dirigeants des sociétés d'économie mixte, le régime de la banqueroute, sans que les liens les unissant à la puissance publique ne puissent constituer une situation dérogatoire. Dans cet ordre de pensées, la Chambre criminelle de la Cour de cassation française affirme que « le fait qu'une société d'économie mixte locale, personne morale de droit privé régie par les articles L.1521-1 et suivants du Code général des collectivités territoriales, relevant également des dispositions de la loi du 24 septembre 1966 et de celle du 25 janvier 1985, poursuive un intérêt général et que la majorité de son capital soit détenue par une collectivité locale ou un groupement des communes, n'exclut pas que ses dirigeants soient poursuivis pour banqueroute, dès lors que cette société exerce, comme en l'espèce, une activité économique »[25].

C'est en droit des sociétés "*in bonis*" que le problème du choix de la norme applicable pour sanctionner pénalement les dirigeants sociaux se pose avec acuité. Il en est ainsi dans la mesure où, et on l'a déjà relevé, la répression de l'article 184 du Code pénal est hautement plus sévère que celle prévue dans le cadre de l'OHADA. Du coup, en cas d'infractions de répartition de dividendes fictifs, de publication des états financiers de synthèse inexacts ou d'abus de biens et du crédit de la société, commises par le dirigeant d'une entreprise publique et portées devant les juridictions compétentes, la défense aura tendance à invoquer les dispositions du droit OHADA, tandis que le ministère public s'attèlera à soutenir l'application de l'article 184 du Code pénal[26]. Pour trancher, le juge devra faire recours à plusieurs principes généraux du droit pour identifier la règle de conflit à même de lui servir.

---

[24] Il ne reste plus qu'à espérer que le législateur camerounais demeure dans cette logique dans les éventuelles modifications ultérieures qui, si elles interviennent, doivent concerner identiquement les deux corpus juridiques.

[25]Cass. Crim. 2 juin 1999 : juris-data N°1999-002462, JCP G 1999. IV. 2774.

[26] Pour illustration prétorienne, voir les jugements suivants : TGI du Wouri, jugement des 12 et 13 décembre 2007, affaire ETONDE EKOTO et Cie c/ Port Autonome de Douala ; jugement N° 880, crim. du 27 septembre 2007, affaire BELINGA Gilles Roger et Cie c/ Société immobilière du Cameroun ; TGI du Mfoundi, jugement N° 371, crim. du 27 juin 2007, affaire MP et FEICOM c/ ONDO NDONG Emmanuel et Cie.

Le conflit entre la norme communautaire et la norme nationale (*conflit vertical*) est le premier aspect du conflit que semble soulever le concours de lois entre la loi pénale OHADA et le Code pénal camerounais. D'un côté, l'on sait que les traités ou accords internationaux régulièrement approuvés ou ratifiés ont, dès leur publication, une autorité supérieure à celle des lois[27], et qu'en ratifiant le Traité OHADA dont l'article 10 pose le principe de l'applicabilité directe et obligatoire des Actes uniformes, le Cameroun a accepté que les dispositions de ce Traité international aient une suprématie par rapport au droit interne. Bien plus, et c'est ici la singularité en matière pénale, l'article 2 al.1er du Code pénal renchérit en disposant que « les règles de droit international ainsi que les traités dûment promulgués et publiés s'imposent au présent code ainsi qu'à toute disposition pénale ». Ainsi, les dispositions pénales OHADA d'après cette analyse, devraient s'appliquer au détriment de l'article 184 du Code pénal. D'un autre côté, l'on peut opposer l'argument doctrinal non partagé, et tenant à l'interprétation extensive de l'article 916 de l'AUSC d'après laquelle, l'Acte uniforme n'abroge pas les dispositions législatives auxquelles sont assujetties les sociétés soumises à un régime particulier, et au nombre desquelles on compte les entreprises publiques[28]. Cette argumentation vise à faire appliquer aux dirigeants d'entreprises publiques coupables des infractions ci-

---

[27] Article 45 de la Constitution du Cameroun du 18 janvier 1996.

[28] Parmi les tenants de l'interprétation extensive de l'article 916 de l'AUSC, l'on cite essentiellement les professeurs ISSA SAYEGH G. et LOHOUES-OBLE J. Leur thèse est contenue dans leur ouvrage intitulé *OHADA. Harmonisation du droit des affaires,* Bruxelles, Bruylant, Juriscope, 2002, pp. 137-138 ; Cf. aussi ISSA SAYEGH, « La portée abrogatoire des Actes uniformes de l'OHADA sur le droit interne des États-parties », in *Revue Burkinabé de droit,* numéro spécial, p. 39-41.

À l'opposé, le courant doctrinal qui conçoit restrictivement l'esprit de l'article 916 AUSC semble soustraire certaines entreprises publiques de la catégorie des sociétés dites soumises à un régime particulier (ou à un statut spécial) sous-entendu audit article. Il s'oppose par ailleurs à la violation des dispositions de l'AUSC par celles du régime particulier. (Voir ANOUKAHA [F] ABDOULLAH[C] ; DIOUF [N], NGUEBOU TOUKAM [J] POUGOUE [P-G] ; SAMB [M], *OHADA sociétés commerciales et GIE*, Bruxelles, Bruylant, Juriscope, 2002, p.35-36, N° 55)

Pour plus de précisions sur le contenu et les critiques des deux tendances, Cf. KAMTA FENDOP (E. M.) *op.cit.*, pp. 33 et s. (thèse de doctorat).

dessus énoncées[29], l'article 184 du Code pénal, parce que considéré comme l'un des textes ayant survécu à l'OHADA du fait de son appartenance à la catégorie des régimes particuliers. Sur ce point, il y a comme un équilibre de force entre les arguments concurrentiels, de nature à rendre la tâche du juge encore plus difficile et forcément assez délicat.

Le conflit dans le temps entre les lois pénales nouvelles plus douces et les lois pénales anciennes plus rigoureuses n'est pas moins envisageable dans cette réflexion. En effet, l'entrée en vigueur du Code pénal camerounais date de l'époque fédérale. La peine qu'il prévoit à l'encontre des dirigeants des entreprises publiques est hautement plus sévère, que celle de la loi de 2003 plus récente. Et même, la loi de 1999 portant statut des établissements publics administratifs et des entreprises du secteur public et parapublic, qui renvoie aux dispositions de l'article 184 du Code pénal camerounais, est plus ancienne que la loi de 2003. C'est dire qu'en application du principe général de droit qui consacre la rétroactivité de la loi pénale nouvelle plus douce, la loi de 2003 est normalement celle applicable aux dirigeants des entreprises publiques indexés, dans la mesure où cette dernière ne distingue pas selon que ses dispositions s'appliquent aux seules entreprises privées ou à toute société commerciale, y compris celle dans laquelle l'État ou une personne morale de droit public est associé. La base juridique de la règle de ce second conflit sous-jacent au conflit entre le droit pénal OHADA et le Code pénal camerounais se trouve aussi dans l'énoncé de l'article 4 al.1er du Code pénal d'après la disposition duquel : « Toute disposition pénale nouvelle et moins rigoureuse s'applique aux infractions non définitivement jugées au jour de son entrée en vigueur ». D'ailleurs, cette disposition contribue à la précision d'un principe général de droit assez classique, à savoir, la règle « *lex prior posterior derogant* »[30]. Suivant ce raisonnement, le droit pénal OHADA est normalement porté à être préféré au Code pénal camerounais.

---

[29] On rappelle qu'il s'agit de la répartition des dividendes fictifs, de la publication des états financiers de synthèse inexacts et de l'abus des biens et du crédit de la société. Pour une étude sur le régime juridique de ces infractions, cf. NDOKO (N.C.), YAWAGA (S.), « Infractions relatives à la gestion des sociétés » *in,* POUGOUE (P.G.), *Encyclopédie du droit OHADA*, Lamy, déc. 2011, p. 961-986.

[30] La loi nouvelle déroge à la loi ancienne.

Le conflit entre la loi générale et la loi spéciale est une autre expression des difficultés que pose le concours du droit pénal OHADA et du Code pénal camerounais. Sur ce champ de l'analyse, les dispositions du droit OHADA, y compris celles prises par les législations nationales dans le cadre de l'OHADA, comme c'est le cas de la loi de 2003, ont une portée plus générale ; tandis que les dispositions de la loi de 1999 portant statut des établissements publics et entreprises du secteur public et parapublic sont assez spécialisées. Cette dernière, on s'en souvient, renvoie la répression des infractions susceptibles d'être commises par les dirigeants des entreprises publiques, aux dispositions de l'article 184 du Code pénal[31]. La règle de conflit qui sert à trancher cette difficulté est contenue dans la maxime « *lex specialia generalibus derogant* ». Sous cet aperçu, on conclurait à la validité des dispositions de la loi de 1999 et partant, du Code pénal pour évincer l'application des dispositions de la loi de 2003. Cette conclusion laisse malheureusement subsister d'autres difficultés dont la racine réside même dans la formule dualiste de l'article 184 du Code pénal.

2- Régime dual consacré par l'article 184 du Code pénal

Dans l'hypothèse où le conflit précédemment présenté entre le droit pénal OHADA et le Code pénal est tranché en faveur de ce dernier, quoique nous n'en sommes pas encore là[32], la résorption de la difficulté consécutive à la pluralité des normes pénales en matière de sanction des dirigeants sociaux ne sera effectuée que jusqu'à un certain degré. Cette résorption ne sera pas complète ; elle laissera encore subsister certaines difficultés. En effet, l'article 184 du Code pénal semble n'indexer, lorsque son analyse est conduite dans ce sens, que les dirigeants des entreprises publiques soumises à la tutelle administrative de l'État, ou dont l'État détient directement ou indirectement la majorité du capital social[33]. Cette prescription consacre implicitement un régime dual en matière de responsabilité des dirigeants des entreprises publiques : d'une part, l'application des dispositions de la loi de 2003 aux dirigeants des entreprises publiques dans lesquelles l'actionnariat

---

[31] Voir article 108 al.1 de la loi de 1999.

[32]Cette question est réglée infra.

[33]En réalité, la répression du dirigeant social est moins fonction de la nature de l'entreprise que de celle du bien détourné qui, pour ce faire, doit appartenir à l'État ou à ses démembrements.

public est inférieur à 50 % et, d'autre part, l'application des dispositions du Code pénal aux dirigeants des entreprises publiques dans lesquelles l'actionnariat public est supérieur ou égal à 50 %.

À notre avis, cette dualité de régime des dirigeants des entreprises publiques ne s'explique plus dans le contexte économique actuel pour au moins deux de plusieurs raisons susceptibles d'être avancées.

D'une part, parce que la loi de 1999 l'envisage relativement autrement. Tout d'abord, elle consacre la société d'économie mixte en définissant simplement celle-ci comme une « *personne morale de droit privé, dotée de l'autonomie financière et d'un capital-actions détenu partiellement d'une part, par l'État, les collectivités territoriales décentralisées, ou les sociétés à capital public et d'autre part, par les personnes morales ou physiques de droit privé* »[34]. Elle ne distingue à cet effet pas selon le degré de participation de la personne morale de droit public. Ensuite, lorsqu'une distinction s'impose comme en matière d'audit externe, le taux de participation de la personne morale de droit public à l'actionnariat doit être, selon l'énoncé de la loi en son article 9, d'au moins 25 %. Il serait donc raisonnable que la condition de la sanction de l'article 184 du Code pénal relative au taux de participation de la personne morale de droit public dans l'actionnariat de l'entreprise publique visée (50 %), s'ajuste tout au moins à l'esprit contenu dans la disposition de l'article 9 de la loi de 1999 (25 %).

D'autre part, la formulation même de l'énoncé de cet article 184 du Code pénal trahit suffisamment la vieillesse de la disposition dont le contexte dans lequel il a été pris a franchement évolué. Par exemple, à l'époque et du fait du monopole étatique dans le domaine économique, l'on ne soupçonnait même pas qu'une disposition légale puisse indiquer que « *les sociétés à capital public et les sociétés d'économie mixte sont créées et exercent leurs activités conformément aux lois, règlements et usages régissant les sociétés anonymes…* »[35] comme c'est le cas aujourd'hui. Le passage de l'État gérant à l'État garant imposé par les programmes d'ajustement structurel auxquels les États africains, dont ceux parties au Traité OHADA, ont été soumis, est l'origine de la nature du contexte actuel dont la caractéristique majeure est la

---

34 Article 2 al.6 de la loi de 1999.

35 Article 3al.3 de la loi de 1999.

gestion des activités économiques selon les règles de droit privé, même si une personne morale de droit public est impliquée. Le motif réside alors dans le souci d'une efficacité.

On peut appréhender la sévérité de la sanction de l'article 184 du Code pénal comme une technique dissuasive à l'égard des personnes appelées à manipuler les deniers publics. Il faut dire qu'aujourd'hui, avec la nouvelle enveloppe juridique des entreprises publiques, cette option semble désuète. L'usage des techniques privatistes dans la création et la gestion des entreprises publiques telle que la loi de 1999 le proclame si fort[36], aurait normalement eu pour conséquence d'accroître l'efficacité de ces entreprises tant dans la productivité et le rendement que dans le contrôle de la gestion. Ainsi, les dispositions pénales du droit OHADA auraient normalement suffi pour sanctionner les dirigeants indélicats. Toutefois, la densité de la fortune publique, et par conséquent la grande tentation de détournement à laquelle les dirigeants des entreprises publiques doivent faire face, restent des arguments solides pour justifier l'importance pratique de la répression de l'article 184 du Code pénal. Cet argument vient d'ailleurs compléter celui relatif au régime particulier auquel sont soumises les entreprises publiques, et sur lequel le juge camerounais s'est fondé pour appliquer à certains dirigeants des entreprises publiques, l'article 184 du Code pénal précité. Le sens qu'il donne à sa position oblige malheureusement à faire le constat qu'il est partisan de l'interprétation extensive de l'article 916 de l'AUSC, mais surtout partisan de l'écroulement du caractère d'ordre public des dispositions de cet Acte uniforme lorsque celles-ci font face aux dispositions du régime particulier applicable aux entreprises publiques. Sans doute, cela aura vocation à générer des doutes sur la pertinence d'une telle position.

II- La maladresse de la solution judiciaire

En 2007, trois affaires ont constitué l'occasion, pour les juges d'instance camerounais, de se prononcer pour la première fois sur la question des règles pénales ayant vocation à s'appliquer aux dirigeants des entreprises publiques coupables de faits répréhensibles. Il s'était en l'occurrence agi des affaires MP et FEICOM c/ONDO NDONG Emmanuel et Cie[37], BELINGA

[36] Article 3al.3 de la loi de 1999.

[37] TGI du Mfoundi, jugement N° 371, crim. du 27 juin 2007.

Gilles Roger et Cie c/Société immobilière du Cameroun[38], et ETONDE EKOTO et Cie c/Port Autonome de Douala[39]. Les solutions convergentes qui y ont été alors dégagées (A) se doivent, à notre avis, d'être sujettes à un nécessaire revirement (B).

A- Le contenu de la solution du juge camerounais

1- Dans les affaires ci-dessus évoquées, le juge camerounais a fait application du régime du détournement des deniers publics de l'article 184 du Code pénal (1). Par ailleurs, les motifs qu'il a avancés pour sous-tendre sa décision ne laissent planer aucun doute sur sa position d'après laquelle, les régimes particuliers ont vocation à déroger aux règles d'ordre public du droit OHADA des sociétés commerciales (2).

2- Application du régime du détournement des deniers publics de l'article 184 du Code pénal

Dans les affaires ci-dessus évoquées, il y a été invoqué la question du concours entre les dispositions de l'article 891 de l'AUSC et celles de l'article 184 du Code pénal camerounais. La question a effectivement été soulevée devant les juges dès lors que les dirigeants des entreprises publiques concernées ont été accusés d'un certain nombre d'infractions dites d'affaires, et correspondant tantôt aux « *rémunérations indues* »[40], tantôt à la « *prise en charge des dettes personnelles du dirigeant* »[41], tantôt encore à « *une faveur consentie à une entreprise où le dirigeant est personnellement intéressé* »[42] ; toutes choses qui juridiquement, correspondent bien à l'infraction d'abus des biens et du crédit de la société prévue à l'article 891 de l'AUSC. Cet article dispose en effet que : « Encourent une sanction pénale le gérant de la

[38] Jugement N° 880, crim. du 27 septembre 2007.

[39] TGI du Wouri, jugement des 12 et 13 décembre 2007.

[40] On peut citer pour illustrer les cas de rémunérations indues du dirigeant de l'entreprise publique : le recrutement d'un personnel supplémentaire pour sa résidence, les décaissements injustifiés, les gratifications injustifiées ou les frais de mission exorbitants.

[41] Il en est ainsi du règlement des honoraires d'avocat pour des affaires sans aucun rapport avec la société comme ce fut le cas dans l'affaire BELINGA Gilles Roger et Cie, du paiement des dettes personnelles diverses que l'on retrouve dans les deux autres affaires.

[42] L'illustration de cette hypothèse correspond au recrutement par les dirigeants de la SIC d'un personnel pour le ministère de la Ville, ou encore des dons divers à certaines organisations qui apparaissent dans toutes les trois affaires.

société à responsabilité limitée, les administrateurs, le président-directeur général, le directeur général, l'administrateur général ou l'administrateur général adjoint qui, de mauvaise foi, font des biens ou du crédit de la société, un usage qu'ils savaient contraire à l'intérêt de celle-ci, à des fins personnelles, matérielles ou morales, ou pour favoriser une autre personne morale dans laquelle ils étaient intéressés, directement ou indirectement ». Et c'est cet article que la défense a requis l'application dans chacune des trois affaires ci-dessus, sachant qu'elle conduirait à l'application de l'article 9 de la loi nationale de 2003. Pour ce faire, elle a soutenu à l'appui des articles 1er et 6 de l'AUSC, de l'article 3 al.3 de la loi de 1999 que, la SIC par exemple est une société commerciale, et que ses biens sont par conséquent des biens privés et non des deniers publics ; la nature des biens étant attachée à la personne du titulaire du droit de propriété sur le bien en cause. Pour cela donc, l'acte délictueux des dirigeants de ces entreprises publiques doit être qualifié d'abus de biens et du crédit de la société, et non de détournement de deniers publics comme le suggère le ministère public.

Le juge a cependant pris le contrepied du dispositif des conclusions de la défense. Il a retenu à l'encontre des dirigeants mis en cause dans ces affaires, l'article 184 du Code pénal dont la sévérité de la sanction est de fait ce qui fonde la contestation de la défense. Mais à notre avis, c'est à bon droit que le juge applique cette disposition, au moins partiellement parce qu'il démontre que les sociétés concernées dans ces affaires sont des entreprises publiques, donc des sociétés soumises à un régime particulier tel que le prévoit l'article 916 de l'AUSC. Cependant, l'interprétation qu'il fait de cette disposition de l'article 916, et les conclusions qu'il tire de l'application de l'article 184 du Code pénal, invitent à une indispensable précision quant à l'intégrité des dispositions de l'AUSC qui, faut-il le souligner d'emblée, demeure.

3- Affirmation de la vocation dérogatoire du régime particulier à l'encontre du droit OHADA

Pour soutenir l'application de l'article 184 du Code pénal, le juge camerounais a d'abord souligné à juste titre que les sociétés mises en cause sont des entreprises publiques, appartenant à la catégorie des sociétés dites soumises à un régime particulier que l'article 916 de l'AUSC consacre. Cependant, l'interprétation qu'il en fait l'amène à considérer que les dispositions de ces régimes particuliers dérogent sans distinction aucune à celles de l'AUSC. C'est ainsi que le juge estime que malgré la forme de SA revêtue par la SIC, les biens de cette dernière sont des deniers publics puisque l'État détient dans le capital de cette société, directement 86 % des actions, et indirectement, c'est-à-dire au travers de la Communauté Urbaine de Douala et de la Société de Recouvrement des Créances du Cameroun (SRC), 96 % des parts. Que de ce fait, elle constitue une société soumise à un régime particulier qui devrait par conséquent échapper à l'application de certaines dispositions pourtant expresses de l'AUSC et parmi lesquelles, la qualification des infractions consacrée par les articles 886 et suivants dudit Acte. Qu'ainsi dans le cas d'espèce, les infractions commises par les dirigeants doivent être qualifiés de « détournement » pour justifier l'application de l'article 184 du Code pénal, et que par voie de conséquence, l'exception de qualification erronée des faits de la cause soulevée par le groupe d'accusés qui soutient la qualification *ohadienne* d'« abus des biens et du crédit de la société », est non fondée et doit être rejetée. Cette démarche intellectuelle du juge camerounais conduit à la conclusion d'après laquelle, l'invocation de l'article 891 de l'AUSC est purement et simplement rejetée au profit du détournement de l'article 184 du Code pénal ; ceci parce que l'article 916 de l'AUSC aurait autorisé l'exclusion du droit OHADA au profit des dispositions nationales des régimes particuliers qui lui survivent. Cette vue de la chose est certes partagée par une partie de la doctrine[43] ; mais elle souffre à notre avis d'une petite entorse. C'est pourquoi il serait judicieux de préciser le juste fondement de l'application de l'article 184 du Code pénal aux dirigeants des entreprises publiques camerounaises qui, au fond, ne déroge point au droit OHADA, du moins dans cette hypothèse.

B- L'alternative à la solution du juge camerounais

La solution du juge camerounais en matière de responsabilité pénale des dirigeants des entreprises publiques, telle que précédemment exposée, est assez claire. Elle consacre en effet l'incrimination et la sanction de l'article 184 du Code pénal qui vise le détournement des deniers publics, en fondant cette consécration sur la *dérogeabilité* du droit OHADA face aux

[43] NDOKO (N.C.), YAWAGA (S.), « Infractions relatives à la gestion des sociétés » *in,* POUGOUE (P.G.), *Encyclopédie du droit OHADA*, Lamy, déc. 2011, p. 984.

dispositions particulières avec lesquelles il pourraît être en concours. Une telle position est cependant fort discutable, tant l'intégrité du caractère d'ordre public du droit OHADA demeure juridiquement sauve (1), sans que le législateur camerounais l'ait de quelle que manière remise en cause, même pas avec l'article 184 du Code pénal (2).

1- Caractère non *dérogeable* du droit OHADA applicable aux entreprises publiques

Une analyse lucide de toutes les acrobaties juridico-judiciaires ayant conduit à l'application de l'article 184 du Code pénal camerounais, permettrait de se rendre compte qu'il n'y a pas eu de dérogation aux dispositions du droit OHADA par les législations nationales, et qu'il ne saurait d'ailleurs en être ainsi. En effet, les dispositions du droit OHADA, et plus singulièrement celles de l'AUSC sont d'ordre public, et s'imposent aux sociétés commerciales y compris celles dans lesquelles l'État ou une personne morale de droit public est associé minoritaire, majoritaire ou unique. Les articles 1er et 6 de l'AUSC appuient à suffisance cette affirmation. L'article 916 de l'AUSC laisse subsister les dispositions législatives auxquelles sont assujetties les sociétés dites soumises à un régime particulier, au nombre desquelles on compte les entreprises publiques. Toutefois, l'interprétation que nous faisons de la disposition de cet article 916 suggère avec du recul, une double appréhension des sociétés dites soumises à un régime particulier.

D'une part, le régime particulier au degré 2, impliquant un rapport horizontal avec le droit OHADA, en ce sens qu'il tire sa source d'une norme également communautaire et dont les dispositions sont tout aussi d'ordre public. À cet égard, la dérogation de ce régime particulier aux normes juridiques OHADA devra être accueillie pour donner à la règle « *lex specialia generalibus derogant* » tout son sens et relever toute sa pertinence. On peut de ce fait citer dans cette catégorie, les régimes applicables aux sociétés d'assurance (le Code CIMA), aux établissements financiers (les dispositions issues de la COBAC), aux organismes des propriétés intellectuelles (les règles édictées dans le cadre de l'OAPI, voire de l'OMPI), etc.

D'autre part, on a le régime particulier au degré 1, c'est-à-dire le régime dont la source principale est une norme nationale, et au nombre duquel on cite celui applicable aux entreprises publiques. Le rapport de force, un rapport vertical, entre le droit communautaire OHADA et le droit national devra dans ce cas de figure aboutir à la victoire du premier sur le second. Dès lors, le régime particulier n'agira que comme un complètement des dispositions du droit OHADA. Il ne devra pas lui déroger. C'est précisément dans ce sens qu'il faut comprendre le propos tenu par Félix ONANA ETOUNDI, magistrat et assistant-juriste à la CCJA, Me Jean Michel MBOCK BIUMLA avocat à Douala et les Professeurs Marie Joseph DE BOIDEFFRE et Claire MOORE DICKERSON commentant l'avis n° 001/2001/EP séance du 30/04/2001 de la CCJA, et dont le juge camerounais a curieusement tordu le sens[44] : « *Avec les précisions de la Cour Commune de Justice et d'Arbitrage, on peut convenir que le droit interne des affaires d'un État partie se compose d'une part, des dispositions des Actes uniformes et, d'autre part, de celles du droit interne ayant le même objet que ces Actes qui ont survécu. Il y aurait lieu toutefois de soupçonner le caractère purement subsidiaire de ces dispositions du droit national, qui n'intègrent l'ordre juridique communautaire qu'à titre supplétif, ou pour combler les points sur lesquels le droit OHADA renvoie à la législation nationale*[45]... »[46]. On rappellera que le professeur POUGOUE, lui aussi maladroitement cité par le juge camerounais dans la même décision[47], s'était prononcé sur la question dans le cas précis des entreprises publiques en affirmant que « *le régime particulier de ces sociétés ne concerne par conséquent que des points spécifiques tenant à l'origine publique d'une fraction au moins du capital social de ce genre. Il s'agit donc d'un indispensable « complètement » des dispositions du droit OHADA et non d'une éventuelle dérogation à celui-ci*[48]... »[49].

[44] Le juge camerounais a en effet tenté de citer ces auteurs pour étayer son argumentaire au profit de la thèse dérogatoire des régimes particuliers sur le droit OHADA.

[45] C'est nous qui le soulignons.

[46] ONANA (F.) et MBOCK BIUMLA (J.M.), *Cinq ans de jurisprudence commentée de la Cour Commune de Justice et d'Arbitrage de l'OHADA (CCJA) (1999-2004)*, Presses de l'AMA, 1re édition, 2005, p. 145

[47] TGI du Wouri, jugement N° 880 Crim. du 27 septembre 2007, affaire BELINGA Gilles Roger et Cie c/ Société immobilière du Cameroun. Dans cette décision, le juge a cité le Prof. Paul-Gérard POUGOUE pour également tenter d'appuyer sa thèse conférant un caractère abrogatoire aux dispositions du régime particulier à l'encontre du droit OHADA.

[48] C'est nous qui le soulignons.

Concernant les dispositions de nature pénale, le droit OHADA consacre des qualifications et laisse le soin aux législations d'en déterminer la sanction. C'est bien ce à quoi le législateur camerounais s'est attelé à faire dans deux textes précis à savoir : la loi n° 99/017 du 22 décembre 1999 portant statut des établissements publics administratifs et des entreprises du secteur public et parapublic ; et la loi n° 2003-008 du 10 juillet 2003 relative à la répression des infractions contenues dans certains Actes uniformes OHADA. Du coup, on comprend que le conflit ne se situe plus entre le droit OHADA et la législation camerounaise nationale comme a voulu le laisser croire la défense dans l'affaire précitée[50], mais plutôt que le débat a lieu entre deux lois nationales qui prévoient pour la première, la sanction pénale à laquelle sont passibles les dirigeants des entreprises publiques, et pour la seconde, celle applicable aux dirigeants des entreprises commerciales privées. Il n'y a donc pas de conflit qui tienne entre la norme OHADA et les deux normes nationales qui d'ailleurs, puisent toutes les deux leurs sources de la première. L'intégrité des dispositions du droit OHADA est ainsi conservée, de sorte qu'il serait maladroit pour les tenants de la thèse abrogatoire des dispositions du droit national, de verser dans quelque triomphalisme. On leur aurait reconnu de bon ton une telle jubilation si par exemple, au lieu d'appliquer à ces dirigeants des entreprises publiques l'article 184 du Code pénal, le droit imposait qu'il leur soit

---

[49] POUGOUE (P.-G.), « Les sociétés d'État à l'épreuve du droit OHADA », *Juridis périodique*, N° 60, jan.-fév.-mars 2006, p. 100.

[50] Dans l'affaire BELINGA Gilles Roger, on relève que pour soutenir que le droit applicable dans le cas d'espèce n'est pas l'article 184 du Code pénal relatif au détournement des deniers publics, mais plutôt la loi N° 2003-OO8 portant répression des infractions contenues dans certains Actes uniformes OHADA, la défense a avancé une série de sources parmi lesquelles celle contenue dans ce motif formulé en ces termes : « Que la 2nde source est le principe de la « supra-légalité des Traités internationaux ratifiés » et de « l'applicabilité directe et obligatoire des Actes uniformes dans les États parties au Traité »... Que ce principe tranche le conflit né entre l'Acte uniforme OHADA, en sa loi N° 2003 OO8 portant répression des infractions contenues dans certains Actes uniformes OHADA, et la loi N° 99/017 du 22 décembre 1999 portant statut des établissements publics administratifs et des entreprises du secteur public et parapublic, à laquelle les statuts de la SIC ont donc été également harmonisés ; ... ».

appliqué la portée générale de l'article 321 du Code pénal[51] qui a justement été remplacée par celle de l'article 891 de l'AUSC en son prolongement dans l'article 9 de la loi de 2003 : mais il n'en est rien !

2- Application de la peine et non de l'incrimination de l'article 184 du Code pénal camerounais

L'idée qu'il existe un conflit entre la loi de 2003 et le Code pénal camerounais est absolument dépourvue de fondement juridique. Il n'y a en effet aucune opposition à faire entre les deux. La désignation de l'article 184 de ce Code pénal ne s'est pas faite de manière autonome. C'est plutôt à la loi de 1999 qu'il faut faire référence. Cette dernière prend effectivement en compte les qualifications prévues par les articles 889, 890 et 891 de l'AUSC respectivement dans les 1er, 2e et 3e tirets de l'alinéa 1 de son article 108 que sont : la distribution des dividendes fictifs, la publication des états financiers de synthèse inexacts et l'abus des biens et du crédit de la société. Et pour la peine, elle renvoie tout simplement à celle que prévoit l'article 184 du Code pénal, sans requalifier les faits. Elle reste par conséquent en droite ligne avec l'esprit OHADA qui justement lui a conféré cette faculté. Elle ne joue donc, selon la volonté légitime du législateur camerounais, que pour les dirigeants des entreprises publiques, sachant que ceux des entreprises privées sont assujettis à la loi de 2003. On le voit donc ! Il n'y a pas de conflit qui tienne, le Code pénal en son article 184 n'étant qu'un moyen par lequel la loi de 1999 sanctionne l'abus des biens et du crédit des sociétés d'État, perpétré par leurs dirigeants.

La démonstration qui vient ainsi d'être menée permet de résoudre le problème de la dualité du régime de la sanction pénale applicable aux dirigeants des entreprises publiques telle que l'article 184 du Code pénal l'a sous-entendue, et que nous avons relevée plus haut[52]. On se souvient en effet que cette disposition distingue selon que l'entreprise publique détient

---

[51] L'article 321 du Code pénal double les peines de l'article 318 Code pénal lorsque l'abus de confiance ou l'escroquerie ont été commis par « un employé au préjudice de son patron ou réciproquement » (Il en est ainsi également lorsque ces infractions sont commises soit par un avocat, un notaire, un commissaire-priseur, huissier ou agent d'exécution ou par un agent d'affaires [al. a], soit par une personne faisant appel ou ayant fait appel au public [al. c]).

[52] Cf. supra.

ou non au moins la majorité du capital. Dans le premier cas, il est applicable aux dirigeants, et dans le second cas, il ne leur est pas applicable. Or, il se trouve que dans son titre V qui traite des dispositions pénales, la loi de 1999 en son article 108 al.1 indexe « *tout dirigeant* » d'entreprise publique, sans discrimination aucune. C'est dire que conformément à l'esprit de cette disposition, lorsqu'un dirigeant d'un établissement public administratif, d'une société à capital public et d'une société d'économie mixte quel que soit le degré de participation de la personne morale de droit public commet l'une des trois infractions d'affaires[53], on retiendra l'une des trois qualifications, mais l'on se réfèrera à la sanction prévue par l'article 184 du Code pénal pour la leur infliger. Il ne sera pas question de tenir compte de la conditionnalité prévue par cette disposition en termes de degré de participation de l'État à l'actionnariat de l'entreprise, mais d'appliquer exclusivement la peine qui y est prévue.

Ainsi, on s'aperçoit bien que c'est à tort que, pour appliquer l'article 184 du Code pénal aux dirigeants des entreprises publiques dans les cas d'espèce, le juge s'est attelé à vouloir démontrer que les biens de ces entreprises, notamment de la SIC, soient appréhendés comme des deniers publics, condition préalable d'application autonome de cet article. Il lui aurait suffi de démontrer que ces sociétés sont des entreprises publiques assujetties au droit OHADA ; que ce dernier a prévu des infractions qu'il a laissées le soin aux législations nationales d'en déterminer la peine ; que le législateur camerounais prenant acte de cette faculté qui lui est accordée, a pris deux textes à cet effet dont l'un s'applique à toute entreprise commerciale privée (la loi de 2003), et l'autre aux entreprises publiques conformément à l'esprit de l'article 916 de l'AUSC reconnaissant l'existence des régimes particuliers (loi de 1999) ; et que cette dernière loi, votée en vue de transcender l'inadaptabilité de sa devancière (l'ordonnance de 1975) aux nouvelles exigences de l'heure, pour s'arrimer justement au droit OHADA et au droit de la CEMAC, a reconduit dans son article 108 les incriminations

---

[53] On rappellera malgré déjà une propension à la redondance, qu'il s'agit de la répartition des dividendes fictifs au moyen de bilan frauduleux, de la publication ou de la présentation d'un bilan inexact en vue de dissimuler la véritable situation de l'entreprise même en l'absence de toute distribution de dividendes, et enfin, de l'abus des biens et du crédit de la société.

consacrées par l'AUSC, et a désigné la peine (et non l'incrimination) de l'article 184 du Code pénal pour sanctionner les dirigeants de ces entreprises publiques coupables des infractions considérées.

Voilà à notre sens l'argument juridiquement valable que le juge camerounais aurait dû avancer pour soutenir sa décision. S'il évoluait dans cet ordre de pensées, il n'aurait pas pu conclure au caractère abrogatoire des régimes particuliers nationaux contenus dans la consécration de l'article 916 de l'AUSC, mais aurait constaté la conformité de ceux-ci aux principes établis par le droit OHADA parmi lesquels, le caractère d'ordre public des dispositions de l'AUSC à l'égard, surtout, des dispositions contraires des droits nationaux. C'est d'ailleurs dans cet ordre de pensées qu'on pourrait aussi appréhender l'attitude de la CCJA qui, dans l'affaire ETONDE EKOTO Édouard Nathanaël contre Port Autonome de Douala (PAD), a décliné sa compétence non pas en raison de l'application du droit OHADA, mais sur la base du caractère pénal de la sanction contestée. Elle a alors indiqué *in fine* dans l'énoncé des motifs de sa décision que : « *Attendu qu'il ressort des dispositions sus-énoncées que la Cour de céans ne peut connaître, par la voie du recours en cassation, des affaires qui, bien que soulevant des questions relatives à l'application des Actes uniformes et des Règlements prévus au Traité, concernent des décisions appliquant des sanctions pénales*[54] *; que l'Arrêt n° 38/CRIM du 11 juin 2009 de la Cour d'appel du Littoral, objet du présent pourvoi, a été rendu en matière criminelle et a, entres autres, déclaré l'accusé ETONDE EKOTO coupable de certains faits qui lui sont reprochés et l'a condamné à 15 ans d'emprisonnement ferme ; qu'il s'ensuit que la Cour de céans doit se déclarer incompétente* »[55]. Mais au-delà, le raisonnement que nous avons mené devra sans doute conduire à attirer l'attention sur une vraisemblable confusion perpétrée aujourd'hui par les autorités judiciaires camerounaises, lorsqu'elles soumettent les dirigeants des entreprises publiques, au moins ceux des SEM et des SCAP, à la compétence du Tribunal criminel spécial. En effet, avec la loi de 1999, la qualification de *détournement de deniers publics* a cédé la place, concernant ces dirigeants, à celle d'abus des biens et du crédit de la société, de distribution de dividendes

[54] C'est nous qui le soulignons.

[55] CCJA, ARRET N° 053/2012 du 07 juin 2012 rendu dans l'affaire ETONDE EKOTO Édouard Nathanaël contre Port Autonome de Douala (PAD).

fictifs, ou de publication des états financiers de synthèse inexacts. Or, c'est la première qualification, celle de détournement de deniers publics, qui fonde matériellement la compétence du TCS, notamment lorsque le préjudice causé a une valeur au moins égale à 50 000 000 FCFA. Vu sous cet angle, et sous réserve d'analyses plus étendues qu'il faudra nécessairement mener, et dont la clé se situerait sur la détermination véritable de la notion de *deniers publics (ou biens publics)*, une correction législative s'impose peut-être pour une cohérence de l'activité judiciaire.

LA CONTRACTUALISATION DES POURPARLERS DANS UN CONTRAT RELATIF À L'IMMEUBLE FUTUR : LE CAS PARTICULIER DES NÉGOCIATIONS À LA VENTE D'IMMEUBLES À CONSTRUIRE EN DROIT CAMEROUNAIS

Gervais LÉGANLÉ[1]

Résumé : La réflexion sur la contractualisation, particulière, des pourparlers à la vente d'immeubles à construire se situe dans un contexte, général, de régulation de la volonté des parties. Il s'agit, concrètement, d'une présentation de l'encadrement juridique du consentement des futures parties, dans la phase préparatoire au contrat de vente d'un immeuble futur ou sur plan. Ainsi, pour le législateur de 2009 (Loi n° 2009/009 du 10 juillet 2009 relative à la vente d'immeubles à construire), le contrat de réservation constitue le cadre propice, pour permettre, notamment, au consommateur immobilier (l'acquéreur) d'exprimer sereinement son consentement lors de la réservation de son logement. De plus, avec l'intervention du notaire, qui conseille les parties et assure la rédaction de l'acte précontractuel (le contrat de réservation ou contrat préliminaire), cette protection se voit davantage consolidée. Dans le même sens, en exigeant un motif légitime pour justifier la non-conclusion du contrat définitif de vente, sous peine de paiement de dommages-intérêts (par le vendeur) ou de perte totale de la garantie consignée (par l'acquéreur), la loi de 2009 exclut toute forme de rupture abusive des pourparlers, et établit, de ce fait, un certain équilibre entre les intérêts du vendeur, professionnel, et du futur acquéreur, consommateur.

[1] Enseignant-chercheur au grade d'Assistant à la Faculté des Sciences Juridiques et Politiques de l'Université de Yaoundé II-Cameroun.

1. Considéré comme étant la source principale des obligations[2] et l'« *instrument relationnel* »[3] par excellence, et dont le succès n'est plus à démontrer[4], le contrat est le paradigme actuel des actes juridiques[5] qui certifient « *la réalisation matérielle du pouvoir de la volonté sur le droit* »[6]. Il est, par définition, un accord entre deux ou plusieurs personnes, auquel la loi donne effet juridique, tout en sanctionnant les engagements qu'il inclut[7]. En réalité, nonobstant, certaines exigences légales[8], la formation du contrat est fondée sur le principe de l'autonomie de la volonté, « *élément fondamental des contrats* »[9]. Ainsi, le consentement constitue l'élément cardinal du contrat[10]. Par sa seule expression, la conclusion du contrat est, quant au fond et quant à la forme, un évènement instantané dépourvu de toute restriction.

2. Et pourtant, pour les contrats importants, comme celui tenant à la construction ou à l'acquisition d'un immeuble à construire, on assiste

---

[2] Dans la classification moderne des sources des obligations, il existe d'autres sources telles que les délits (faits juridiques qui entraînent des obligations), les quasi-délits (faits illicites, mais involontaires), les quasi-contrats (faits volontaires et licites, mais qui ne sont pas des contrats). À ces sources, on ajoute la loi de laquelle naissent des obligations légales issues des textes spécifiques, et les obligations statutaires découlant de telle ou telle règlementation (sociale, professionnelle, fiscale, etc.).

[3] L. BRUNEAU, *Contribution à l'étude des fondements de la protection du contractant*, Thèse, Université des Sciences sociales de Toulouse, France, 2005, p. 8-9, n° 1 et s. Lire aussi : F. TERRÉ, Ph. SIMLER et Y. LEQUETTE, *Droit civil, Les obligations*, 10e éd., Dalloz, 2009, n° 17, p. 27 ; Y. S. NGOMO MBASSA, *Le raisonnable dans le contrat, Essai d'une théorie*, Thèse, Université de Yaoundé II, Cameroun, n° 12, p. 14.

[4] Ph. DELEBECQUE et F.-J. PANSIER, *Droit des obligations, Contrat et quasi-contrat*, Litec, 2000, p. 9.

[5] Ph. MALINVAUD, *Introduction à l'étude du droit*, 10e éd., Litec, 2004, n° 172, p. 327 : Selon l'auteur : « *Un acte juridique est une manifestation de volonté destinée à créer des effets de droit (et spécialement des droits et des obligations)* ».

[6] B. MOORE, « De l'acte et du fait juridique ou d'un critère de distinction incertain », *RJT*, 1997, p. 281.

[7] H. L. J. MAZEAUD et F. CHABAS, *Leçons de droit civil*, tome 2, Vol. 1, *Obligations, Théorie générale*, 9e éd., Par F. CHABAS, Montchrestien, 1998, n° 52, p. 52.

[8] Cf. Art. 1108 C. civ. et Art. 6 C. civ.

[9] B. MOORE, *op. cit.*, p. 290.

[10] J. PINEAU, S. GAUDET et D. BURMAN, *Théorie des obligations*, 4e éd., Thémis, 2004, n° 35 et s., p. 68 et s.

constamment à un véritable processus de formation du contrat qui peut s'étendre à des semaines, voire à de nombreux mois[11]. Une période préparatoire ou précontractuelle à la conclusion du contrat est souvent alors nécessaire et, dans certaines hypothèses, imposée aux futures parties. C'est dans cette logique que s'inscrit la réflexion sur la contractualisation, spécifique, des pourparlers à la vente d'immeubles à construire.

3. La compréhension de cette analyse requiert que l'on apporte quelques précisions terminologiques.

D'abord, on entend par *contractualisation des pourparlers*, la pratique des négociations dans un esprit contractuel, étant donné que l'avant-contrat n'est pas, en principe[12], le contrat lui-même. Il n'est qu'un « *contrat préparatoire* »[13] du contrat définitif.

Ensuite, pour ce qui est du *contrat relatif à l'immeuble à construire*, il s'agit d'un type de contrat susceptible d'être conclu sur un immeuble futur ou sur plan[14], voire inachevée ou à rénover[15]. Ce type de contrat est qualifié de contrat spécial de la construction et de la promotion immobilière[16]. En ce

---

[11] A. BÉNABENT, *Droit civil, Les obligations*, 9e éd., Coll. *Domat/Droit privé*, Montchrestien, 2003, n° 28, p. 21.

[12] Exceptionnellement, certains avant-contrats valent des contrats. Par exemple, l'article 1589 du Code civil dispose que, la promesse de vente vaut vente, dès lors qu'il y a consentement réciproque des deux parties contractantes sur la chose et sur le prix.

[13] J.-M. MOUSSERON, *Techniques contractuelles*, Éditions juridiques Lefèbvre, Paris, 1988, p. 46.

[14] C. GARRIER, *Côte d'Ivoire et zone OHADA : gestion immobilière et droit foncier urbain*, L'Harmattan, Coll. *Le droit en marche*, 2007, p. 152. Dans le même sens : D. SIZAIRE et G. DURAND-PASQUIER, Fasc. 81 : « Ventes d'immeubles à construire, Origine, Législation, Définition », *JCl. Constr.-Urb.* 2010, n° 1, p. 3.

[15] Cette conception est issue de la jurisprudence française : Cass. 3e civ., 6 nov. 1996, *D.* 1996, I.R., p. 658, obs. M. PEISSE : cet arrêt pose deux conditions. D'une part, que les travaux de rénovation aient fait l'objet d'un nouveau permis de construire ; et d'autre part, qu'ils affectent le gros œuvre de l'immeuble, c'est-à-dire l'ensemble des éléments porteurs qui concourent à la stabilité et à la solidité de l'édifice, ainsi que les éléments qui assurent le clos, le couvert et l'étanchéité de l'immeuble. Exemple : les fondations, murs et toiture d'un bâtiment.

[16] E. GAVIN-MILAN, *Essai d'une théorie générale des contrats spéciaux de la promotion immobilière*, LGDJ, 2003, p. 10 et s.

sens, la doctrine[17] souligne que pour accéder à la propriété d'un logement à construire, l'accédant a une alternative. Ou bien il construit ou fait construire l'immeuble sur un terrain dont il est déjà propriétaire : dans ce cas, il peut conclure soit le louage d'ouvrage[18], soit le contrat de promotion immobilière[19]. Ou alors, il construit l'immeuble sur un terrain dont il n'est pas encore propriétaire. Dans cette hypothèse, il a le choix entre les contrats que lui propose le promoteur[20] immobilier : la vente d'immeubles à construire, la location-accession à la propriété immobilière ou le contrat de construction de maison individuelle. Toutefois, il peut éviter l'alternative contractuelle[21].

Enfin, la *vente d'immeubles à construire* est un contrat par lequel, le vendeur s'engage, envers l'acquéreur, à édifier un immeuble dans un délai déterminé par le contrat[22]. Modèle des contrats relatifs à l'immeuble à construire, il met en relation, comme dans la plupart des contrats, le vendeur, professionnel immobilier, et l'acquéreur-consommateur, très souvent, personne physique[23] qui, selon la loi[24] et la doctrine[25], se procure

---

[17] J. CALAIS-AULOY, *Droit de la consommation*, Dalloz, 2e éd., 1986, p. 371 et s.

[18] Cf. Art. 1710, 1787 à 1799 C. civ.

[19] Ph. MALINVAUD et Ph. JESTAZ, *Droit de la promotion immobilière,* Dalloz, 1986, n° 412 : qui soulignent que le contrat de promotion immobilière est un hybride du louage d'ouvrage et du mandat.

[20] Le promoteur étant entendu ici au sens large, c'est-à-dire un intermédiaire économique qui réalise un ou plusieurs immeubles, afin d'en faire acquérir la propriété à une ou plusieurs personnes. Or, au sens étroit, le promoteur immobilier est une partie au contrat de promotion immobilière.

[21] J. CALAIS-AULOY, *op. cit.,* p. 373 : dans ce cas, il opte pour la participation dans une société d'attribution d'immeubles aux associés par fractions divises ou société coopérative de construction. En droit camerounais, ces sociétés sont régies par les dispositions des articles 26 à 35 de la loi du 10 janvier 1997 relative à la promotion immobilière ; et en droit français par l'article L. 213-1 CCH (Code de la construction et de l'habitation).

[22] Lire : Art. 2 a de la loi de 2009 relative à la vente d'immeubles à construire.

[23] J.-P. PIZZIO, « Le consommateur est une personne physique », *D.* 2002, 2929.

[24] Cf. Art. 2 de la Loi-cadre du 6 novembre 2011 portant protection du consommateur au Cameroun.

[25] J. CALAIS-AULOY et F. STEINMETZ, *Droit de la consommation*, 4e éd., Dalloz, 1996, n° 3-6, pp. 4-6.

ou utilise des biens ou des services pour un usage non professionnel[26]. En accord avec la jurisprudence[27], l'acquéreur, tel que nous l'envisageons, est un « *acquéreur non professionnel* »[28].

4. Le problème que pose cette analyse est celui de la particularité de la contractualisation de la phase préparatoire à la vente d'un immeuble futur[29]. Ce problème, qui a retenu l'attention du législateur camerounais en 2009[30], nous amène à nous poser la question de savoir, comment la contractualisation des pourparlers à la vente d'immeubles à construire est-elle encadrée ?

5. La question posée permet de déceler le double intérêt d'ordre juridique et social que revêt cette étude.

---

[26] Ph. MALAURIE et autres, *op. cit.*, p. 204, n° 421 : le consommateur est objectivement défini par les actes de consommation, c'est-à-dire des contrats qui ne sont pas conclus pour les besoins d'une activité professionnelle.

[27] CJCE, 22 nov. 2001, *RTD civ.* 2002, 391, obs. J. MESTRE et B. FAGES ; *ibid.* 397 obs. REYNARD : dans cet arrêt, la Cour de Justice des Communautés Européennes a décidé que le consommateur est une personne physique.

[28] C. DREVEAU, « Vente immobilière : notion d'acquéreur non-professionnel », Dalloz-actualité (*http : //www.dalloz-actualité.fr*), 2012 : L'auteur nous amène à comprendre la différence établie entre les notions de consommateur et de non-professionnel sur deux points. D'une part, il souligne que pour le droit communautaire, le consommateur doit être uniquement une personne physique. Ainsi, sous l'influence dudit droit (CJCE 22 nov. 2001 précitée), la jurisprudence semble désormais limiter la notion de consommateur aux personnes physiques. D'autre part, en revanche, le « non-professionnel » est plus largement, celui qui contracte en dehors de sa sphère de compétence professionnelle, sans égard pour sa personnalité physique ou morale. C'est dans ce contexte qu'en droit français par exemple, la jurisprudence accorde aux personnes morales le bénéfice des dispositions du Code de la consommation visant expressément le « non-professionnel ». Il en est ainsi des dispositions de l'article L. 132-1 relatif aux clauses abusives : Cass. 1re civ., 15 mars 2005, *D.* 2005. 887, obs. C. RONDEY. Dans le même ordre : Cass. 1re civ., 27 sept. 2005, *D.* 2006. 238, note Y. PICOD.

[29] Cf. Art. 2 c de la loi de 2009 relative à la vente d'immeubles à construire : qui vise la vente en l'état futur d'achèvement d'un immeuble à construire.

[30] Cf. Loi n° 2009/009 du 10 juillet 2009 relative à la vente d'immeubles à construire ; Décret n° 2009/1726/PM du 4 septembre 2009 fixant les modalités d'application de la loi n° 2009/009 du 10 juillet 2009 relative à la vente d'immeubles à construire. Source : *Cameroon Tribune*, lundi 13 juillet 2009, N° 9389/5590, p. 11 ; G. B. DZEUKOU, *Code de la propriété immobilière, Additif : copropriété des immeubles, nuisances sonores et olfactives, protection des sols*, 1re éd., Éditions Juridiques Camerounaises, 2009, p. 645-661.

Du point de vue juridique, ce sujet relance le débat sur la place et la valeur des pourparlers en matière contractuelle, en général, et en matière de vente d'immeubles futurs, en particulier. En optant pour la contractualisation des pourparlers à la vente d'immeubles à construire, le législateur camerounais, à l'instar de son homologue français[31] et de bon nombre de législateurs étrangers[32], réaffirme la valeur de la négociation au processus de formation du contrat[33]. Aussi bat-il en brèche le processus habituel d'expression du consentement entre les futures parties[34] en plaçant en vitrine, le procédé particulier en vertu duquel, les futurs contractants doivent, sur la base d'un formalisme institué par la loi, exprimer leur consentement dans le cadre des avant-contrats[35].

Du point de vue social, cette analyse permet de cerner l'importance actuelle du logement pour les consommateurs immobiliers. On constate davantage qu'accéder à la propriété immobilière, surtout à usage d'habitation, demeure une quête perpétuelle[36]. Normal que les textes nationaux[37] et internationaux[38] érigent le droit à un logement décent dans l'ordre des droits fondamentaux[39].

---

[31] Lire : Art. L. 271-10 et s. CCH (Code de la construction et de l'habitation).

[32] Pour le législateur ivoirien : Loi n° 99-478 du 2 août 1999 portant organisation de la vente d'immeubles à construire et de la promotion immobilière. Source du texte : *JORCI* (Journal Officiel de la République de Côte d'Ivoire) n° 37 du 16 septembre 1999.

[33] R. MONZER, « Les effets de la mondialisation sur la responsabilité précontractuelle, Régimes juridiques romano-germaniques et anglo-saxons », *RIDC*, 2007, p. 523.

[34] J. PINEAU, S. GAUDET et D. BURMAN, *op.cit.*, n° 37-58, p. 69-99 : le processus classique ou habituel, d'expression du consentement, passe par les mécanismes d'offre et d'acceptation.

[35] J. PINEAU et autres, *op.cit.*, n° 58 -69, p. 99-112.

[36] D. Th. BOMBA, *Le consommateur de crédit en droit camerounais : contribution à la fixation d'une théorie de protection du consommateur dans le domaine immobilier*, Thèse, Université de Yaoundé II, 2008-2009, n° 27, p. 26.

[37] Cf. Préambule de la Loi n° 96/06 du 18 janvier 1996 portant révision de la Constitution du 2 juin 1972, modifiée et complétée par la Loi n° 2008/001 du 14 avril 2008.

[38] Cf. Art. 25 al. 1er de Déclaration universelle des droits de l'homme du 10 décembre 1948.

[39] Au même titre, notamment, que les droits à la santé, à l'intégrité physique, au procès équitable, à l'éducation.

6. Si la contractualisation des pourparlers contractuels n'est pas l'apanage de la préparation du contrat de vente d'un immeuble futur[40], celle consacrée pour préparer ce type de vente, s'en distingue non seulement par son régime impératif qui régit l'acquisition d'un « logement » futur (I), mais surtout par la rigidité de sa mise en œuvre (II).

I- Une contractualisation des pourparlers au régime impératif pour l'acquisition d'un « logement » futur

7. Pour l'acquisition d'un « logement »[41] futur, le législateur de 2009 édicte que les pourparlers doivent exclusivement se dérouler dans un cadre précontractuel atypique : le contrat de réservation (A). La portée et la valeur juridiques de cet avant-contrat (B) sont aussi révélatrices du rayonnement du régime imposé lors des négociations dans ce contexte.

A- Le cadre juridique consacré aux négociations : le contrat de réservation

8. La spécificité du contrat préliminaire tient tant à ses caractères (1), qu'à la règlementation de son contenu (2).

1- Les caractères spécifiques du contrat de réservation

9. Au Cameroun, c'est en régissant la vente d'immeubles à construire que le législateur a, véritablement, régulé le contrat préliminaire[42] qui, reste le seul avant-contrat préparatoire à un contrat de construction ou d'acquisition

---

[40] Ph. DELEBECQUE et F.-J. PANSIER, *op.cit.*, p. 40, n° 77 et s. : qui citent trois hypothèses dans lesquelles les pourparlers sont contractualisés : les contrats de négociation, les contrats « *intérimaires* » et les contrats-cadres, les promesses de contrat (les promesses unilatérales et synallagmatiques de contrat).

[41] Le logement futur doit être compris comme un immeuble à construire relevant du secteur protégé.

[42] Cf. Art. 20 à 24 de la loi n° 2009/009 du 10 juillet 2009 relative à la vente d'immeubles à construire ; Art. 3 à 7 du décret n° 2009/1726/PM du 4 septembre 2009 fixant les modalités d'application de la loi n° 2009/009 du 10 juillet 2009 relative à la vente d'immeubles à construire. D'autres textes qui traitent quelque peu de l'immeuble à construire se sont limités soit à la définition du contrat de réservation (Art. 2 d de la loi n° 2009/010 du 10 juillet 2009 régissant la location-accession à la propriété immobilière), soit à la détermination de son domaine d'application (Art. 7 al. 1er de la loi du 10 janvier 1997 relative à la promotion immobilière).

d'un immeuble relevant du secteur protégé[43]. Selon la doctrine[44] : « *Ce contrat est l'acte juridique par lequel un vendeur, réservant, s'engage à conserver un immeuble pour un acquéreur, réservataire, en contrepartie de l'obligation pour ce dernier d'opérer un dépôt de garantie qui peut être effectué par un garant pour le futur acquéreur* ». Cette définition est inspirée de celle donnée par la loi[45].

10. Le contrat préliminaire trouve sa place dans la typologie des avant-contrats grâce à « *son utilité dans la commercialisation des logements* »[46]. Il se distingue, d'autres avant-contrats, par deux caractéristiques primordiales.

11. La loi prescrit que le contrat de réservation, dont il fixe et règlemente le contenu[47], est d'application exclusive dans le secteur protégé[48] ou du

---

[43] V. Art. 2e de la loi du 10 juillet 2009 relative à la vente d'immeubles à construire : le secteur protégé est le secteur dans lequel, tout contrat ayant pour objet le transfert de propriété d'un immeuble à usage d'habitation ou à usage mixte professionnel et d'habitation comporte pour l'acheteur, l'obligation d'effectuer des versements ou des dépôts avant l'achèvement de l'immeuble. Pour une compréhension large du secteur protégé, lire notamment : M. DAGOT, *La vente d'immeuble à construire*, Litec, 1983, n° 191 et s. ; Ph. MALINVAUD et Ph. JESTAZ, *Droit de la promotion immobilière*, *op.cit.*, n° 260 ; R. MEVOUNGOU NSANA, *Traité de droit immobilier, De la terre à la propriété immobilière au Cameroun*, Éditions Universitaires Européennes, 2011, n° 386 et s., p. 289 et s. ; F. COHET-CORDET, BETTY LABORRIER et J. LAFOND, *Ventes d'immeubles*, 2e éd., Litec, 2007, n° 68-167, pp. 27-52 ; F. COLLART DUTILLEUL et Ph. DELEBECQUE, *op.cit.*, n° 69, p. 66 ; G. LÉGANLÉ, *La vente d'immeubles à construire*, Mémoire de Droit privé général, Université de Ngaoundéré, 2011, n° 101-186, p. 35-59.

[44] J. GOUDEM, « La protection de l'acquéreur dans la vente d'immeuble à construire », *Juridis Périodique*, N° 100, III, Doctrine et Études, 2014, n° 23, p. 95.

[45] Lire : Art. 2 al. d de la loi de 2009 relative à la vente d'immeubles à construire.

[46] R. MEVOUNGOU NSANA, *Traité de droit immobilier, De la terre à la promotion immobilière au Cameroun*, *op.cit.*, p. 291, n° 388.

[47] D. SIZAIRE, Fasc. 83-20 : « Vente d'immeubles à construire, Secteur protégé, Caractère impératif, Sanction de nullité », Actualisé par C. STEIMLE, *JCl. Constr.-Urb.* 2011, n° 24, p. 9.

[48] Cf. Art. 7 de la loi du 10 janvier 1997 relative à la promotion immobilière ; Art. 20 de la loi du 10 juillet 2009 relative à la vente d'immeubles à construire. Lire pour d'amples explications : D. SIZAIRE, Fasc. 83-10 : « Ventes d'immeubles à construire, Secteur protégé, Champ d'application », *JCl. Urb.-Constr.* 2004, n° 1 et s., p. 3 et s.

logement[49]. Ici, le contrat de réservation est assimilable à un contrat imposé ou forcé[50].

Le secteur protégé, distinct du « *secteur libre* »[51], regroupe les immeubles à usage d'habitation ou mixte d'habitation et professionnel. Dans ce secteur, toute autre forme d'avant-contrat, notamment le compromis, la promesse de vente ou d'achat, est proscrite[52].

12. La deuxième caractéristique du contrat de réservation est sa nature juridique. Celle-ci reste problématique[53]. En réalité, bien que la question n'ait pas été abordée concrètement en droit camerounais, son importance se révèle indéniable. Aussi, en se référant à la doctrine française, la question est de savoir, quelle est la véritable nature de cet avant-contrat au regard des avant-contrats classiques de la vente tels que le pacte de préférence, les promesses unilatérale et synallagmatique ?

13. Pendant longtemps, la doctrine est restée partagée entre trois tendances sur la qualification du contrat préliminaire. Alors que certains optaient pour la qualification de pacte de préférence, d'autres penchaient favorablement pour celle de promesse unilatérale de vente[54]. Par ailleurs,

---

[49] B. KOHL, *Droit de la construction et de la promotion immobilière en Europe, Vers une harmonisation de la protection du consommateur en droit de la construction ?* BRUYLANT/LGDJ, 2008, Préface H. PÉRINET-MARQUET, n° 72, p. 192.

[50] J. FLOUR, J.-L. AUBERT et E. SAVAUX, *Droit civil, Les obligations,* tome 1, *L'acte juridique,* 10e éd., Armand Colin, 2002, n° 124, p. 86 : le contrat imposé ou forcé se caractérise par la contrainte qui émane de la loi ; cette dernière édictant ainsi une dérogation à la liberté de contracter.

[51] F. COHET-CORDET, BETTY LABORRIER et J. LAFOND, *Ventes d'immeubles, op.cit.*, n° 68, p. 27 : ces auteurs présentent le secteur libre comme étant, le secteur qui regroupe, entre autres, les ventes d'immeubles à construire à usage commercial, artisanal, industriel, professionnel. En d'autres termes, ce secteur est constitué d'immeubles sur plan exclus du secteur protégé.

[52] V. Art. 14 al. 1er de la loi du 10 juillet 2009 relative à la vente d'immeubles à construire ; en droit français : Art. L. 261-15 CCH.

[53] Mme H. HENRY, « Les problèmes posés par le contrat préliminaire de vente d'immeubles à construire », *JAPI*, 1978, Études, p. 347, n° 22 ; M. TIRARD, « Le contrat préliminaire : le droit positif et ses modifications envisagées », *Droit et ville* 1978, p. 108.

[54] J.-L. BERGEL, « Les contrats préliminaires de réservation dans les ventes d'immeubles à construire : Unité ou dualisme ? », *JCP* 1974, I, 2669, n° 13-14 et 19 et 20.

d'aucuns y voyaient une qualification beaucoup plus évolutive en fonction de l'avancement du projet de construction[55].

14. Intervenant dans ce vif débat, la jurisprudence a pris une position qui n'a pas permis de déterminer véritablement la nature juridique de cet avant-contrat. Car, elle a décidé que le contrat de réservation est : « *un contrat sui generis essentiellement synallagmatique, lequel comporte des obligations réciproques (…)* »[56] entre les parties. Un contrat « *sui generis* », c'est-à-dire particulier, unique en son genre. Admettons qu'il en est ainsi, mais est-ce cela une nature au sens du droit ?

Cette question témoigne que la position de la jurisprudence ne répond pas vraiment à l'interrogation sur la nature juridique du contrat préliminaire. Et pourtant, elle a été favorablement accueillie par la majorité de la doctrine qui, atteste de l'inanité du débat[57]. Pour enrayer le flou qui entoure le caractère particulier affecté par la jurisprudence au contrat préliminaire, une opinion doctrinale nous apporte son secours en soulignant que : « *Cet acte qui se distingue d'une promesse de vente d'immeubles à construire est en effet relativement autonome par rapport au projet d'acte définitif* »[58]. Voilà au moins une explication satisfaisante qui justifierait la règlementation du contenu du contrat de réservation.

2- La règlementation du contenu du contrat préliminaire

15. Le contrat de réservation est essentiellement formaliste. La règlementation de son contenu en est la preuve manifeste. La nécessité de l'écrit du contrat de réservation est une condition de forme, mais qui reste essentielle pour sa validité. Cette nécessité est, en un mot, un impératif légal, inéluctable[59], confirmé par la jurisprudence[60]. Sur cette base, le législateur de

---

[55] C. THIBIERGE-GUELFUCCI, « La nouvelle règlementation des ventes d'immeubles à construire », *Rev. éco. et dr. imm.*, 1968, p. 45.

[56] Cass. 3e civ., 27 oct. 1975, *D.* 1976, note E. FRANCK.

[57] P. PUIG, *Contrats spéciaux*, Dalloz, *Hyper cours*, 2005, n ° 143, p. 105 : qui affirme qu'« *en réalité, rechercher la nature juridique de ce contrat constitue un faux problème (...)* ».

[58] D. SIZAIRE et G. DURAND-PASQUIER, Fasc. 81 : « Ventes d'immeubles à construire, Origine, Législation, Définition », *op.cit.*, n° 14, p. 20.

[59] Lire : Art. R. 261-27 CCH ; F. COHET-CORDET et autres, *op.cit.*, n° 136, p. 45.

[60] Cass.3e civ., 31 mars 1993, *JCP G* 1993, IV, 1443.

2009[61], après avoir souligné que le contrat de réservation est d'application exclusive dans le secteur protégé, poursuit qu'il doit être rédigé par-devant notaire en autant d'exemplaires que des parties, et doit obligatoirement contenir certaines mentions qui, portent sur la situation géographique et la consistance de l'immeuble, son financement[62], son prix[63] ainsi que les modalités de sa réalisation[64]. La notification[65] de l'acte précontractuel doit mentionner la date à laquelle la vente pourra être conclue.

16. La mention relative à la notification du contrat préliminaire est fondamentale pour l'engagement du futur acquéreur. Selon les termes de la loi[66] : « *Au moins sept (7) jours avant la signature du contrat de réservation, celui-ci est présenté en intégralité au futur acquéreur ; copie lui est laissée pendant cette période de réflexion. Les formalités ci-dessus sont faites par lettre recommandée avec accusé de réception ou par tout moyen ayant date certaine et laissant trace écrite* ».

On en déduit que la notification constitue, pour le futur acquéreur, un moyen efficient d'informations pertinentes[67], et que le réservataire ne connait pas[68], sur le projet de contrat. Elle s'effectue par deux modalités : la

[61] Lire : Art. 20 al. 1er de la loi de 2009 relative à la vente d'immeubles à construire.

[62] *Ibidem* : on fait allusion aux prêts que le réservant déclare qu'il fera obtenir au réservataire ou dont il lui transmettra le bénéfice, tout en précisant leurs montants, conditions et nom du prêteur.

[63] *Ibidem* : la loi parle de prix prévisionnel et, le cas échéant, des modalités de sa révision.

[64] *Ibidem* : on vise ici la qualité de la construction, au moyen d'une note technique sommaire indiquant la nature et la qualité des matériaux et les éléments d'équipements. On y liste aussi, les délais d'exécution des travaux.

[65] Lire : Art. 20 al. 2 de la loi de 2009 préc.

[66] Lire : Art. 3 al. 2 du Décret du 4 septembre 2009 fixant les modalités d'application de la loi du 10 juillet 2009 relative à la vente d'immeubles à construire. Dans le même sens voir : Art. 23 de la Loi n° 2009/009 du 10 juillet 2009 relative à la vente d'immeubles à construire ; Art. 9 et 10 de la Loi n° 2009/010 du 10 juillet régissant la location-accession à la propriété immobilière. Du point de vue de la doctrine lire : J. LAFOND, D. LEPELTIER et V. MATET, Fasc. 14 : « Avant-contrat, Protection de l'acquéreur, Délai de réflexion et de rétractation », *JCl. Not.*, 2012, n° 46 et s., p. 17 et s.

[67] M. FABRE-MAGNAN, *L'obligation d'information dans les contrats, Essai d'une théorie*, LGDJ, 1992, n° 169 et s. ; F. TERRÉ et autres, *op.cit.*, p. 257 et s.

[68] M. FABRE-MAGNAN, *op.cit.*, p. 38 et s. De même : J. GHESTIN, « L'obligation précontractuelle de renseignement en droit français », in *Le contrat aujourd'hui, Comparaison franco-anglaise*, LGDJ, 1987, p. 170 et s., spéc. p. 176 et s.

lettre recommandée avec accusé de réception d'une part, ou tout autre moyen laissant trace écrite et ayant date certaine, d'autre part. Ces modalités légales laissent pressentir la réticence de notre droit positif, en matière immobilière, au recours à l'acte électronique.

17. La sanction de l'absence d'une des mentions légales devant figurer dans le contrat préliminaire est la nullité. Elle est, en principe, absolue. La raison qui la sous-tendrait est simple. Le contrat de réservation relevant exclusivement du secteur protégé dont l'inobservation des dispositions constitue l'une des violations graves de la règlementation dudit secteur et rigidement sanctionnées par la loi[69], la nullité absolue de la convention[70] semble évidente. D'ailleurs, pour la jurisprudence, la nullité frappe, non seulement le fait d'établir une convention de réservation distincte, mais également de passer un contrat préliminaire ne satisfaisant pas à toutes les conditions légales[71] et règlementaires qui lui sont applicables[72]. Cette solution rigide est, sans nul doute, justifiée par le caractère social du logement[73] ; ce qui illustre que le contrat de réservation reste un instrument précontractuel d'une importance et d'une valeur juridiquement indiscutables.

B- La portée et la valeur juridiques du contrat préliminaire

18. Du fait des divers avantages qu'il offre aux protagonistes à la négociation, le contrat de réservation a une portée (1) qui converge avec la sécurité juridique qu'elle consacre de par sa valeur (2).

1— La portée juridique du contrat préliminaire

19. La phase précontractuelle peut être comparée à l'édification d'un bâtiment où chacune des parties pose des pierres, en retire ou en rajoute dans l'optique d'obtenir une construction plus harmonieuse, plus solide et

---

[69] Cf. Chapitre V-Des dispositions pénales, Art. 34 à 40 de la loi de 2009 relative à la vente d'immeubles à construire.

[70] M. DAGOT, *op.cit.*, n° 384.

[71] Précisément des mentions exigées au contrat préliminaire. V. Supra n° 15.

[72] En ce sens : Cass. 3e civ., 17 avr. 1984, *Juris-Data* n° 1984-700720, *Defrénois* 1984, 1, p. 1068, obs. STEMMER ; *D.* 1986, I.R. p. 44, Chron. F. MAGNIN. De même : CA Orléans, 25 avr. 2000, n° 99/00010, *Juris-Data* n° 2000-120498.

[73] D. SIZAIRE, Fasc. 83-20, *op.cit.*, n° 1-5, p. 2 et 3.

qui respecte les objectifs communs[74]. Le déroulement de la négociation est placé sous le signe de la liberté contractuelle. Par conséquent, il n'est pas enserré dans une forme impérative quelconque. Ceci est compréhensible pour la formation classique du contrat qui tient à la rencontre d'une offre et d'une acceptation, processus habituel de manifestation du consentement.

20. Le législateur camerounais, en régissant la vente d'immeubles à construire, atteste, au même titre que la doctrine[75], de la nécessité et de l'importance du recours à la phase précontractuelle. Il est donc opportun que la négociation, qui se déroule pendant la période précontractuelle, soit imposée par la loi, dans le but de ménager aux parties, ou à l'une d'elles, un délai nécessaire pour murir son engagement[76]. C'est exactement dans ce cadre que le contrat préliminaire a été institué pour servir de base à la négociation visant la construction ou l'acquisition d'un immeuble futur acquéreur.

21. Grâce à sa rédaction par-devant notaire[77], le contrat de réservation procure des avantages variés à chacune des futures parties.

Pour le constructeur-réservant, cet avant-contrat va lui permettre de prospecter et de savoir si le projet de construction, qu'il va entreprendre au bénéfice de son partenaire, est économiquement rentable. Du côté de l'acquéreur-réservataire, le contrat de réservation lui permet de réserver son logement, dès le stade des négociations, tout en protégeant son patrimoine[78]. En plus, cette réservation le met à l'abri des potentielles acquisitions émanant des tiers. Il s'en suit, de l'analyse précédente, que le contrat de réservation est un contrat polyvalent qui remplit trois fonctions : tester le marcher, fixer le client potentiel une fois le projet de construction engagé, et

---

[74] S. GUILLEMARD, « De la phase préalable à la formation de certains contrats », *RGD*, 1993, p. 165.

[75] S. GUILLEMARD, *op.cit.*, p. 166-167.

[76] D. FERRIER, « Les dispositions d'ordre public destinées à préserver la réflexion des contractants », *D.* 1980, Chron., p. 177.

[77] Lire : Art. 7 al. 2 de loi du 10 janvier 1997 relative à la promotion immobilière ; Art. 20 al. 1er de la loi de 2009 relative à la vente d'immeubles à construire.

[78] R. MEVOUNGOU NSANA, *Droit de la promotion immobilière*, PUY, 1998, p. 188.

servir d'acte préparatoire au contrat définitif[79]. Ce qui justifie toute la valeur à lui reconnue par le législateur.

2— La valeur juridique du contrat de réservation

22. L'intérêt du contrat de réservation témoigne, trait pour trait, la valeur juridique que lui reconnaît le législateur en sanctionnant, par la nullité, toute inobservation des règles qui régissent sa formation et son exécution, mieux sa mise en œuvre au cours des négociations[80]. En cela, le législateur camerounais apporte une précision qui l'éloigne quelque peu de son homologue français.

En droit français, au cours des négociations relatives à la construction d'un immeuble sur plan, les parties ont la latitude de conclure leur contrat préliminaire par acte authentique ou sous seing privé[81]. Ce qui n'est pas le cas du droit camerounais qui édicte que cet avant-contrat est exclusivement « *rédigé par-devant notaire* »[82]. En réalité, le recours à l'acte notarié tient à ce que le contrat de vente d'immeubles fait partie, en matière immobilière en général, des actes soumis, à peine de nullité, à la forme notariée[83]. Or, le contrat préliminaire étant le préalable au contrat définitif de vente d'un immeuble futur, il doit, en vertu de la règle selon laquelle l'accessoire suit le principal, être établi sous la forme notariée.

Cet unique détail de divergence, non négligeable, n'enlève en rien la convergence qui réside entre les deux législations. Celles-ci s'accordent harmonieusement sur l'ensemble des règles applicables au contrat de réservation[84].

---

[79] O. TOURNAFOND, « Vente d'immeubles à construire, Formation », *in Droit de la construction*, Dalloz, *Le Moniteur*, Coll. *Dalloz-Action*, 2000-2001, n ° 9391, p. 1538.

[80] Lire : Art. 14 de la loi de 2009 relative à la vente d'immeubles à construire ; Art. 3 du décret d'application de la loi de 2009 relative à la vente d'immeubles à construire.

[81] M. VION, « Faculté de rétractation et délai de réflexion en cas d'acquisition ou de construction de logement neuf », *Defrénois*, 1990, p. 257 ; J. HUGOT, « Démarchage, délai de réflexion et de rétractation et contrats relatifs à la construction et la commercialisation de biens immobiliers », *JCP N* 1990, Prat. 9. Lire aussi : Art. L. 261-15 et L. 271-1 CCH.

[82] Cf. Art. 20 al. 1er de la loi de 2009 relative à la vente d'immeubles à construire.

[83] Lire : Art. 8 de l'Ordonnance n° 74/01 du 6 juillet 1974 fixant le régime foncier.

[84] Les deux législations s'accordent sur la forme authentique (même si en droit français la forme sous seing privé est admise et pas en droit camerounais) et la règlementation du

23. Au bout du compte, en France comme au Cameroun, il est impératif que les parties respectent la forme écrite, ainsi que les mentions obligatoires et nécessaires à la validité du contrat préliminaire[85]. En d'autres termes, le contrat préliminaire est un contrat entièrement formaliste[86]. Ses conditions remplies, sa validité ne peut souffrir d'aucune contestation. Les parties peuvent alors passer à l'étape suivante, l'exécution de leurs prestations respectives qui intervient lors de la mise en œuvre de la contractualisation des pourparlers.

II- Une mise œuvre rigide des pourparlers contractualisés

24. La mise en œuvre de la contractualisation des pourparlers, dans le cadre du contrat préliminaire, correspond à la conduite des pourparlers. Cette dernière vise, globalement[87], la règlementation stricte de la situation juridique du vendeur, en tant que réservant (A), et de l'acquéreur en sa qualité de réservataire (B).

A - La règlementation stricte de la situation juridique du vendeur-réservant

25. Le vendeur en tant que réservant de l'immeuble, est assujetti à des obligations (1) dont le non-respect engage automatiquement sa responsabilité (2) envers le futur acquéreur.

1- Les obligations imposées au réservant de l'immeuble

26. Le vendeur d'immeuble sur plan, assimilé à un constructeur, est un professionnel du secteur immobilier. À ce titre, il est tenu d'exécuter deux

---

contenu du contrat préliminaire. Pour le droit camerounais : Art. 20 al. 1er de la loi de 2009 relative à la vente d'immeubles à construire qui, exige que le contrat de réservation soit rédigé sous la forme authentique, et spécifiquement notariée ; Art. 14 al. 2 complété par l'Art. 20 al. 1er de la loi précitée qui, énumère les mentions requises dans cet avant-contrat. En droit français : Art. R.261-27 CCH qui traite de la nécessité d'un écrit en vue de la validité du contrat préliminaire sous peine de nullité.

[85] Cass. 3e civ., 31 mars 1993, *JCP G* 1993, IV, 1443. De même : F. COHET-CORDEY et autres, *op.cit.*, p. 45-46, n° 136 et s.

[86] NGUYEN TIEN DIEN, *Le formalisme en matière contractuelle dans les droits français et vietnamien*, Thèse, Université Panthéon-Assas, Paris, France, 2011, p. 10 et s.

[87] Ph. DELEBECQUE et F.-J. PANSIER, *op.cit.*, n° 74 et s., p. 38-40 : Il est question de voir les obligations et la responsabilité qui découle de la conduite fautive des pourparlers. Pour la rupture fautive des pourparlers : Cass. civ. 1re, 6 janv. 1998, *Defrénois* 1998, note D. MAZEAUD. Dans la même logique : Cass. civ. 1re, 26 janv. 1999, *D.* 1999, IR, p. 64.

types d'obligations. Si les premières peuvent être rangées dans la catégorie des abstentions, les secondes, quant à elles, font partie des prestations positives.

27. Au rang des diverses charges d'abstention figure, spécialement, l'obligation de n'exiger aucune contrepartie monétaire[88] avant la signature effective[89] du contrat définitif, hormis le dépôt de garantie, en vertu des termes de la règlementation en vigueur[90].

28. Quant aux prestations positives, le vendeur ou réservant s'engage, particulièrement, à réserver l'objet de son obligation, à savoir un immeuble ou une partie de l'immeuble, à la manière du souscripteur d'un pacte de préférence. On peut toutefois se demander si réserver l'immeuble constitue, pour le constructeur, une obligation de construire. La difficulté sur ce point réside en ce que le terme réserver est très ambigu : faut-il comprendre que le réservant ne doit pas contracter avec autrui ou bien qu'il doive seulement conclure le contrat avec le réservataire à certaines conditions ?

La doctrine estime que, du moment où le contrat préliminaire reste un simple contrat de réservation « *sui generis* »[91], le constructeur ne saurait être contraint de réaliser le projet de construction qu'il juge risqué, voire hasardeux[92]. Il ne faut pas perdre de vue, qu'à l'origine, le contrat préliminaire a été conçu par le législateur tel un test commercial. Il est donc

---

[88] Cf. Art. 56 de la loi du 10 janvier 1997 relative à la promotion immobilière ; Art. 10 al. 1er de la loi de 2009 relative à la vente d'immeubles à construire. La lecture combinée de ces textes permet de déceler, qu'il est prohibé au professionnel immobilier d'exiger ou d'accepter tout versement, dépôt, souscription ou acceptation d'effets de commerce ni avant la signature du contrat ni avant la date d'exigibilité de la créance.

[89] On fait allusion à la signature du contrat par-devant notaire.

[90] V. Art. 4 al. 1er, Décret (de 2009) d'application de la loi de 2009 relative à la vente d'immeubles à construire.

[91] Selon l'expression de la jurisprudence de 1975 ci-dessus (note 55).

[92] O. TOURNAFOND, « Vente d'immeuble à construire, Formation », *op.cit.*, n° 9435, p. 1543.

évident que, tant que la construction n'est pas engagée, « *le terme réserver a un sens négatif et signifie seulement ne pas contracter avec autrui* »[93].

Toujours dans le registre des obligations positives, par lettre recommandée avec accusé de réception ou tout autre moyen laissant trace écrite et ayant date certaine[94], le vendeur doit notifier au futur acquéreur, le contrat de réservation. Une copie lui est remise afin qu'il prenne connaissance des documents tenant à l'objet de l'acte[95]. De même, une fois le contrat préliminaire conclu, le réservant doit notifier, au réservataire, le projet d'acte de vente, un mois au moins avant la signature de cet acte[96].

29. La notification consacrée par le législateur de 2009 nous semble problématique au regard des technologies de l'information et de la communication[97]. Vu les modalités[98] de notification des actes précontractuels à la vente d'immeuble futur, on constate, *ipso facto,* qu'elles sont très restrictives sur le plan formel : elles ne peuvent être faites que sur support papier. Or, aujourd'hui, l'émergence galopante des TIC influence tant les relations internationales, que contractuelles. On assiste, d'ailleurs, à la propagation de la conclusion à distance des contrats électroniques[99]. Dès lors, pourquoi notre législateur a-t-il écarté, contrairement à son homologue français[100], le support électronique parmi les modalités de notification du contrat préliminaire ?

---

[93] O. TOURNAFOND, *Ibidem.* Dans le même sens : Cass. 3e civ., 21 juin 1977, *Bull. civ.* 1977, n° 270.

[94] Il est notamment fait référence à l'acte notarié.

[95] V. Art. 3 du Décret d'application de la loi de 2009 relative à la vente d'immeubles à construire.

[96] Lire : Art. 23 al. 1er de la loi de 2009 relative à la vente d'immeubles à construire.

[97] Les TIC comme on les appelle techniquement, ou du moins en abrégé.

[98] V. *Supra* n° 16.

[99] Y. SHANDI, *La formation du contrat à distance par voie électronique*, Thèse, Université Robert SCHUMAN-Strasbourg III, France, 2005, spéc. p. 24 et s. ; H. CINING, *Le contrat électronique en droit positif camerounais*, Mémoire, Université de Yaoundé II, 2015, p. 16 et s.

[100] Cf. Art. 1317 al. 2 C. civ. (français) : qui édicte, depuis la loi du 13 mars 2000 portant adaptation du droit de la preuve aux technologies de l'information et relative à la signature électronique, que l'acte authentique (notarié en occurrence) « *peut être dressé sur support électronique* ».

Pour nous, on peut comprendre les restrictions légales par deux arguments majeurs. Le premier serait fondé sur le fait que, nonobstant la promotion des TIC, la majorité des consommateurs immobiliers[101], au Cameroun, n'ont pas accès facile, ignorent ou ne maîtrisent pas l'usage de l'outil informatique. Le second argument, corolaire du premier, tiendrait à ce que ces consommateurs sont, de ce triple fait, des victimes récurrentes de nombreuses arnaques sur Internet. Pour cela, même en édictant les règles[102] applicables aux contrats électroniques, notre droit positif a exclu les transactions immobilières de son champ d'application[103]. Il les a rangées dans le registre des actes devant être établis par un officier public : le notaire[104].

30. Le caractère atypique du contrat préliminaire, en droit camerounais, tient à ce que le législateur ajuste, expressément, la situation juridique de chacune des parties par la détermination des obligations réciproques, dont l'inexécution est strictement sanctionnée[105]. Elles sont sous-tendues par le fait que le contrat de réservation apparaît comme un contrat d'adhésion[106], préparé par le constructeur et présenté à l'acquéreur. D'où l'extension de la responsabilité du réservant vis-à-vis du réservataire.

---

[101] Les ménages en l'occurrence.

[102] Loi n° 2010/021 du 21 décembre 2010 régissant le commerce électronique au Cameroun.

[103] Lire : Art. 3 de la loi de 2010 précitée : qui exclut, de l'exercice du commerce électronique, les activités exercées par les notaires (or, on sait que les transactions immobilières font partie desdites activités) ; Art. 10 de la même loi : qui exclut, des contrats à souscrire par voie électronique, les contrats qui créent ou transfèrent des droits réels immobiliers, à l'exception des droits de location.

[104] Ph. MALAURIE, L. AYNES et Ph. STOFFEL-MUNCK, *Droit civil, Les obligations*, 5e éd., Defrénois, 2011, n° 537, p. 268.

[105] R. MEVOUNGOU NSANA, *Traité de droit immobilier, De la terre à la promotion immobilière au Cameroun*, *op.cit.*, n° 398, p. 296.

[106] A. BÉNABENT, *op.cit.*, n° 26, p. 18 ; J. FLOUR, J.-L. AUBERT et E. SAVAUX, *op.cit.*, p. 86, n° 124 : qui relèvent que la caractéristique principale du contrat d'adhésion est la contrainte provenant de l'une des parties qui, se trouvant dans une position de force par rapport à l'autre, est en mesure de dicter à celle-ci les conditions de leurs engagements respectifs. Dans le même sens : J. PINEAU, S. GAUDET et D. BURMAN, *Théorie des obligations*, *op.cit.*, p. 49-50, n° 25 -26.

2- La responsabilité du vendeur-réservant

31. Le non-respect de la charge de réserver l'immeuble, objet de l'acte, est une faute extracontractuelle qui, en l'absence de définition légale, est définie par la doctrine[107] comme « *l'erreur de conduite qu'un homme normalement avisé ne commet pas lorsqu'il se trouve dans les mêmes circonstances de fait* ». Elle doit alors être incluse dans la définition de la faute délictuelle, et conçue brièvement comme un fait illicite imputable à son auteur.

De nature extracontractuelle et donc délictuelle, le fondement de la responsabilité du vendeur-réservant serait double. D'une part, elle résulterait de la rupture abusive, c'est-à-dire sans raison légitime des pourparlers. Soutenue par la théorie de l'abus de droit[108], la rupture des pourparlers, par le réservant, devrait être entreprise de bonne foi[109]. D'autre part, cette responsabilité serait fondée sur le manquement au devoir de cohérence[110]. Concrètement, il s'agit d'une obligation qui exige, du contractant qui en est débiteur, une certaine cohérence envers soi-même et envers son cocontractant. Alors que la première exigence de cohérence l'oblige à ne pas se contredire dans ses propos, la seconde requiert de lui, une attitude de nature à ne pas induire son partenaire en erreur.

32. Sur le plan de la réparation proprement dite, la jurisprudence consacre que le contrat préliminaire, puisqu'il ne lie que le réservant et le réservataire, ne saurait emporter par ce fait une quelconque obligation de délivrance à la charge du réservant[111], mais seulement celle de réserver[112]. Aussi, l'inexécution de l'obligation de réserver l'immeuble est sanctionnée par le paiement de dommages-intérêts[113] conformément à l'article 1382 du Code civil. Autrement dit, en ce qui concerne la préparation d'une vente d'immeuble à construire, la jurisprudence refuse à l'acquéreur, réservataire

---

[107] B. STARCK, *Droit civil, Obligations*, tome 1, *Contrats*, par H. ROLAND et L. BOYER, 3e éd., Litec, 1989, spéc. n° 265.

[108] J.-L. BERGEL, *Théorie générale du droit*, 4e éd., Dalloz, 2003, p. 274-277.

[109] S. GUILLEMARD, « Tentative de description de l'obligation de bonne foi, en particulier dans le cadre des négociations », *RGD* 1993, p. 375.

[110] D. MAZEAUD, « Le nouvel ordre contractuel », *RDC*, 2003, p. 19, n° 30.

[111] Cass. 3e civ., 10 avr. 1991, *JCP G* 1991, IV, n° 227.

[112] F. COHET-CORDET, BETTY LABORRIER et J. LAFOND, *Ventes d'immeubles*, *op.cit.*, n° 160, p. 50.

[113] Cass. 3e civ., 17 nov. 1993, *JCP* 1994, II, 22283, note H. PÉRINET-MARQUET.

au contrat de réservation, toute possibilité de demander la réalisation du contrat de vente définitif[114]. En revanche, elle lui accorde cette latitude lorsqu'elle opte pour une requalification du contrat préliminaire en une promesse unilatérale de vente[115].

33. Cette solution constante de la jurisprudence est remise en question par la doctrine[116] qui considère qu'elle ne protège pas, suffisamment, l'accédant à la propriété, les ménages spécifiquement. La critique peut aussi être formulée à l'endroit de la sanction de l'obligation de notifier, car, la jurisprudence considère que l'obligation de notifier n'est pas susceptible d'exécution forcée dans la mesure où, le contrat de réservation n'est pas une promesse contractuelle de vente[117]. Ce qui oblige le réservataire à se contenter d'une réparation sous forme de dommages et intérêts[118], sans pour autant l'exempter de toute responsabilité à l'égard du professionnel immobilier.

B- La régulation stricte de la situation juridique du réservataire

34. Pour s'assurer que l'immeuble projeté lui sera réservé, le futur acquéreur, réservataire au contrat de réservation, est tenu d'une obligation de garantie (1) dont la sanction est variable (2).

1- L'obligation de garantie incombant au réservataire

35. L'acquéreur, qui bénéficie de la réservation de tout ou partie de l'immeuble, doit fournir une garantie au vendeur. En réalité, dès la conclusion du contrat préliminaire, il s'oblige à exécuter une seule obligation : celle de déposer une garantie[119], dont le seuil du montant est minutieusement règlementé par les dispositions légales.

---

[114] Cass. 3e civ., 11 juin 1987, *JCP G* 1987, IV, p. 287.

[115] *Ibidem.*

[116] R. MEVOUNGOU NSANA, *Traité de droit immobilier, De la terre à la promotion immobilière au Cameroun*, *op.cit.*, p. 300, n° 402 : qui tire argument de l'arrêt : Cass. 3e civ., 28 mars 1990, *Bull. civ.* 1990, II, n° 86.

[117] Cass. 3e civ., 3 et 11 juin 1987, *D.* 1988, Somm. 107, obs. F. MAGNIN.

[118] O. TOURNAFOND, « Vente d'immeuble à construire, Formation », *op.cit.*, n° 9438, p. 1544.

[119] Cf. Art. 21 de la loi de 2009 relative à la vente d'immeubles à construire. En droit français : Art. R. 261-28 et s. CCH.

36. Le dépôt de garantie effectué ne constitue pas, par nature, une clause pénale[120] susceptible d'être réduite par le juge[121]. De même, les dispositions de l'article 1590 du Code civil, relatives aux arrhes, ne peuvent s'appliquer au dépôt de garantie[122]. La jurisprudence est restée constante sur le refus de la substitution du dépôt de garantie par la clause pénale. En effet, lorsque le contrat de réservation ne prévoit pas le versement d'un dépôt de garantie, mais prétend lui substituer une clause pénale, cette dernière est réputée non écrite[123]. Presque sur la même trajectoire, dans l'Affaire ***Époux BLACHE c/NELL,*** elle a décidé que la requalification du contrat de réservation en vente d'immeubles à construire était automatique au cas où, le contrat préliminaire ne comportait pas de dépôt de garantie, mais plutôt un engagement réciproque d'achat et de vente[124]. Cette décision a été soutenue par la doctrine[125]. Cependant, contrairement à la clause pénale, la stipulation d'une clause suspensive[126] dans le contrat préliminaire, bien que la question de sa validité soit discutée en doctrine, est admise par la jurisprudence qui en reconnaît la validité[127].

37. Le dépôt de garantie est fait dans un compte spécial, ouvert au nom du réservataire, dans une banque ou un établissement habilité à cet effet, ou chez un notaire. Par ailleurs, en cas de pluralité de réservataires dans un immeuble ou un ensemble immobilier, la garantie doit être déposée à un compte unique comportant une rubrique pour chacun d'eux. La question de la fixation du moment où le réservataire est tenu d'effectuer la garantie se

---

[120] Cf. Art. 1226 C. civ. Selon ce texte, la clause pénale est celle par laquelle une personne, pour assurer l'exécution d'une convention, s'engage à quelque chose en cas d'inexécution. Art. 1129 C. civ. : La clause pénale est la compensation des dommages-intérêt que le créancier souffre de l'inexécution de l'obligation principale.

[121] Cass. 3e civ., 28 mars 1990, *D.* 1991, Jurispr. p. 187, note R. CABRILLAC.

[122] CA Versailles, 17 mars 1994, *D.* 1994, IR, p. 129 ; *RJDA*, 11/1994, n° 1198.

[123] CA Aix-en-Provence, 21 nov. 2013, *RG* N° 2013/680.

[124] CA de Grenoble, 1re Ch. 3 sept. 2007, *Époux BLACHE c/ NELL*, *Juris-Data* n° 2007-356-104.

[125] Ch. SIZAIRE, « Contrat préliminaire de réservation : requalification et régimes des nullités », *JCl. Constr.-Urb.* 2008, Comm., p. 75.

[126] Il s'agit ici de la clause suspensive d'obtention de prêt.

[127] Cass. 3e civ., 6 fév. 2002, *JCl. Constr. Urb.* 2002, 111, obs. D. SIZAIRE.

pose. En effet, le dépôt de la garantie doit-il intervenir avant, après ou alors concomitamment à la signature du contrat de réservation ?

Le législateur étant resté silencieux, la doctrine[128] pense que la résolution de cette question reviendra aux parties. Ce qui serait risqué pour le futur acquéreur qui sera à la merci du professionnalisme du réservant de l'immeuble. D'ailleurs, à titre de droit comparé, la jurisprudence française a tranché le problème en décidant que, le dépôt de garantie à un compte spécial est concomitant[129] à la signature du contrat préliminaire.

38. Les fonds déposés, en guise de garantie de l'immeuble, ont une fonction équivalente à une indemnité d'immobilisation dans le cadre d'une promesse de vente. Ils viennent compenser le préjudice subi par le réservant du fait de l'absence de proposition d'achat à d'autres personnes que le réservataire. Mais, ils restent toujours à la disposition du réservataire et peuvent lui être restitués éventuellement. C'est en ce sens que tient la variation de la sanction liée à l'obligation de garantie.

2- La variation de la sanction : la restitution ou la perte de la garantie

39. Les fonds, déposés en guise de garantie, restent indisponibles, incessibles et insaisissables jusqu'à la conclusion du contrat définitif[130]. Pour la jurisprudence, ils ne peuvent produire d'intérêts, du moins avant la conclusion du contrat final, tant que le dépositaire n'a pas été mis en demeure de les restituer[131].

Ainsi, les fonds déposés en garantie doivent être restitués, intégralement sans retenu ni pénalité, voire assortis de dommages-intérêts[132], si le contrat définitif n'est pas conclu du fait du réservant, ou alors s'il présente une

---

[128] R. MEVOUNGOU NSANA, « De la pratique à la loi : bref aperçu sur la loi n° 2009/009 du 10 juillet 2009 relative à la vente d'immeubles à construire », *Juridis Périodique*, N° 82, 2010, p. 93.

[129] CA Colmar, 29 juin 1976, *JCP N* 1977, II, n° 86, note P. MEYSSON.

[130] CA Paris, 15e Ch. A, 22 févr. 1988, *D.* 1988, I.R., p. 81.

[131] CA Paris, 23 avr. 1981, *D.* 1982, IR, p. 463 ; CA Paris 15e ch. A, 22 févr. 1988, *D.* 1988, I.R., p. 81.

[132] Cass. 3e civ., 20 oct. 2004, *Dict. perm.*, Bull. n° 349.

différence anormale[133], encore appelée motif légitime de restitution du dépôt de garantie[134], par rapport aux précisions du contrat de réservation[135].

A contrario, ils sont totalement perdus si le réservataire n'invoque aucun motif valable pour ne pas signer le contrat définitif. La restitution intervient dans un délai de trois (03) mois à compter de la notification de la demande adressée au réservant par le réservataire[136].

Conclusion :

40. En définitive, la contractualisation des pourparlers à la vente d'immeuble à construire reste atypique par son régime rigoureux articulé autour d'un formalisme spécifique qui protège les intérêts des futurs contractants.

41. Certes, la tendance contractuelle actuelle nous montre que la « *renaissance du formalisme* »[137] est une lapalissade. Seulement, ce formalisme demeure fortement bousculé, dans bien des cas où il est institué, précisément en matière précontractuelle, par « *le sacrosaint principe de la liberté contractuelle* »[138]. La doctrine témoigne en ce sens que, malgré l'obligation de négocier de bonne foi et de ne pas rompre brutalement les pourparlers sanctionnée par la jurisprudence[139], il reste sous l'ombrage du

---

[133] Cf. Art. 6 du décret (de 2009) d'application de la loi de 2009 relative à la vente d'immeubles à construire. Outre les cas évoqués par le législateur de 2009 (Art. 6 du décret de 2009 précité), le législateur français a ajouté un autre motif légitime de restitution de la garantie : le surendettement du réservataire (Cf. Art. L. 261-15 et R. 261-31 CCH qui renvoient à l'article 20 de la loi du 31 décembre 1989 relative au surendettement des particuliers).

[134] O. TOURNAFOND, *op.cit.*, p. 1541-1542, n° 9414 et s.

[135] Cf. Art. 3 al. 3 du Décret d'application de la loi de 2009 relative à la vente d'immeubles à construire.

[136] Lire : Art. 14 al. 3 de la loi de 2009 relative à la vente d'immeuble à construire ; En droit français : Art. L. 261-15 al. 4 CCH. Pour plus de détails : F. COHET-CORDET et autres, *op.cit.*, n° 144 et s.

[137] NGUYEN TIEN DIEN, *op.cit.*, n° 1, p. 11.

[138] S. AMRANI-MEKKI et B. FOVARQUE-COSSON, « Droit des contrats », *D.* 2005, p. 2837.

[139] CA Versailles, 12e Ch., 3 mars 2005, n° 03/08008.

consensualisme[140]. Or, la contractualisation des pourparlers dans le contrat préliminaire impose, bien que de façon délimitée, un formalisme sans précédent qui, pour la doctrine[141], serait fondé sur l'importance relevée de cet avant-contrat à l'acquisition d'un logement. Et parce que le logement, spécialement l'immeuble à usage d'habitation[142], est d'une valeur inestimable pour l'acquéreur, le législateur de 2009 a entouré cet avant-contrat d'un formalisme exemplaire.

42. Le contrat de réservation doit être établi sous la forme authentique[143], notariée[144] en l'occurrence. Le non-respect de cette exigence est sanctionné par la nullité qui, à notre avis, serait absolue, car les règles applicables à cet avant-contrat ont un caractère impératif[145] ou d'ordre public. Vu le secteur qu'elles régulent, on dirait qu'on est en présence d'un ordre public de protection de la partie faible du contrat qu'est l'acquéreur[146].

43. Par sa place parmi les actes authentiques[147], l'acte notarié constitue un moyen de preuve solide, car il fait foi de son existence et de son contenu : ses effets rayonnent *erga omnes*, c'est-à-dire à l'égard des parties et des tiers[148]. Ainsi, le réservant ou le réservataire qui produit un contrat de

---

[140] NGUYEN TIEN DIEN, *Ibidem ;* S. AMRANI-MEKKI et B. FOVARQUE-COSSON, *Ibidem*.

[141] J. HUGOT, « Démarchage, délai de réflexion et de rétractation et contrats relatifs à la construction et la commercialisation des biens immobiliers », *JCP N* 1990, Prat. 9 ; M. VION, « Faculté de rétractation en cas d'acquisition ou de construction d'un logement neuf », *Défrenois* 1990, p. 257 ; R. MEVOUNGOU NSANA, « De la pratique à la loi : bref aperçu sur la loi n° 2009/009 du 10 juillet 2009 relative à la vente d'immeuble à construire », *op.cit.*, p. 91.

[142] B. KOHL, *op.cit.*, n° 108 et s., p. 268 et s.

[143] Sur la définition de l'acte authentique, en droit camerounais, lire : Art. 1317 C. civ. et la loi n° 61-20 du 27 juin 1961 relative aux actes notariés.

[144] Cf. Art. 20 al. 1er de la loi de 2009 relative à la vente d'immeubles à construire.

[145] Car elles régissent le secteur protégé.

[146] J. MESTRE, « Ordre public de protection et place de la volonté des parties », *RTD civ.* 2004, Chron., p. 285. V. aussi : Cass. com., 10 déc. 2003, n° 10-11.923, *D.* 2004, obs. E. CHEVRIER.

[147] Par exemple, les actes de naissance, de mariage ou de décès établis par les officiers d'état civil sont aussi des actes authentiques.

[148] F. COLLART DUTILLEUL et B. MAGOIS, *Acheter ou vendre un bien immobilier*, Delmas, 2004, n° 1604, p. 240.

réservation, établi sous la forme notariée n'a pas à prouver la véracité de l'acte qu'il tient. Cependant, cette force probante doit être relativisée[149], puisqu'il en va autrement des déclarations faites par les parties, et contre lesquelles la preuve contraire est admise[150]. Sur ce point, la jurisprudence[151] énonce que l'annexion d'un acte sous seing privé à un acte notarié ne lui confère pas la force probante de celui-ci.

44. En matière de preuve littérale, l'acte authentique, notarié, est la « *solennité la plus fréquente* »[152]. Il se distingue, de l'acte sous signature privé[153], par la force exécutoire qu'exprime la formule exécutoire par laquelle il s'achève[154]. Cette formule, qui figure dans la première expédition délivrée par le notaire et qu'on nomme copie exécutoire ou grosse[155], permet au titulaire d'un acte notarié de prendre une mesure d'exécution forcée, contre son adversaire, sans avoir besoin d'un jugement : on dit alors que l'acte notarié est un acte « *authentique exécutoire de plein droit* »[156].

45. Cette force diptyque[157] de l'acte authentique notarié est l'un des pans protecteurs du futur acquéreur et du vendeur-réservant.

46. Pour le candidat acquéreur, certaines précautions légales protègent ses intérêts, mieux sa fortune. Par exemple, les modalités édictées pour la notification du contrat de réservation ainsi que du projet de contrat définitif, procurent au candidat acquéreur des informations très utiles. En

---

[149] J. MESTRE, « De la force probante des énonciations d'un acte notarié », *RTD civ.* 1993, Chron., p. 826.

[150] F. COLLART DUTILLEUL et B. MAGOIS, *op.cit.*, p. 241 ; J. MESTRE, « De la force probante des énonciations d'un acte notarié », *Ibidem.*

[151] Cass. 1er civ., 19 juin 2001, *Bull. civ.*, I, n° 115 ; *Défrenois* 2001, p. 1437, note J.-L. AUBERT.

[152] J. FLOUR et autres, *op.cit.*, n° 537.

[153] F. COLLART DUTILLEUL et B. MAGOIS, *op.cit.*, n° 1605, p. 241 : Ils affirment que, pour rendre exécutoire (exécution forcée) un acte sous seing privé (ou acte sous signature privée), il faut obtenir un jugement.

[154] J. FLOUR et autres, *op.cit.*, n° 579, p. 295.

[155] L'appellation grosse tient à ce que les caractères de l'écriture de la formule exécutoire sont plus gros que ceux de la minute (qui est l'original de l'acte notarié).

[156] F. COLLART DUTILLEUL et B. MAGOIS, *Ibidem.*

[157] Force probante et force exécutoire.

effet, ces informations reçues, il dispose du temps nécessaire pour réfléchir[158] avant de s'engager, voire se rétracter[159] après engagement. Le futur acquéreur est aussi protégé par la consignation de la garantie dans un compte ouvert à son nom, et qui peut lui être restituée, totalement, voire assortie des dommages et intérêts en cas de faute du réservant[160].

47. Pour établir une certaine équité entre les partenaires à négociation, la loi sanctionne aussi le futur acquéreur de mauvaise foi[161] qui doit rompre les pourparlers, bien que cela soit contesté en jurisprudence, de bonne foi[162].

48. La contractualisation des négociations à la vente d'un logement futur vise, la réduction du déséquilibre[163] entre le vendeur, professionnel, et l'acquéreur, consommateur. Pour s'y faire, et éviter conséquemment les abus[164] éventuels émanant de la « *confiance légitime* »[165] du second à l'égard du premier, le législateur de 2009 préconise la moralisation des

---

[158] Cf. Art. 3 al. 3 du décret d'application de la loi de 2009 relative à la vente d'immeubles à construire. V. également : O. RAULT, « La protection de l'acquéreur d'un bien immobilier », *JCP G* 2001, I, n° 294, p. 297 ; F. COHET-CORDET, *op.cit.*, p. 51.

[159] Lire : Art. 3 al. 3 du décret d'application de la loi de 2009, précité. Lire aussi : J. LAFOND, D. LEPELTIER et V. MATET, *op.cit.,* n° 38-109, p. 15-37 ; F. COHET-CORDET, *op.cit.*, p. 50.

[160] Ph. LE TOURNEAU, *La responsabilité civile*, PUF, Coll. *Que sais-je ?*, 2003, p. 9.

[161] Cf. Art. 5 al. 1er du décret d'application de la loi de 2009 relative à la vente d'immeubles à construire : qui fait perdre, la totalité de la garantie, à l'acquéreur-réservataire qui refuse, après signature du contrat de réservation, de signer le contrat définitif sans motif valable.

[162] J. MESTRE, « Bonne foi et équité, même combat », *RTD civ.* 1990, p. 649.

[163] J. CALAIS-AULOY et F. STEINMETZ, *op.cit.*, n° 46, p. 44.

[164] Pour l'abus de puissance économique : R. MEVOUNGOU NSANA, *Traité de droit immobilier, De la terre à la promotion immobilière au Cameroun*, *op.cit.*, n° 7, p. 16. V. Aussi : Art. 2 de la Loi-cadre de 2011 portant protection du consommateur au Cameroun : qui évoque l'expression de « *supériorité économique* » dans la définition des clauses abusives. Pour l'abus de faiblesse : J. CALAIS-AULOY et F. STEINMETZ, *op.cit.*, n° 146-148, p. 144-147 : qui montrent que la théorie de l'abus de faiblesse vise à protéger, le consommateur, contre les abus du professionnel, car on estime qu'il est en situation de faiblesse pour des raisons intrinsèques (âge, maladie, etc) ou extrinsèques (contrat à conclure d'urgence par exemple).

[165] P.-Y. GAUTHIER, « Confiance légitime, obligation de loyauté et devoir de cohérence : identité ou lien de filiation ? », *in La confiance en droit privé des contrats*, Actes du colloque 2007, Dalloz, 2008, n° 6, p. 111.

comportements dans le stade des pourparlers, et le « *formalisme informatif* » [166]. Ce dernier sécurise, surtout le futur acquéreur, grâce à l'intervention du notaire qui rédige l'acte contractuel et conseille les parties sur leur opération juridique[167], sous peine d'engager sa responsabilité[168].

---

[166] J. FLOUR et autres, *op.cit.*, spéc. n° 319, p. 232.

[167] D. SIZAIRE, Fasc. 83-10, *op.cit.*, n° 21, p. 9.

[168] Sur la responsabilité du notaire : CA Paris, 1er Oct. 1986, *D.* 1986, *Flash*, n° 35. Sur l'exemption du notaire : CA Douai, 1re ch., sect. 3, 25 nov. 2002, *KSIBI c/ BONNAVE*, n° *RG* 0201636 : *Juris-Data* n° 2002-206587 ; *JCl. Constr.-Urb.* 2003, Comm., p. 173.

CHRONIQUE DE LÉGISLATION FINANCIÈRE ET FISCALE

Odile TOGOLO

I. La loi de finances pour 2016

La loi n° 2015/019 du 21 décembre 2015 portant loi de finances de la République du Cameroun pour l'exercice 2016 a proposé un budget équilibré en ressources et charges à 4 234 700 000 000 FCFA contre 3 746 600 000 000 FCFA en 2015. Il est en nette augmentation de 488 100 000 000 FCFA en valeur absolue, soit 13,2 % en valeur relative. Ce chiffre repose sur des hypothèses macro-économiques compatibles avec la vision interne du gouvernement ambitionnant d'atteindre un taux de croissance du PIB de 6 % et à maîtriser l'inflation à 3 % environ. L'atteinte de ces objectifs dépend en grande partie certes du savoir-faire humain, mais aussi d'autres outils de développement, notamment de la fiscalité si l'on sait s'en servir.

Dans cette perspective, les mesures fiscales contenues dans la loi de finances de 2016 mettent sur pied de nouvelles incitations tendant à produire plus de richesses. Elles donnent des moyens au fisc d'élargir l'assiette afin de réduire les gisements fiscaux inexploités et autres niches fiscales. Elles offrent des occasions d'accélérer les rentrées fiscales au trésor pour que les pouvoirs publics assurent sans grand heurt de trésorerie leurs missions de service public. Et enfin, elles tendent à affermir les procédures fiscales pour un respect mutuel de l'État de droit.

1. L'allègement de la charge fiscale des entreprises

Il s'agit de dérogation fiscale qui permet à certaines conditions aux contribuables de payer moins d'impôt ou de l'éviter pour susciter de lui un comportement. Mais il a un coût pour le Trésor dans la mesure où il génère une perte de revenu qui doit être compensée dans le budget de la nation. C'est pourquoi on parle à ce sujet de dépense fiscale qui en principe est prise en compte dans la comptabilité nationale. En l'espèce, il est commandé par la nécessité de consolider la croissance économique à travers une politique fiscale essentiellement orientée vers l'amélioration du climat des affaires. À cet effet, de nombreuses modifications sont apportées à la législation douanière et fiscale dans le but d'encourager l'investissement dans de nombreux secteurs d'activité. C'est ainsi que le pétrole brut importé en vue du raffinage, par exemple, entre sur le territoire national en suspension des droits de douane. Dans la foulée, sont déductibles du bénéfice imposable les sommes versées pour l'utilisation des brevets, marques, dessins et modèles en cours de validité dans la limite globale de 2,5 %. Il en est de même des pertes relatives aux avaries dûment constatées et validées en présence d'un agent des impôts ayant au moins le grade d'inspecteur. Les créances douteuses des établissements de crédit sont admises en déduction sur une période de trois ans aux taux respectifs de 25,50 et 25 % par année budgétaire.

L'amélioration du climat des affaires va de pair avec le progrès social, ce qui justifie l'institution des incitations fiscales de nature à favoriser l'emploi des jeunes. En effet, les entreprises relevant du régime réel qui recrutent les diplômés camerounais âgés de moins de 35 ans, sont exemptes pendant trois ans des charges fiscale et patronale sur les salaires versés à ces jeunes, à l'exception des charges sociales. Cette mesure dont le bénéfice est soumis à des conditions strictes s'applique à partir du 1er janvier 2016 et peut même être prolongée sur une période de cinq ans pour des entreprises situées dans les zones sinistrées (art. 105).

Les entreprises qui vont introduire leurs actions en bourse pour la première fois dans un délai de trois ans à compter du 1er janvier 2016 ne paieront qu'un taux réduit de l'impôt sur les sociétés. À cet effet, il est institué trois taux différents : 20 % pour les augmentations de capital représentant au moins 20 % du capital social ; 25 % pour les cessions d'actions représentant au moins 20 % du capital social ; et 28 % à partir de la date d'admission pour les augmentations ou cessions en deçà du seuil de 20 % du capital social… Cet ensemble d'allègements fiscaux forme ce qu'on désigne en vocabulaire à la mode des niches fiscales.

2. L'élargissement de l'assiette fiscale

La perte de recettes publiques occasionnées par les niches fiscales doit nécessairement être contrebalancée par d'autres de même nature, parce que de nombreuses poches de dépense de l'État sont incompressibles et elles doivent être satisfaites à tout prix. Pour cette raison, elles sont toujours assorties des hausses des impôts dans d'autres, car il faut satisfaire la demande publique toujours croissante au-delà même du principe constitutionnel qui veut que la diminution du produit de tel ou tel impôt puisse être compensée par d'autres recettes ou par une réduction de dépenses d'égale importance. Ce qui motive la poursuite de l'élargissement de l'assiette fiscale afin d'accroître les ressources publiques fiscales. Dans cette optique, de nombreuses catégories de rémunération qui sont des nids de distraction de deniers publics sont classées à la catégorie des bénéfices non commerciaux. Il s'agit de primes, gratifications, indemnités et per diems alloués en marge des salaires par les entités publiques et parapubliques, à l'exception des primes à caractère statutaire qui relèvent de la catégorie des traitements et salaires, et des paiements effectués à titre de remboursement de frais dont la liste est arrêtée par décision du ministre des Finances. Ils entrent désormais dans l'assiette servant de base au calcul de l'impôt sur les bénéfices des professions non commerciales au taux libératoire de 10 %.

Les communications téléphoniques mobiles et services Internet sont désormais soumis aux droits d'accises, un impôt indolore qui contribue à renchérir leur coût contrariant de la sorte l'idée de promouvoir l'économie numérique. En fiscalité internationale, la ponction de 15 % pour les redevables résidant hors du Cameroun s'étend aux rémunérations des prestations d'assistance, de location d'équipement et de matériel et de toutes prestations de services rendues aux compagnies pétrolières y compris pendant les phases de recherche et de développement, à l'exception des prestations fournies à prix coûtant par une entreprise affiliée lors des phases de recherche et de développement. Il ne suffit pas d'accroître les sources de revenus, le Trésor doit être en mesure d'entrer en possession des fonds qui en résultent le plus rapidement possible.

3. L'accélération des rentrées fiscales au Trésor

Cette préoccupation a conduit à généraliser le système de paiement d'impôts par acompte mensuel, notamment aux entreprises relevant du régime simplifié d'imposition qui réalisent des bénéfices artisanaux, industriels et commerciaux, bénéfices agricoles et non commerciaux. Comme pour la taxe sur la valeur ajoutée (TVA), ces entreprises doivent chaque 15 du mois suivant déclarer et payer partiellement leurs bénéfices représentant 5 % du chiffre d'affaires réalisé le mois passé plus 10 % des centimes additionnels communaux (CAC) sous réserve de régularisation des opérations à la fin de l'exercice (art. 92).

Le même objectif conduit également à étendre de plus en plus la collecte d'impôt par les tiers versants ou redevables. Dans ce sens, un acompte de 5 % est retenu à la source aussi bien par les collectivités publiques que par les entreprises privées sur les honoraires, les commissions et les émoluments versés aux professionnels libéraux, quels que soient leur forme juridique ou régime d'imposition. Il s'applique également aux rémunérations des prestations occasionnelles ou non payées aux personnes physiques ou morales domiciliées au Cameroun et relevant du régime simplifié et du régime de l'impôt libératoire (art. 92 bis), etc. La poursuite de cet idéal de recouvrement est complétée par la nécessité de sécuriser les recettes expliquant ainsi l'attribution de la collecte du droit de timbre automobile aux compagnies d'assurance au moment de la souscription de la police d'assurance responsabilité civile. Le régime de reversement des droits au trésor est celui des impôts collectés par les entreprises pour une mesure qui n'entrera en application que le 1er janvier 2017. Le non-paiement est sanctionné par une contravention de troisième classe (2600 à 3600 F CFA) au-delà de poursuites prévues par le Livre des procédures fiscales pour cette infraction. Ces tiers collecteurs seront-ils les meilleurs contribuables légaux, rempliront-ils mieux l'obligation fiscale ?

4. La consolidation des procédures fiscales

La tendance en matière de procédures fiscales est à la fermeté, car les vides juridiques qui facilitent l'évasion fiscale sont en train d'être comblés progressivement. Les mesures introduites sont effectivement plus rigoureuses que par le passé. C'est ainsi que la durée de validité de la carte de contribuable qui était devenue presque indéfinie depuis un certain temps, est désormais de dix ans, délai attaché du reste à la majorité des pièces officielles relatives à l'identification des personnes. Dans le prolongement, le contribuable et le banquier sont solidairement responsables des faiblesses constatées en matière de paiement par virement. Les pièces justificatives non produites au cours d'un contrôle sur place sont d'une irrecevabilité absolue pendant la phase contentieuse (art. L 22 bis).

Le contrôle fiscal sur place s'enrichit formellement d'une nouvelle modalité dite *droit de constatation des stocks*. Tel était depuis des siècles l'objet du contrôle inopiné ou de visites domiciliaires en matière douanière dans le but de constater physiquement l'état des stocks de marchandise. Transposé en matière fiscale, cette modalité de vérification sur place doit remplir les conditions requises pour ce type de contrôle fiscal : avis de vérification avec mention de se faire assister d'un conseil de son choix, charte de contribuable, seule la période non prescrite est à contrôler, opération conduite par un inspecteur des impôts... Cet inventaire physique des marchandises doit être appuyé par la copie du support informatique des états des mouvements de stocks des périodes susvisées et leur donne accès au logiciel de traitement et de suivi de ses stocks. Le procès-verbal marquant la fin des opérations doit intervenir dans un délai de 30 jours, signé par les agents du fisc et le contribuable. Cette procédure ne peut en elle-même donner lieu à une notification de redressements. Par contre, les sanctions correspondent à celles du droit d'enquête (art. L 50 ter). Les carences en matière des droits d'enregistrement entraînent une pénalité de 100 % (art. L 106).

En matière contentieuse, le silence du Chef de Centre Régional, du Directeur chargé de la gestion de grandes entreprises ou du Directeur Général des Impôts pendant trente (30) jours vaut décision de rejet qui permet au contribuable de saisir d'office le ministre en charge des Finances (art. 118 L).

L'article quatrième de cette loi de finances préconise la transaction pour les créances fiscales datant d'au moins cinq (05) ans à compter de la date d'émission de l'AMR et pour lesquels les recours administratifs sont épuisés dans un délai d'un an à partir du 1er janvier 2016 dans les conditions fixées à l'article L 125 CGI. Quant à l'article cinquième, il demande aux contribuables de la taxe sur la propriété foncière de régulariser leur situation, mieux de déclarer spontanément leurs impôts moyennant l'exonération des droits simples et accessoires dus antérieurement au titre de cette taxe. Après cette période, aucune remise ou modération ne sera admise pour cet impôt. Peut-on y voir l'amnistie fiscale ou une simple incitation à déclarer ses impôts ?

II. La loi de finances pour 2015

Dans la loi n° 2014/026 du 23 décembre 2014 portant loi de finances de la République du Cameroun pour l'exercice 2015, les ressources et les charges du budget général s'équilibrent à la somme de 3 746, 600 milliards de francs CFA. Mais ce budget est révisé à la hausse par l'ordonnance n° 2015/001 du 06 février 2015 modifiant et complétant certaines dispositions de la loi n° 2014/026 du 23 décembre 2014, portant loi des Finances de la République du Cameroun pour l'exercice 2015. Celle-ci prescrit une augmentation des Bons du Trésor assimilables (BTA) de 580 milliards de FCFA par rapport aux 320 milliards de FCFA initialement prévus. Ce qui porte théoriquement les ressources à 4 326,6 milliards de FCFA au lieu de 3746,6 milliards de FCFA adopté par le Parlement. Cette modification est la résultante d'un certain nombre de facteurs, notamment l'effort de guerre à soutenir contre le groupe terroriste Boko Haram dans la région de l'Extrême-Nord et la baisse du prix du pétrole sur le marché international. Il s'agit d'atténuer les effets pervers de la conjoncture actuelle qui somme toute est assez morose.

Comme chaque loi de finances apporte son lot d'innovations, quelques-unes méritent d'être mentionnées. À cet égard, l'élargissement de l'assiette fiscale porte sur les établissements de microfinances qui relèvent désormais sans distinction de l'impôt sur les sociétés dès cet exercice budgétaire 2015 ; la structuration de la fiscalité internationale continue afin de mieux prendre en compte les revenus de source camerounaise et d'intensifier la lutte contre l'évasion et la fraude fiscales internationales. Pour ce dernier cas, il est établi à l'article 5 bis CGI une présomption d'exercice d'une activité au Cameroun dès lors que l'entreprise a le siège social ou le lieu de direction effective situé au Cameroun, y dispose d'un établissement permanent ou d'un représentant dépendant et enfin y réalise des activités formant un cycle commercial complet.

Le taux de l'impôt sur les sociétés passe de 35 à 30 % plus les centimes additionnels de 10 %, soit un taux effectif de 33 %. En sont cependant exclues les entreprises qui bénéficient déjà d'un régime fiscal dérogatoire ou incitatif. La lutte contre le paiement en espèces se matérialise par la non-déductibilité des charges d'une valeur égale ou supérieure à 500 000 FCFA.

Cette loi de finances innove en matière d'émission de titres de sociétés en insérant au Code général des impôts l'article 18 bis (nouveau). À ce sujet, obligation est faite aux sociétés anonymes qui émettent des titres de tenir un registre des titres nominatifs qu'elles doivent mettre régulièrement à jour. Elle donne la possibilité de suivre les différents acquéreurs en cas de changement de propriétaire. Les titres au porteur sont soumis aux obligations prévues par l'acte uniforme OHADA relatif au droit des sociétés commerciales et au groupement d'intérêt économique. Le minimum de perception est de 2 % auxquels s'ajoutent 10 % au titre de centimes additionnels.

L'obligation déclarative englobe désormais les salariés des secteurs public et privé, les fondations, les associations et organismes à but non lucratif, les gestionnaires ou bénéficiaires de trusts, fiducies ou de structures similaires. Ceci sans oublier les contribuables étrangers qui effectuent au Cameroun des activités économiques sans y avoir un siège et à charge pour eux de désigner un représentant solvable accrédité auprès du fisc.

L'article L 7 bis du Livre des procédures fiscales est complété par un troisième alinéa qui réitère le principe de non-affectation qui interdit au contribuable de se prévaloir de l'affectation d'impôt ou d'une taxe pour se soustraire à son paiement. L'article L 8 bis LPF instaure le suivi électronique de la facturation de toutes les entreprises sans exception par l'administration fiscale. Si tel est le cas, la tenue d'une comptabilité devient par ricochet obligatoire à toutes les entreprises. Le délai d'envoi d'un avis de vérification de comptabilité ou de situation fiscale d'ensemble et un exemplaire de la Charte du contribuable passe à quinze jours au lieu de huit.

D'après l'article L 35 LPF, la prescription est interrompue par le dépôt de l'avis de vérification, la notification de redressement, la déclaration ou la notification d'un procès-verbal ou par acte comportant reconnaissance de l'impôt de la part du contribuable. Il est prescrit à l'article L 36 LPF que le fisc est en droit de rectifier, dans le délai de reprise, les bases précédemment notifiées sous la seule réserve que les modifications proposées ne résultent pas de constatations faites à l'occasion d'investigations supplémentaires au sein de l'entreprise.

Le renforcement des sanctions relativement à l'obligation de paiement se concrétise davantage, notamment par la possibilité donnée à toutes les catégories de receveurs de procéder au blocage des comptes bancaires ainsi qu'à la fermeture d'office et immédiate des établissements du contribuable sans préjudice d'autres sanctions légales (art. L 76 LPF). L'amende forfaitaire qui était de 100 000 FCFA est relevée à un million (1 000 000) FCFA si le contribuable dépose, après mise en demeure, une déclaration faisant apparaître un impôt néant ou un crédit (Art. L 99 LPF).

En matière de contentieux de l'impôt, le taux à payer de l'impôt non contesté est relevé à 15 % au lieu de 10 % en tant que condition de recevabilité de la réclamation devant le ministre des Finances. Par contre, sont supprimées les conditions redondantes pour bénéficier du sursis de paiement, notamment faire une demande expresse et mentionner le montant du dégrèvement sollicité.

Le délai pour bénéficier de l'exonération de la patente concernant les entreprises nouvelles passe de deux à un an, excepté les entreprises qui adhèrent aux centres de gestion agréés (art. C 12). Le renouvellement du titre de patente est soumis à une troisième condition à savoir la présentation par le contribuable d'une attestation de non-redevance (art. C 24).

L'article troisième de la loi de finances 2015 introduit la transaction pour les créances fiscales datant d'au moins cinq (05) ans à compter de la date d'émission de l'Avis de mise en recouvrement et pour lesquelles les recours administratifs sont épuisés dans un délai d'un (01) an à compter du 1er janvier 2015 dans les conditions fixées à l'article L 125 LPF.

III. La loi de finances pour 2014

Dans la loi n° 2013/017 du 16 décembre 2013 portant loi de finances de la République du Cameroun pour l'exercice 2014, les ressources et les charges publiques s'équilibrent à la somme de 3 236 milliards de francs CFA.

La tendance est vers une meilleure prise en compte des opérations financières des groupes de sociétés au regard des modifications apportées à la législation fiscale. Dans cette perspective, la loi de finances pour 2014 plafonne le seuil de déductibilité des intérêts versés aux associés et aux sociétés apparentées détenant au moins 25 % des parts sociales ou du droit de vote afin de lutter contre la sous-capitalisation (art. 7 B). La sous-capitalisation étant un mode de financement qui permet aux sociétés d'un groupe de transformer les apports en fonds propres qu'elles consentent à leurs filiales ou à leurs « sœurs » en de simples prêts ou avances en vue d'augmenter le montant des charges financières déductibles des résultats imposables des sociétés bénéficiaires. Cette mesure s'applique également aux emprunts contractés à compter du 1er janvier 2014.

Les entreprises relevant de la Direction chargée de la gestion des grandes entreprises (DGE) sont désormais tenues de transmettre automatiquement à l'administration fiscale au plus tard le 15 mars de chaque année le relevé des participations qu'elles détiennent dans d'autres sociétés de capitaux lorsque ces participations excèdent 25 % de leur capital social ainsi qu'un état détaillé des transactions intragroupes (art. 18 [3]). Cette mesure est rétroactive puisqu'y sont assujetties les opérations réalisées 2013 qui doivent être déclarées au plus tard le 15 mars 2014. L'objectif de cette mesure est de lutter contre l'évasion fiscale.

C'est toujours dans l'optique de lutte contre l'évasion fiscale que sont assujettis à l'impôt sur le revenu des personnes physiques (IRPP) les revenus des capitaux mobiliers (IRCM). Cela correspond d'une part, au remboursement des sommes mises à la disposition de l'entreprise par un associé ou gérant, au titre d'avances ou de prêts, lorsque l'apport ou l'avance consenti à la société a été effectué en espèces (art. 35 e) et, d'autre part aux plus-values sur les cessions provisoires ou définitives des titres, aux permis et autorisations de toute nature portant sur l'exercice des activités minières, pétrolières et gazières au Cameroun (art. 42). Par contre, à partir du 1er janvier 2014, les intérêts rémunérant les emprunts extérieurs d'une durée au moins égale à sept (07) ans sont exonérés de l'impôt sur le revenu des personnes physiques (IRPP).

Cette loi met fin à l'option du régime réel d'imposition que pouvaient prétendre y accéder les entreprises qui réalisent un chiffre d'affaires hors-taxe égal à 30 millions de FCFA (Art. 93 quater [1]). Le seuil minimum du régime réel passe à 50 millions FCFA hors-taxe, chiffre qui se trouve du reste harmonisé avec celui d'assujettissement à la TVA. Il en résulte que la distinction des trois régimes d'imposition devient très stricte : régime du réel, régime simplifié et régime de l'impôt libératoire. Il est fait obligation de conclure les marchés publics tous impôts et taxes compris, notamment la

TVA (art. 113-142). Les modalités de perception de la taxe spéciale sur les produits pétroliers (TSPP) sont précisées (art. 232, 233, 235 et 237).

Il est introduit le système de la déclaration pré remplie (art. L 2 bis) dont la désignation lui donne l'allure d'une procédure moderne, d'une nouveauté alors que telle qu'elle se présente, il s'agit du redressement fiscal. Suivant le dispositif, la procédure consiste pour les services fiscaux, sur la base de renseignements à leur disposition sur les revenus, les biens ou toute autre matière imposable d'un contribuable, d'adresser à ce dernier une déclaration assortie d'une liquidation des impôts, droits et taxes y afférents. En principe, cette forme de redressement fiscal intervient après recherche sur place (tournées fiscales) et recoupement des informations par les services fiscaux eux-mêmes montrant lors du traditionnel contrôle sur pièces que les bases d'imposition ont été minorées. Cette hypothèse est sanctionnée par la taxation d'office. En technique fiscale, cette déclaration pré remplie, qui semble se fonder sur les signes extérieurs de richesse, sanctionne les insuffisances du système déclaratif qui laisse largement place aux confessions fiscales. Est-elle aussi applicable aux personnes physiques puisque jusque-là, la vérification de situation fiscale d'ensemble n'est pas encore effective ? Pourvu que la formule soit exempte de tout arbitraire et qu'elle atteigne le maximum de contribuables révélant la capacité de l'administration non seulement à lutter contre la fraude fiscale, mais encore à découvrir et exploiter les gisements fiscaux somnolents dans notre pays.

Cette loi amorce une refonte des règles du contentieux administratif fiscal, marquant de la sorte une véritable rupture avec les grandes lignes définies dans le Livre des procédures fiscales en 2002 : réduction des étapes du contentieux, réduction des délais, instauration de la consignation à chaque étape de la procédure. Ainsi dans la phase précontentieuse, on passe de trois à deux degrés avec en prime une réduction des délais à 30 jours pour saisir l'une des autorités en cause. À l'expiration de ce délai, la requête est irrecevable. La première étape se déroule devant soit le chef de centre régional des impôts, soit la direction des grandes entreprises, soit la Direction générale des impôts suivant le montant des impositions contesté. Le délai d'instruction de l'affaire de cette étape ne peut excéder trente jours pendant lesquels l'autorité saisie doit se prononcer. La seconde étape est constituée par la saisine du ministre des Finances qui intervient après rejet exprès ou implicite. La réclamation doit s'accompagner du paiement de 10 % de la partie contestée. Le ministre dispose d'un délai de deux mois pour y répondre. Sa réponse défavorable tient lieu de décision préalable permettant de former un recours devant le tribunal administratif dans les soixante jours qui suivent la notification. Le recours est assorti d'une caution supplémentaire de 10 %.

Cependant, comme le délai d'exécution de l'avis de mis en recouvrement est de quinze jours et le contribuable qui, après notification définitive, n'a pas pu acquitter les impôts arrêtés dans les quinze jours sera contraint d'introduire sa réclamation contentieuse dans ce délai, par conséquent, les délais de saisine n'ont pas été réduits en réalité.

La modernisation des moyens de paiement est à l'ordre du jour à travers le paiement par voie électronique. En dehors du virement bancaire, les paiements peuvent s'effectuer également par mobile money ou par télépaiement.

La transaction est désormais envisageable dans le cadre d'une procédure fiscale sur le montant des impositions en principal alors que jusque-là, elle portait sur les accessoires de l'impôt. L'initiative de la transaction revient au Directeur général des impôts et toutes les demandes doivent lui être adressées, celles-ci devant être précises (motif de la demande, transaction proposée, etc.). Toutefois, la décision de transiger relève de la compétence exclusive du ministre en charge des Finances.

L'ÉMERGENCE DE LA SOCIÉTÉ PAR ACTIONS SIMPLIFIÉE EN DROIT OHADA

Désiré GATCHOUP TCHINDA[1]

RÉSUMÉ : Cette étude a pour objet de s'interroger sur l'intérêt de l'introduction de la SAS dans notre paysage sociétaire à côté de la panoplie de sociétés commerciales qui existe déjà. Il en ressort que la SAS présente une attractivité certaine en raison de la flexibilité de son régime juridique marqué par la très grande liberté qui lui permet de s'adapter aux petites et moyennes entreprises. Donc, elle présente moins de contraintes que les autres types de sociétés. Mais, il ne faut pas perdre de vue le fait que malgré tout le charme qu'on peut lui reconnaître, la SAS est une société dangereuse sur divers plans et cela conduit à coup sûr à certaines contraintes dans sa mise en place.

ABSTRACT: This study aims to question the interest of the introduction of SAS in our landscape societary next to the range of commercial companies that already exists. It shows that SAS has a certain appeal because of the flexibility of its legal system marked by great freedom that allows to adapt to small and medium enterprises. Therefore, it has fewer restrictions than other types of companies. But, we must not lose sight of the fact that despite all the charm that one can recognize him, SAS is a dangerous company in relation and this leads fail to certain constraints in its implementation.

Mots-clés : *SAS, liberté statutaire, limitation de responsabilité, appel public à l'épargne.*

[1] Docteur en droit privé, Chargée de cours à la Faculté des Sciences Juridiques et Politiques, Université de Yaoundé II-Cameroun, e-mail : dsire.gatchoup@yahoo.fr

INTRODUCTION

L'avènement de l'OHADA[2] en 1993 avait pour fondement majeur la mise en place d'un encadrement juridique adéquat pour protéger la propriété et garantir les droits des investisseurs. Il était donc paru nécessaire de renforcer la maîtrise des risques, de faire émerger des outils appropriés pour moderniser l'environnement juridique et rendre plus attractifs les investissements sur le continent. C'est dans ce même esprit que plus de quinze ans après sa mise en application, l'Acte Uniforme portant droit des sociétés commerciales vient de connaître une importante réforme en 2014[3]. Ce texte est porteur de nombreuses innovations, notamment le renforcement des règles de gouvernance, la multiplication des valeurs mobilières, l'introduction des TIC[4], la reconnaissance expresse des pactes d'actionnaires, l'actualisation du régime de l'appel public à l'épargne, la création de nouvelles formes de sociétés commerciales dont la Société par Actions Simplifiée (SAS).

Cette dernière est une structure juridique nouvelle ayant pour but de répondre à un besoin pratique de collaboration entre entreprises, le cas échéant sous la forme d'une société de détention de titres[5]. Elle voudrait aussi répondre à un besoin pratique d'adaptation à notre environnement économique[6]. L'originalité théorique de la société par actions simplifiée est de cumuler deux avantages : la responsabilité limitée et la liberté contractuelle d'organisation interne de la société[7]. À l'instar du groupement d'intérêt économique, la création de cette nouvelle forme que représente la société par actions simplifiée ouvre ainsi d'importants espaces à l'expression de la volonté contractuelle. Mais alors que le groupement d'intérêt économique ne peut avoir d'exploitation nouvelle et autonome, son activité

---

[2] Organisation pour l'Harmonisation en Afrique du Droit des Affaires.

[3] Le nouvel Acte Uniforme portant droit des sociétés commerciales et GIE a été adopté le 30 janvier 2014 à Ouagadougou et est publié au journal officiel de l'OHADA du 4 février 2014 et entré en vigueur le 5 mai 2014.

[4] Technologies de l'Information et de la Communication.

[5] C'est-à-dire d'une société holding.

[6] Il n'y a pas de développement sans législation adaptée aux sociétés commerciales. De plus, notre environnement économique est dominé par les PME. La SAS sied bien à la promotion de ce type d'entreprises.

[7] C'est ce qui fait son charme.

devant être auxiliaire de celle de ses membres, la société par actions simplifiée peut se voir fixer tout objet social licite.

Cette nouvelle forme juridique propose aux opérateurs économiques une structure de collaboration dans un secteur industriel, commercial ou financier ; l'affectio societatis et plus encore l'intuitu personae font ici leur retour en force dans la catégorie des sociétés par actions[8]. Elle est donc instituée dans le but de fournir aux entreprises un instrument de coopération répondant à leurs besoins spécifiques.

La SAS, nouvelle société par actions a été introduite dans le droit français par la loi n° 94-1 du 3 janvier 1994[9]. L'intérêt de cette forme d'organisation venait du fait que les grandes sociétés industrielles souhaitaient disposer d'une nouvelle structure juridique pour développer la coopération interentreprises[10]. La société anonyme paraissait rigide et laissait peu de place à la liberté individuelle[11]. Bien plus, les structures plus souples comme les groupements d'intérêt économique et la société en nom collectif présentaient et présentent encore le handicap de comporter pour leurs membres une responsabilité indéfinie et solidaire. L'adoption de la forme de société par actions simplifiée (SAS) a donc connu un réel succès pratique. Le choix porté sur la SAS s'explique, outre depuis la loi du 4 août 2008 de modernisation de l'économie, par la levée de quelques contraintes qui pouvaient encore peser sur son régime, par la très grande liberté laissée aux associés pour organiser le fonctionnement de leur société.

---

[8] D. VIDAL, « Observations sommaires sur la loi du 4 janvier 1994 instituant la société par actions simplifiée », *Petites affiches*, 26 janvier 1994, n° 11, site Dalloz, 2014

[9] Ph. MERLE, *Droit commercial, Sociétés commerciales*, 8e éd., Dalloz, oct. 2001, P. 650

[10] À l'origine en France, la SAS était réservée aux sociétés, qui seules pouvaient en être associées. La nouvelle structure avait certes été utilisée pour organiser des coopérations interentreprises, mais elle avait surtout servi à abriter des filiales au sein des groupes de sociétés. Le succès rencontré avait conduit les pouvoirs publics à étendre considérablement le champ d'application de la SAS, au détour de la Loi du 12 juillet 1999 sur l'innovation et la recherche, qui avait permis désormais aux personnes physiques d'être associées de ce type de société, quel qu'en soit l'objet.

[11] En France, la constitution d'une société par actions impose de faire le choix entre la Société Anonyme (SA) et la Société par Actions Simplifiée (SAS). La SA, créée par la loi du 24 juillet 1966, est la forme sociale la plus classique. Depuis 1994, la SA est concurrencée par une forme de société moins rigide, la SAS, qui attire un nombre accru de créateurs d'entreprises en raison d'un formalisme simplifié.

Avec l'avènement de la SAS, on assiste à un bouleversement complet de l'appréhension du droit des sociétés. Le contrat éclipse l'institution. La liberté avance alors que l'ordre public recule[12]. La SAS apparaît alors comme « *un pôle de liberté statutaire au sein du bloc des sociétés par actions fortement marqué d'ordre public* »[13].

L'introduction de la SAS dans le droit OHADA soulève d'importants questionnements ; d'abord, celui de savoir quelles sont les raisons fondamentales qui peuvent susciter l'attrait de cette nouvelle forme de société commerciale dans notre environnement ? Autrement dit, qu'est-ce qui fait son charme ? Ensuite celui de savoir s'il faut y recourir sans réserve. Derrière ces questions centrales, apparaît en filigrane celle de savoir si la nouvelle SAS va éclipser les autres formes de sociétés commerciales ; va-t-elle être préférée au détriment de la SA et de la SARL ?

Ces questions sont intéressantes à plus d'un titre. De manière indirecte, elles vont nous amener à réfléchir sur l'avenir des formes traditionnelles de société. De manière directe, elles vont nous permettre de rechercher les motifs d'attractivité de la SAS dans l'économie libérale et capitaliste. Ainsi, il apparaît que la grande nouveauté de la SAS est de donner l'absolue priorité à la liberté contractuelle des associés qui s'exprime dans les statuts tout en limitant leur responsabilité. Le recours à la loi ne s'opère qu'à titre supplétif. Plus particulièrement, cette liberté a vocation à s'exercer en matière d'organisation de la direction, de décisions d'associés (ou d'associé unique) et de contrôle de l'actionnariat. Dominée par le principe de la liberté statutaire, la SAS semble constituer une opportunité pour les PME. L'ambition de la réforme est, à l'évidence, d'encourager les entrepreneurs tout au long de leur parcours en réduisant au maximum les entraves à leur épanouissement. La SAS semble offrir aux utilisateurs une forme d'organisation aussi proche que possible d'une société-contrat dont l'essentiel des règles procèderait de la convention des parties. Aussi louable soit-elle, cette liberté peut susciter de nombreuses inquiétudes.

---

[12] Confer A. SEÏD ALGADI, « La société par actions simplifiées dans la loi de modernisation de l'économie », *Defrénois*, 15 avril 2009, n° 7, p. 721.

[13] Confer S. BIENVENU, « Réforme de la SAS : Une nouvelle structure pour les PME et les personnes physiques », *Petites affiches*, 25 octobre 1999, n° 212, p. 12.

En effet, la SAS peut présenter de dangers énormes pour les parties prenantes à l'activité. Que ce soient les associés ou les tiers partenaires de la société, et ce en passant par les professionnels qui ont œuvré pour sa mise en place, la SAS fait courir des risques importants. Bien plus, en raison de la grande liberté contractuelle qui existe dans le domaine, de nombreuses contraintes font surface. Finalement, le charme que l'on peut reconnaître à la SAS (I) est très vite controversé par ses dangers et les contraintes y relatives (II).

I : LE CHARME DE LA SOCIÉTÉ PAR ACTIONS SIMPLIFIÉE

La Société par Actions Simplifiée est la nouvelle figure du paysage sociétaire de l'OHADA. Le charme de cette société peut se trouver dans sa grande liberté statutaire qui se traduit notamment par la qualité de sa structure flexible d'une part (A), protectrice et évolutive d'autre part (B).

A : UNE STRUCTURE FLEXIBLE

La SAS est une structure flexible. Cette flexibilité se traduit par la souplesse des règles de formation et de fonctionnement (1) et par la liberté des règles de direction (2).

1 : la souplesse des règles de formation et de fonctionnement

La société par actions simplifiée peut se créer soit *ab initio,* par une opération classique de constitution, soit par transformation d'une société existante. Pour sa formation, elle n'exige que deux associés minimums, voire un seul pour une société par actions simplifiée unipersonnelle (SASU) et aucun nombre d'associés maximum. Il peut s'agir d'une personne physique ou morale, de droit public ou privé. Le montant du capital social est fixé par les statuts. L'avancée vers la libéralisation de la SAS est, de ce point de vue, assez significative. Cette libéralisation s'inscrit dans la logique de l'admission de la variabilité du capital social. Aucun seuil minimal n'est fixé. La liberté est laissée aux associés qui peuvent le prévoir dans les statuts. Si la variabilité du capital de la SAS a un intérêt pratique moindre, sa libéralisation présente un grand intérêt en faveur de la promotion de ce type de société. En l'absence d'une barrière du capital minimum, il y a lieu de prédire une ruée des entrepreneurs à revenus limités vers l'adoption de la SAS comme forme sociale.

En dehors de la voie classique, la SAS peut se créer par transformation d'une société existante. Cette transformation n'entraîne pas la création d'une nouvelle personne morale.

Par ailleurs, la SAS offre la souplesse en permettant une organisation "sur mesure"[14], avec une forte place laissée à l'intuitu personae qui doit prédominer entre les associés. La forme de société par actions simplifiée est choisie par des entreprises de tous types : familiales, filiales ou holdings de groupe, professions libérales, capital investissement... Son succès est dû à la grande liberté dont disposent ses utilisateurs pour organiser son fonctionnement selon leurs besoins. Des personnes physiques vont ainsi pouvoir organiser leur société très librement sur des bases contractuelles, tout en ne supportant les pertes qu'à concurrence de leur apport. Comme l'a si bien dit un auteur, « *la société redevient ainsi le contrat qu'elle n'aurait jamais dû cesser d'être* »[15].

Cette société est " simplifiée " dans le sens où son régime légal est réduit au minimum, ce qui permet de définir librement les organes, de réduire le formalisme et de maîtriser les cessions d'actions. Mais définir au mieux l'organisation interne de la SAS requiert beaucoup d'attention. Aussi avantageuse aux yeux des investisseurs que la société anonyme (SA) à l'ouverture du capital, la SAS se distingue par une plus grande souplesse, qui la rapproche de la société à responsabilité limitée (SARL). La liberté statutaire est donc son attrait majeur. Elle est créée par un accord unanime de ses fondateurs. La structure paraît donc intéressante pour maintes opérations financières où l'on n'a pas envie de trop se lier les mains.

Mais on peut rencontrer parfois une philosophie différente dans certaines hypothèses : quand des investisseurs prennent des risques financiers ensemble, ils peuvent préférer se lier pour que tous assument le risque pendant un certain temps. Seule la SAS permet de le faire en toute sécurité, notamment avec la clause qui permet de rendre les actions inaliénables

---

[14] J. SALEUR cité par F. PERRIN D'ARLOZ, « La société par actions simplifiées : à mi-chemin entre la S.A. et la SARL », *Chef d'entreprise magazine* n° 64, 01/12/2011.

[15] Confer N. RONTCHEVSKY, « Présentation générale de la SAS après la loi du 12 juillet 1999 », *Petites affiches*, 15 septembre 2000, n° 185, p. 26.

pendant au plus 10 ans[16]. La flexibilité du fonctionnement de la SAS induit la liberté de détermination des règles de direction.

2 : La liberté des règles de direction

La liberté qui caractérise la SAS a pour conséquence que les statuts pourront déterminer pratiquement sans contrainte le mode de direction et les techniques de décisions collectives. Ainsi, une entreprise exploitée sous forme de SAS n'aura pas à s'embarrasser d'un conseil d'administration, ni d'une assemblée dont la réunion pose souvent des problèmes en pratique. Les statuts pourront également stipuler l'irrévocabilité des dirigeants, ce qui sera apprécié des autocrates. Il sera aussi possible d'y insérer toutes sortes de clauses relatives à la cession des actions qui seront applicables, quelles que soient les parties à l'opération (clause d'inaliénabilité, clause d'agrément pour les cessions entre associés, clause d'exclusion...). La liberté statutaire devrait notamment permettre de dissocier le pouvoir du capital, par exemple grâce à l'action à vote plural.

En effet, le seul organe directorial obligatoire est le président qui peut bénéficier, en sus, d'un contrat de travail antérieur ou postérieur à sa nomination. Le principe étant celui de la liberté quant à l'organisation de la SAS, il convient de se référer systématiquement aux statuts pour connaître la structure et le fonctionnement du pouvoir dans la société. Il n'y a pas d'organisation légale des pouvoirs comme dans la société anonyme. C'est aussi aux statuts qu'il appartient de fixer les conditions dans lesquelles la société est dirigée. Les associés disposent donc d'une très grande liberté. Les conditions d'accès aux fonctions dirigeantes sont librement fixées. La durée des fonctions des dirigeants et les conditions de cessation de leurs fonctions sont également fixées par les statuts, qui pourront par exemple prévoir que la révocation n'est possible que pour justes motifs ou qu'elle pourra intervenir *ad nutum*, qu'elle pourra être accompagnée du versement d'une indemnité[17].

Le contrôle est, suivant le droit commun, exercé par les associés lorsqu'ils statuent sur les comptes de l'exercice écoulé. La loi laisse toute liberté aux statuts pour mettre en place ou non un organe de surveillance. Pour le reste,

---

[16] Article 853-17 de l'Acte Uniforme portant Droit des sociétés commerciales et GIE.

[17] Il s'agit des parachutes dorés.

on retrouve dans la SAS les mécanismes de contrôle classiques. La désignation d'un commissaire aux comptes est donc facultative, excepté si l'entreprise dépasse, à la clôture de son exercice, deux des trois seuils de référence suivants[18] :

- un bilan supérieur à 125 millions ;
- un chiffre d'affaires excédant 250 millions ;
- un nombre de salariés supérieur à 50.

Elle reste obligatoire si la SAS gère ou est contrôlée par une ou plusieurs entreprises. Au-delà de la liberté statutaire, la SAS est une structure protectrice.

B : UNE STRUCTURE PROTECTRICE ET ÉVOLUTIVE

La SAS est une structure protectrice et évolutive. Ceci peut se vérifier à travers la limitation de responsabilité (1) et la liberté de cession d'actions (2).

1 : La limitation de la responsabilité

L'un des traits particuliers qui marquent le départ entre les sociétés de personnes et les sociétés de capitaux est l'étendue de la responsabilité des associés. En effet, dans les sociétés de personnes tandis que la responsabilité est indéfinie et solidaire, elle est plutôt limitée dans les sociétés de capitaux et dans les sociétés mixtes comme la SARL. Comme dans le cadre d'une SARL, la responsabilité des associés d'une SAS est limitée au montant de leurs apports, c'est-à-dire au capital social. Par exemple, si l'associé apporte 1000 FCFA dans le capital, il perdra au pire cette somme, mais ne sera pas redevable des dettes.

Toutefois, le Président peut être poursuivi en comblement du passif au cas où il a commis des fautes lourdes de gestion, de malversations telles que la confusion de patrimoines. Il peut en être de même pour tout associé qui aurait participé à la gestion.

Cette règle souple a une contrepartie : le patrimoine de la société étant distinct du patrimoine privé de l'associé unique, le Président associé doit

---

[18] Article 853-13 de l'Acte Uniforme portant Droit des sociétés commerciales et GIE.

respecter cette séparation au quotidien. Autrement dit, l'entrepreneur individuel peut prélever des fonds dans son entreprise sans aucun contrôle, mais, le dirigeant d'une SAS qui accomplit le même acte dans le cadre d'une société, en dehors des possibilités légales, risque de se rendre coupable d'un abus des biens sociaux.

Par ailleurs, les actions de la SAS sont librement cessibles.

2 : La liberté de la cession d'actions

La cession d'actions est libre, puisque l'accord des autres associés n'est pas nécessaire, sauf existence d'une clause de préemption dans les statuts, qui permettrait d'acquérir en priorité les actions cédées par un associé. La cession « *des parts d'une SAS est, par ailleurs, moins onéreuse que dans le cas d'une SARL* »[19]. L'entrée des investisseurs est donc, en principe, grandement facilitée. Il n'y a véritablement pas d'empêchement, si le développement de la société le justifie, de la transformer en SA, même si elle a moins de deux ans. D'autant que cette procédure est peu coûteuse et fiscalement neutre.

Par ailleurs, il faut relever que les actions ne peuvent être cotées en bourse. En effet, la SAS se caractérise par une grande liberté statutaire. Cette souplesse paraît avoir pour corolaire l'interdiction de faire appel public à l'épargne[20]. Il est donc bien clair que ce n'est pas la structure ad hoc pour coter une société, même si on peut, à certains égards le regretter. Les principes de fluidité imposés par les règlements boursiers[21] empêcheraient d'utiliser les restrictions à la libre négociabilité des titres ; de plus, l'obligation d'information contraindrait à une transparence plus grande que dans les sociétés fermées. Enfin, on imagine mal les autorités de marché accorder leur visa aux structures exploitant à plein les possibilités d'inégalité de la SAS en matière d'organisation. Le problème de la protection des investisseurs faibles se présenterait avec plus d'acuité que dans les sociétés anonymes.

En France, si l'ordonnance du 22 janvier 2009 maintient pour la SAS l'impossibilité de faire une offre au public de ses titres financiers et de

---

[19] J. SALEUR cité par F. PERRIN D'ARLOZ, « La société par actions simplifiées : à mi-chemin entre la SA et la SARL », *Chef d'entreprise magazine* n° 64, 01/12/2011.

[20] Article 853-4 de l'Acte Uniforme portant Droit des sociétés commerciales et GIE.

[21] Il s'agit des principes de transparence du marché.

procéder à l'admission de ses actions aux négociations sur un marché règlementé, elle l'autorise à procéder à l'admission sur un marché règlementé des titres autres que les actions, en particulier les obligations. La SAS peut également recourir à certains placements privés et, sous diverses conditions, faire admettre ses titres sur un système multilatéral de négociation. Ces nouvelles possibilités de financement ne peuvent qu'accentuer l'attrait de cette forme sociale.

Faudrait-il aller plus loin et permettre à la SAS de procéder à une offre au public de titres financiers ? Si cette revendication peut encore paraître surprenante, elle n'est plus inconcevable[22]. Les SAS sont-elles complètement exclues des marchés financiers, et de quelle façon apprécier cette interdiction de faire appel public à l'épargne ?

Les SAS ne sont pas sur le marché, mais elles peuvent être autour[23]. Elles peuvent être autour sous forme de holdings détenant des participations dans les sociétés cotées. Elles peuvent être également en dessous puisque nombre de groupes cotés[24] dont la société emblématique est cotée, peuvent choisir pour leurs filiales la forme de la SAS. On utilise beaucoup les SAS autour des sociétés cotées, ce qui peut poser des problèmes puisque le contrôle de l'action des SAS au nom du capital n'est pas toujours d'une extraordinaire efficacité, à moins que dans les statuts, on installe des mécanismes de contrôle, de remontée de l'information[25]. Finalement, on ne peut empêcher nullement les sociétés cotées de contrôler les SAS, ni les SAS de contrôler les sociétés cotées.

La question de l'appel public à l'épargne est aujourd'hui une question techniquement assez délicate. L'appel public à l'épargne ne se limite pas à l'introduction du titre sur un marché règlementé. Il peut aussi se réaliser par la dispersion des titres au-delà d'un cercle de 100 personnes. La question qu'on pourrait se poser est celle de savoir combien d'associés une SAS peut-

---

[22] J. J. DAIGRE et B. FRANÇOIS, « La société par actions simplifiée : une société pouvant faire appel au marché ? », *Revue des sociétés* 2010 p. 11.

[23] P. LE CANNU, « La SAS : Les indications et les contre-indications », *Petites Affiches*, 15 septembre 2000, n° 185, p. 7, site Lextenso 2014.

[24] C'est d'ailleurs eux qui ont fourni le gros contingent des SAS après 1994 et jusqu'en 1999 en France.

[25] P. LE CANNU, *op.cit.*

elle réunir sans craindre d'être considérée comme offrant ses titres au public et donc, de se mettre en infraction avec les textes qui interdisent aux SAS de faire appel public à l'épargne ? Est-ce que la présomption de 100 personnes[26] est une présomption irréfragable ? Est-ce qu'au-delà de 100, il faut, entre actionnaires d'une SAS, démontrer qu'il existe un lien professionnel ou personnel ?

Il convient de noter que, même quand on ne fait pas appel public à l'épargne, il existe un danger quant au nombre d'actionnaires. Il est vrai que la grande liberté statutaire qui caractérise la SAS s'accommoderait mal de la situation d'une société dont les actions seraient admises en bourse. La cotation nécessite une certaine standardisation des statuts et des mesures impératives avec des contrepoids pour protéger les actionnaires. Toutefois, l'interdiction ne concerne pas l'ensemble des titres financiers et ne vise expressément que les actions, ce qui invite à une interprétation a contrario pour les autres titres[27].

En somme, la forme SAS est une forme attractive pour les investisseurs. La consécration de la SAS unipersonnelle devrait la rendre plus attractive, en limitant la responsabilité. La logique d'élaboration d'un statut plus contractuel est plus favorable à une plus grande expression de la liberté contractuelle. Cependant, cette liberté contractuelle ne saurait outrepasser les exigences d'ordre public et le droit de vote constitue un droit fondamental que les associés ne peuvent ignorer pour en priver l'un des leurs. La SAS apparaît comme une petite île de liberté dans un océan de contraintes[28] en raison des dangers qu'elle regorge.

II : LES DANGERS ET CONTRAINTES DE LA SOCIÉTÉ PAR ACTIONS SIMPLIFIÉE

Les éléments d'attractivité de la SAS sus développés ne doivent pas couvrir les dangers qui s'y attachent (A) et qui finalement engendrent de nombreuses contraintes pour ladite société (B).

---

[26] Article 81-1 (b) de l'Acte Uniforme portant Droit des Sociétés Commerciales et GIE.

[27] J. J. DAIGRE et B. FRANÇOIS, « La société par actions simplifiée : une société pouvant faire appel au marché ? », *op.cit.*

[28] P. LE CANNU, *op.cit.*

À : LES DANGERS DE LA SOCIÉTÉ PAR ACTIONS SIMPLIFIÉE

Selon le dictionnaire Larousse, le mot "danger" peut s'appréhender comme un péril, notamment dans l'hypothèse où une personne est en danger de mort. Il peut également s'entendre comme un risque, un inconvénient ou un écueil. Dans le cadre de ce travail, il faut l'entendre davantage dans ce second sens.

Ceci dit, la SAS est une société dangereuse pour les associés et les tiers (1) et pour les professionnels du droit (2). Bien plus, l'absence de détermination d'un capital social minimum requis peut conduire à la constitution des SAS avec un capital social symbolique ; ce qui peut jouer négativement sur la crédibilité de la société (3).

1 : Une société dangereuse pour les associés et les tiers

La SAS est d'abord une société dangereuse pour les associés qui ignorent les arcanes du droit des sociétés et du droit des contrats. On peut craindre en effet que bon nombre d'associés personnes physiques de SAS perçoivent mal ou pas du tout la portée et les risques des clauses d'inaliénabilité[29] ou d'agrément[30], qui peuvent les emprisonner dans la société, le législateur n'ayant d'ailleurs rien précisé en ce qui concerne les conséquences d'un défaut d'agrément, ou encore des clauses d'exclusion ou de suspension qui peuvent à l'inverse placer un associé sur un siège éjectable[31].

Du fait de l'existence des clauses d'inaliénabilité, les cessions de titres sociaux ne sont plus possibles pour un temps certain. Ce qui empêche tout associé de quitter la société et il semble en être prisonnier. Toute cession effectuée en violation de cette clause est nulle. La même philosophie prévaut avec les clauses d'agrément. Ces dernières supposent que les cessions d'actions soient soumises à l'autorisation préalable de la société. La cession effectuée en violation de l'agrément est nulle. L'agrément est même requis

---

[29] Les statuts peuvent prévoir l'inaliénabilité de toutes les actions ou de certaines d'entre elles pour une durée n'excédant pas dix ans. Cette clause permet de constituer des noyaux stables ; ce qui peut être particulièrement utile lorsque la société se lance dans des programmes d'investissements lourds.

[30] Les statuts peuvent soumettre toute cession d'actions à l'agrément préalable de la société.

[31] N. RONTCHEVSKY, « Présentation générale de la SAS après la loi du 12 juillet 1999 », *Petites affiches*, 15 septembre 2000, n° 185, p. 26.

dans les cessions intervenant entre actionnaires. Ainsi, il serait possible d'assurer aisément et efficacement l'équilibre entre les sociétés fondatrices de la SAS.

Tandis que les clauses d'inaliénabilité et d'agrément maintiennent les associés dans la société contre leur volonté, les clauses d'exclusion les en expulsent plutôt. Ces dernières obligent un associé, dans les conditions fixées par les statuts[32], de céder ses actions et de quitter la société. Il s'agit donc finalement d'une cession forcée. Dans le même ordre d'idées, la suspension des droits non pécuniaires de l'associé est prévue tant qu'il n'a pas procédé à la cession.

Aux dangers résultant de certaines clauses statutaires s'ajoutent ceux tenant à l'opacité de la SAS. Dans le champ des décisions collectives, la primauté est donnée aux statuts qui déterminent les décisions qui doivent être soumises à la collectivité des associés, les formes et les conditions dans lesquelles elles sont prises. L'information destinée aux associés doit être organisée dans le pacte social. Les exigences relatives à l'information des actionnaires à l'occasion des assemblées sont inapplicables à la SAS et, en l'absence de stipulations statutaires, les associés pourront souffrir d'un grave déficit d'information[33]. Ce risque est certes atténué par le fait que la SAS est dotée de commissaires aux comptes qui auront sans doute un rôle important et délicat à jouer dans cette société. Cependant, la désignation du commissaire aux comptes est facultative sauf dépassement des seuils de référence[34]. De plus, les associés pourront avoir recours à l'expertise de gestion, qui est applicable à la SAS et qui peut être érigée au rang de mode d'information à part entière des associés[35].

---

[32] Il convient de déterminer dans le pacte social les clauses d'exclusion (mésentente, faute de gestion…) et ses modalités (organe compétent pour prononcer l'exclusion, exercice des droits de la défense par l'associé concerné, conditions de vote…).

[33] Les techniques de décisions collectives sont définies par les statuts.

[34] Voir supra, page 5.

[35] Les associés peuvent demander en justice une expertise pour obtenir, sur certaines opérations de gestion, des informations dépassant le champ d'investigation dévolu aux commissaires aux comptes : M. GERMAIN et V. MAGNIER, *Traité de droit des affaires, Les sociétés commerciales*, T. 2, 20e éd., LGDJ., 2011, p. 249. De plus, « *l'expertise n'étant qu'une mesure d'information* », le tribunal saisi n'a pas à apprécier les opérations de gestion critiquées ni leurs conséquences sur la société. Il doit seulement juger de l'opportunité de la

Au regard des problèmes ci-dessus relevés, on peut craindre que la SAS suscite rapidement un contentieux non négligeable et, compte tenu de l'imprécision des textes, des flottements jurisprudentiels seraient prévisibles à condition que les tribunaux soient saisis, car les statuts pourront prévoir des clauses d'arbitrage pour tous les litiges entre associés.

Les sociétés par actions simplifiées ne sont pas soumises à une bonne partie de la règlementation, parce que les associés peuvent s'entendre pour régir comme ils le veulent leur structure. C'est donc, d'une certaine manière, dire que, dans la SAS, les actionnaires minoritaires risquent ne pas être tout à fait à leur place, parce qu'on n'a pas mis en place un système qui les protège[36]. Sans doute on peut penser que les actionnaires minoritaires peuvent très bien se défendre par la négociation. Si cela est tout à fait vrai dans bon nombre de cas, il faut relever simplement que tout le monde n'a pas la même force ou le talent pour obtenir quelque chose de satisfaisant dans le cadre de la négociation[37]. De plus, celle-ci est beaucoup plus efficace au moment de la constitution que par la suite. En cours de vie sociale, il est beaucoup plus difficile pour des minoritaires de faire évoluer la structure[38].

La SAS est également une société dangereuse pour les tiers, notamment pour les partenaires de la société qui ont tout à craindre, de cette combinaison audacieuse de la liberté contractuelle et de la limitation de

---

nomination sollicitée pour l'information du demandeur : M. GERMAIN et V. MAGNIER *op.cit.*, p. 562. Finalement, l'expertise de gestion est « *une mesure d'information dans l'intérêt de l'entreprise et des tiers* », confer Ph. MERLE, Droit commercial, Sociétés commerciales, 8e éd., Dalloz, 2001, p. 555.

[36] L'actionnaire a une place capitale dans la vie de la société. Il en est le pilier en raison de sa contribution dans la mise en place de l'entité. À ce titre, il a des droits individuels qu'on ne saurait lui enlever contre sa volonté. Lorsqu'il est minoritaire, il présente une vulnérabilité et nécessite une protection, notamment par le canal des associations. Les associations de défense des droits des minoritaires ont pour objet d'informer, de former et même de représenter les porteurs de titres dans leurs démarches auprès des sociétés émettrices et des pouvoirs publics. Le législateur intervient pour protéger en particulier les petits porteurs contre les dirigeants et les majoritaires. Dans la SAS où prévaut la liberté contractuelle, il peut arriver que des mesures de protection des minoritaires ne soient pas aménagées dans les statuts.

[37] N. RONTCHEVSKY, *op.cit.*

[38] N. RONTCHEVSKY, « Présentation générale de la SAS après la loi du 12 juillet 1999 », *op.cit.*

responsabilité. En effet, les règles applicables aux SA et aux SARL sont pour l'essentiel imposées par la loi et partant peuvent être connues aisément des tiers. Dans les sociétés de personnes, la responsabilité illimitée des associés constitue une garantie particulièrement efficace pour les tiers. Or, dans la SAS, ces protections disparaissent. Les partenaires des S.A.S., et précisément les établissements de crédit, auront donc tout intérêt à exiger le dernier état des statuts, et non pas seulement l'extrait, lorsqu'ils traiteront avec elles. Il serait également prudent de demander la garantie personnelle du dirigeant ou des principaux associés pour les opérations les plus importantes. La sécurité est à ce prix.

Enfin, la SAS pourrait être une société dangereuse pour les épargnants et les investisseurs en bourse. Cette affirmation peut surprendre en raison de l'interdiction de faire appel public à l'épargne qui frappe la SAS. Mais cette interdiction s'applique à la société et non à ses associés qui peuvent être des sociétés faisant appel public à l'épargne. Ainsi, rien n'interdit à une société faisant appel public à l'épargne, ou même à une société cotée, de contrôler une ou plusieurs SAS. On peut donc imaginer que des sociétés cotées utilisent la société par actions simplifiée comme moyen de défense anti-OPA, notamment en transformant leurs filiales stratégiques en société par actions simplifiée dont le contrôle serait verrouillé par des clauses statutaires adaptées, par exemple en stipulant l'irrévocabilité des dirigeants ou en octroyant à un associé un droit de veto à l'encontre de certaines décisions. De telles transformations de filiales en SAS pourraient entraîner une baisse du cours du titre de la société mère. L'efficacité de pareils montages est cependant douteuse au regard des règles du droit boursier.

La SAS est aussi dangereuse lorsqu'elle est constituée par un associé unique. En effet, lorsque la SAS a un associé unique, c'est-à-dire lorsqu'elle est une SASU[39], des inconvénients sont envisageables. La limitation de responsabilité de l'associé unique est théorique, dans la mesure où le banquier de la société exige le plus souvent des garanties personnelles. Si la société dépose son bilan, l'associé n'est pas à l'abri d'une action en comblement du passif. En cas de dissolution de la SASU, la totalité des

[39] C'est-à-dire Société par Actions Simplifiées Unipersonnelle.

dettes sociales est à la charge de l'associé unique[40]. La SAS à associé unique semble donc être une nécessité de la pratique très intéressante, notamment pour les sociétés entièrement contrôlées à l'intérieur d'un groupe. La simplification est certes nécessaire. Mais quand il s'agit d'une entreprise individuelle, soumise à un risque commercial fort, il est possible que beaucoup d'entreprises de ce type terminent avec des liquidations difficiles. La "mortalité infantile" de ces entreprises peut être très importante. Lorsqu'une SAS unipersonnelle est placée en liquidation des biens, il risque se produire un mécanisme tout à fait curieux, la transmission automatique de son patrimoine à l'associé unique qui supporte par conséquent les pertes[41].

En considération des analyses précédentes, on peut conclure que la SAS présente des risques non négligeables. Des accrochages ou des accidents sont à prévoir et il est vraisemblable que les associés, voire les tiers, se retourneront dans ce cas contre les professionnels du droit qui leur auront conseillé cette forme sociale et qui auront rédigé les statuts.

2. Une société dangereuse pour les professionnels du droit

Les professionnels du droit sont soumis à certains devoirs, par exemple celui de conseil à donner aux associés, ce qui accroit leurs responsabilités. L'augmentation des responsabilités professionnelles, et notamment de celle des professionnels du droit et de la comptabilité, est l'un des aspects de l'avènement de la société contentieuse. Les statistiques concernant la responsabilité civile de ceux-ci en France sont éloquentes et l'ouverture de la S.A.S. à toute personne ne devrait pas contribuer à améliorer les choses, bien au contraire[42].

On peut craindre que des associés ou des tiers fassent grief aux commissaires aux comptes des SAS de ne pas avoir rempli correctement leurs missions de contrôle, d'information et d'alerte[43]. Mais ce sont les

---

[40] Ph. MERLE, *Droit commercial, Sociétés commerciales*, 8e éd., Dalloz, oct. 2001, p. 660

[41] P. LE CANNU, « SAS : indications et contre-indications », *Petites affiches*, 15 septembre 2000, n° 185, p. 7.

[42] N. RONTCHEVSKY, *op.cit.*

[43] L'accomplissement des missions du commissaire aux comptes est d'ailleurs difficile pour certaines raisons, notamment l'imprécision de certains concepts de référence comme la notion d'image fidèle, la question de l'indépendance des commissaires aux comptes…

professionnels du droit qui seront les plus exposés aux critiques en cas de difficultés. À cet égard, la liberté qui caractérise la SAS n'est pas une solution de facilité pour les rédacteurs d'actes. Alors qu'il n'y a pas grand risque à recopier un formulaire de SARL ou de SA, les associés de la SAS pourront reprocher aux rédacteurs des statuts de ne pas avoir prévu telle ou telle clause ou surtout de ne pas avoir attiré leur attention sur les dangers de certaines clauses, d'exclusion ou d'agrément par exemple. Il a d'ailleurs été suggéré en France de faire valider systématiquement les statuts de SAS par des professionnels du droit engageant leur responsabilité[44]. Ce qui fait naître un devoir de conseil à l'encontre de ceux-ci. La rigueur du devoir de conseil imposé aux professionnels du droit, et plus particulièrement aux rédacteurs d'actes, pourrait ainsi se traduire par un accroissement de leurs responsabilités civiles professionnelles[45]. À ce propos, il faut rappeler qu'il s'impose à eux de rapporter la preuve du conseil donné, de sorte qu'il conviendra d'attirer par écrit l'attention des associés de SAS sur certains problèmes et de se pré-constituer le cas échéant des reconnaissances d'avis donné. La SAS et la SASU devront être maniées avec précaution par les avocats-conseils. Les autres professionnels qui s'aventureront à rédiger des statuts de SAS devront être encore plus vigilants et ils auront surtout intérêt à vérifier s'ils sont bien assurés pour ce type d'activité, car c'est une structure à hauts risques.

3 : une structure à risques : le risque de perte de la crédibilité de la société

Le droit OHADA exige pour la constitution de certains types de sociétés un capital social minimum[46]. Ce qui n'est pas le cas pour la SAS[47]. La non-exigence d'un capital social minimum laisse penser que la SAS peut se

---

[44] N. RONTCHEVSKY, *op.cit.*

[45] N. RONTCHEVSKY, « Présentation générale de la SAS après la loi du 12 juillet 1999 », *Petites affiches,* 15 septembre 2000, n° 185, p. 26.

[46] Pour constituer une SARL, il faut au moins un million ; pour la SA, il faut au moins dix millions et lorsqu'elle fait appel public à l'épargne, le minimum légal requis est de cent millions.

[47] L'article 853-5 de l'Acte Uniforme portant Droit des sociétés commerciales dispose que le montant du capital social ainsi que celui du nominatif des actions sont fixés par les statuts.

constituer théoriquement avec un capital symbolique d'un franc[48]. S'il est possible de créer une SAS avec seulement un franc, il faut toutefois garder à l'esprit qu'avoir un capital social trop faible peut présenter des inconvénients[49].

D'abord, avec un capital d'un franc, la société risque de se retrouver, dès sa création, dans l'incapacité de faire face aux dépenses courantes, comme les frais d'immatriculation, l'achat de matériel informatique... Elle peut aussi perdre sa crédibilité auprès des tiers contractants[50], notamment auprès des banquiers[51]. Les banques sont souvent difficiles à convaincre par les créateurs d'entreprise. Elles raisonnent en termes de partage de risque entre les associés et les établissements financiers. Un capital social d'un franc ne permettra pas d'obtenir un prêt ou un financement court terme sans que la banque ne bénéficie d'une solide garantie sur les fonds prêtés ; la société risque donc de se retrouver dans l'incapacité, dès sa création, de faire face à ses dépenses les plus basiques avec son capital et même en cours de vie sociale, de recourir au financement bancaire.

Ensuite, l'absence d'une barrière du capital minimum peut créer un engouement vers l'adoption de la forme SAS par les petits entrepreneurs. Si tel est le cas, certaines conséquences sont à craindre, notamment le déclin de la fonction de garantie du capital social ; dans la mesure où la facilité de créer une société est accrue, les entrepreneurs ne mesureront pas toujours les risques encourus : abus de biens sociaux, distribution déguisée de bénéfices, sans exclure le fait de voir l'écran sociétaire se fissurer sous la mise en cause de leur responsabilité pour absence de crédit donnée à leur société sous-

---

[48] Aucun minimum légal n'est requis.

[49] Parmi les risques, on peut relever que le capital social représente, dans la mesure où les associés ne sont responsables qu'à concurrence de leurs apports, le montant maximal qu'un associé engage dans l'entreprise. Avec un capital à un franc, cela signifie que les associés ne sont prêts à prendre un risque financier qu'à hauteur d'un franc. Ceci n'est pas de nature à encourager les tiers contractants (fournisseurs...)

[50] « *Le montant du capital social, figurant sur tous vos documents, vous confère une certaine image de marque auprès de vos clients, partenaires, banquiers... En le fixant à 1 franc, vous risquez donc de perdre en crédibilité, ce qui peut, par exemple, compromettre vos chances d'obtenir un crédit bancaire » :* F. PERRIN D'ARLOZ, « La société par actions simplifiées : à mi-chemin entre la SA et la SARL », *Chef d'entreprise magazine* n° 64, 01/12/2011.

[51] F. PERRIN D'ARLOZ, *op.cit.*

capitalisée. Aussi, la fragilité de la surface financière pourrait-elle entraîner des défaillances en chaînes en cas de retournement de conjoncture[52]. Pour cela, les enjeux doivent être bien maîtrisés afin que cet espace de liberté plus grand ne s'avère pas une source de difficultés supplémentaires pour l'entreprise et ses associés. La création d'une société avec un tel capital ne peut être envisagée que si les associés peuvent se prévaloir de ressources financières stables (des comptes courants bloqués) et d'un business plan qui démontre que les ressources initiales (capital, comptes courants, prêts) suffisent pour développer l'activité et supporter ses aléas. Il semble donc nécessaire de contraindre les fondateurs à fournir un plan de financement sur plusieurs années au moment de la constitution de la société qui, en cas de défaillance, est présenté au juge afin qu'il vérifie le caractère sérieux des prévisions. Ce type de procédé obligerait les fondateurs à ne pas établir un plan de financement hasardeux. On pourrait d'ailleurs envisager un contrôle *a priori* de ce plan de financement lors de l'immatriculation de la société. Le conditionnement de l'immatriculation à la présentation d'un plan de financement fiable inciterait certainement les fondateurs à élaborer un plan suffisamment crédible.

Enfin, dans une procédure collective, le tribunal peut, en cas de faute de gestion ayant contribué à une insuffisance d'actif, décider que les dettes de la personne morale seront supportées, en tout ou partie, par tous les dirigeants de droit ou de fait ou par certains d'entre eux ayant contribué à la faute de gestion. Comment justifier qu'un dirigeant de société dont le capital ne serait que d'un franc, ou tout autre montant aussi symbolique, ne soit pas responsable dès le début de l'activité d'une sous-capitalisation chronique de son activité et que l'insuffisance de financements initiaux a contribué à la défaillance de son entreprise ?

La possibilité légale de créer une société avec un montant de capital qui peut être insuffisant par rapport aux besoins de l'entreprise au regard de son activité ne doit pas occulter les risques qui pèsent sur la personne du dirigeant en cas de défaillance. La réduction du capital à un franc donne l'impression d'une grande facilité pour lancer une activité. En revanche, la

[52] A. SEID ALGADI, « La société par actions simplifiée dans la loi de modernisation de l'économie. (Vers un dirigisme contractuel) », *Defrénois,* 15 avril 2009, n° 7, p. 721, LEXTENSO 2014.

création de SAS au capital d'un franc risque de conduire bien des créateurs à des désillusions : la nécessité de faire des apports en compte courant pour les besoins de la société, les demandes qui seront plus nombreuses des tiers sur des dépôts de garantie ou des cautions personnelles des dirigeants et associés, protection insuffisante en cas de faillite. La création de SAS ou d'une SASU au capital social symbolique ne doit donc être envisagée que si elle est appuyée par d'autres ressources financières stables.[53] À défaut, le dirigeant prendrait un risque personnel important en cas d'échec de son projet. Les dangers sus-examinés imposent certaines contraintes.

B : LES CONTRAINTES DE LA SOCIÉTÉ PAR ACTIONS SIMPLIFIÉE

Les dangers relevés ci-haut au sujet de la SAS imposent à coup sûr des contraintes. Celles-ci se manifestent véritablement en une rigueur dans la rédaction des statuts (1) et dans la mise en œuvre des responsabilités (2).

1 : Une structure qui nécessite de la rigueur quant à la rédaction des statuts

Si cette structure juridique sied à la situation particulière d'une petite entreprise, la rédaction des statuts mérite une réflexion préalable et une attention particulière. Au travers de ce document, les associés organisent le fonctionnement de la société et déterminent, entre autres, les modalités d'adoption des décisions collectives, les conditions de forme, de quorum et de majorité. Toute mésentente future pouvant conduire à des problèmes d'interprétation entre les associés, voire à la paralysie de la société, se rapprocher de professionnels semble raisonnable. À ce sujet, Jérôme Saleur conseille : *« vous devez anticiper les problèmes qui peuvent survenir avec vos associés, au moins en ce qui concerne la transmission du capital et les règles de gouvernance, de manière à limiter les conflits. Pour les mêmes raisons, essayez de prévoir des statuts évolutifs »*[54]. En effet, il peut sembler utile de faire entrer au capital de nouveaux actionnaires plus vite qu'on ne l'a envisagé. Il convient

[53] Par exemple comptes courants bloqués pendant une certaine durée ; business plan montrant que les ressources initiales affectées au projet (capital, comptes courants, prêts) sont suffisantes pour permettre le développement de l'activité et supporter quelques aléas.
[54] J. SALEUR cité par F. PERRIN D'ARLOZ, « La société par actions simplifiées : à mi-chemin entre la SA et la SARL », *Chef d'entreprise magazine* n° 64, 01/12/2011.

donc d'apporter beaucoup de sérieux à la rédaction des statuts, car ils sont au fondement même de l'organisation et du fonctionnement de la société.

2 : Une structure qui nécessite de la rigueur quant à la mise en œuvre des responsabilités

Les dirigeants des SAS peuvent être des personnes morales. Il est quand même regrettable à une époque où l'on veut mettre l'accent sur les responsabilités des dirigeants sociaux avec les principes de gouvernement des sociétés[55], de voir se développer à nouveau un système de dilution de la responsabilité des dirigeants par l'empilement de personnes morales. C'est un vieux sujet du droit des sociétés qui reste encore d'actualité. Il peut donc être difficile d'établir les responsabilités lorsque la SAS, personne morale, est dirigée elle-même par une autre personne morale. Faudra-t-il, attendre quelques sinistres pour qu'éventuellement, l'on revienne vers un peu plus de prudence dans ce domaine ? On pourra toujours répondre sur le plan juridique qu'on arrive généralement à situer le responsable puisque les dirigeants de la société dirigeante sont eux-mêmes responsables ; mais si ces dirigeants sont eux-mêmes des personnes morales, on aura peut-être un peu de mal à découvrir les véritables responsables[56].

CONCLUSION

"*Nouvelle machine capitaliste et cadeau empoisonné*" ? Il est un peu tôt pour savoir si les différents atouts de la SAS en feront un nouvel « *instrument merveilleux* » du droit des sociétés et du capitalisme contemporain en dépit de ses dangers[57]. Pour l'instant, il s'agit en quelque sorte d'un cadeau dangereux[58], notamment pour les professionnels du droit dans la mesure où si l'on peut présager qu'il y aura bon nombre de

---

[55] Les principes et recommandations énoncés par le Code des « *Principles of corporate governance* » élaboré par l'*American Law Institute en 1994* traduisent la recherche d'une meilleure rentabilité des capitaux investis, une meilleure transparence dans la gestion et plus généralement, une moralisation de la conduite des sociétés.

[56] P. LE CANNU, *op.cit.*

[57] N. RONTCHEVSKY, « Présentation générale de la SAS après la loi du 12 juillet 1999, *Petites affiches*, 15 septembre 2000, n° 185, p. 26.

[58] Il faut pour cela l'utiliser avec prudence.

constitutions de SAS ou de transformation en SAS, ces opérations seront délicates, surtout au début.

Mais, le comparatif entre SA et SAS semble nettement favorable à la SAS. Son régime légal apparaît, par sa souplesse, particulièrement intéressant comparé à celui de la SA. Il convient de nuancer ce propos et préciser que le cadre législatif contraignant de la SA paraît tout à fait justifié dès lors que la société recourt à l'appel public à l'épargne. En tout état de cause, la liberté contractuelle régnant au sein des SAS implique en contrepartie une grande rigueur dans la rédaction du pacte social afin d'écarter toute formule susceptible d'interprétations génératrices de litiges ultérieurs.

Finalement, l'inventaire des divers risques de la société par actions simplifiée pour les associés et les tiers fait apparaître que la liberté contractuelle doit être consommée avec modération et à bon escient. À défaut, il est vraisemblable que suivant un mouvement de balancier classique en droit des sociétés, le législateur viendra à nouveau poser des règles impératives pour éviter les abus.

LE DROIT PÉNAL À L'AUNE DU PARADIGME DE L'ENNEMI : Réflexion sur l'État démocratique à l'épreuve de la loi camerounaise n° 2014/028 du 23 décembre 2014 portant répression des actes de terrorisme

Fabrice Roland BIKIE[1]

Résumé

Comme le sont toutes les logiques apparemment contraires, le couple *Droit pénal/Droits de l'homme* connait une dynamique particulièrement erratique au Cameroun. Parti d'un droit pénal autoritaire au service des puissances coloniales et de l'élite politico-administrative à un droit pénal démocratique et libéral inspiré des principes de la rationalité pénale moderne, la tendance semble désormais, dans les méandres de la postmodernité à une remise en cause des avancées issues de la libéralisation du contexte juridico-politique des années 90. En effet, obnubilé par sa fonction de garant de l'ordre public institutionnel et social, le droit pénal camerounais se métamorphose au rythme de la dérive issue des mutations de la criminalité qu'il entend saisir, au point de se dédire.

Une certaine doctrine, consciente de la reddition du système répressif au terrorisme, essaye non dans un souci de légitimation d'un droit pénal dérogatoire, mais, plutôt dans un intérêt de modélisation des exigences de nouveaux enjeux, de conceptualiser ces « *ré-évolutions* ». C'est ainsi que le paradigme de l'ennemi pénètre le droit pénal au point de le dédoubler non sans poser des difficultés dans les rapports de ce dernier avec l'État de droit. Le législateur camerounais, comme bien d'autres, dans le cadre de la répression du terrorisme, s'inscrit dans cette dynamique mettant en déroute le droit pénal dans sa mission de renforcement de l'État de droit. /

[1] *Assistant à la Faculté des Sciences Juridiques et Politiques, Université de Yaoundé II - Soa*

Introduction

La politique criminelle, entendue comme « *l'ensemble des procédés par lesquels la société organise des réponses au phénomène criminel* »[2] a, dans sa dimension mise en forme par le droit pénal au Cameroun, connu une dynamique spécifique. En effet, la formation du droit pénal[3] camerounais d'aujourd'hui a connu de multiples influences découlant de la rencontre voire de la tension entre systèmes répressifs des sociétés semi-étatiques de l'ère précoloniale et modèles répressifs des puissances coloniales[4]. Ce qui, à terme, a permis la construction d'un droit pénal autonome et partant, authentique. Ainsi, après la quasi-neutralisation du droit traditionnel comme source, le problème délicat du dosage entre les droits des puissances coloniales (Angleterre et France) a été tranché en faveur de la prédominance toujours plus grande de la source française[5]. Cette forte emprise coloniale a sécrété un droit pénal dont l'essentiel des infractions avait pour fil conducteur les notions floues « *d'ordre public* » et de « *civilisation* »[6].

De toute évidence, après avoir servi à asseoir l'autorité de la puissance coloniale, l'instrumentalisation du droit pénal va se poursuivre au lendemain de l'indépendance avec la pérennisation facilitée d'une certaine élite politico-administrative au pouvoir. Dès lors, le tout jeune État indépendant va se doter d'une politique criminelle autoritaire que l'on pourra retrouver dans les règles aussi bien du droit pénal substantiel que processuel[7]. Cette

---

[2] DELMAS-MARTY (M.), *Modèles et mouvements de politique criminelle*, Paris, Economica, 1983, p. 13 citée par MINKOA SHE (A.), *Essai sur l'évolution de la politique criminelle au Cameroun depuis l'indépendance,* Thèse de doctorat d'État en droit, tome 1, Université de Strasbourg, 1987, p. 3.

[3] Entendu comme branche du droit ayant pour objet l'étude de l'incrimination et de la répression par l'État, des agissements de nature à créer un trouble grave dans la société.

[4] MVOGO (D. C.), *La politique criminelle au Cameroun - De la confrontation des modèles traditionnels à la recherche de solutions adaptées à un processus de développement*, Thèse de doctorat en histoire du droit, Paris I - Panthéon Sorbonne, 1981-1982, p. 23 et s.

[5] MINKOA SHE (A.), *Essai sur l'évolution de la politique criminelle au Cameroun depuis l'indépendance,* Thèse, *op.cit.*, p. 70 et s.

[6] *Ibid.*, p. 27 et s.

[7] Sur le plan substantiel, sera ainsi applicable au Cameroun le Code pénal issu des lois n° 65 -LF-24 du 12 novembre 1965, 67-LF-1 du juin 1967 (qui ont connu quelques modifications, mais restent toujours en vigueur). Sur le plan processuel, le Code d'instruction criminel français sera rendu applicable dans la partie orientale du Cameroun

politique criminelle évoluera tout en s'articulant sur le modèle français dont l'édification s'est faite autour de logiques opposées[8] avec d'un côté la logique de l'État dont le corolaire est la dynamique de l'ordre et de l'autre la logique de l'individu ayant pour corolaire la dynamique de la liberté. C'est ainsi que, le droit pénal camerounais s'ouvrira lui aussi au consensus suivant lequel, dans la mobilisation du *ius puniendi,* un constant équilibre doit être recherché entre les impératifs de répression et la prise en compte de la dimension « *humanité* » de l'individu ayant enfreint la norme pénale. Dans ladite perspective, une vaste réforme des règles de procédure a été lancée dès le début des années 70 et a abouti en 2005 à la promulgation de la loi n° 2005/007 du 27 juillet 2005 portant Code de procédure pénale. Sur les aspects de fond, une loi du 19 décembre 1990 viendra modifier certaines dispositions du Code pénal supprimant la peine de détention pour la remplacer par la peine d'emprisonnement. Dans la même lancée, l'ordonnance « *liberticide* » n° 62-OF-18 mars 1962 portant répression de la subversion[9] sera retirée sous la pression du vent de démocratisation qui soufflera dans les anciennes colonies françaises d'Afrique, vent issu de la conférence de La Baule[10].

Ainsi, le droit pénal traditionnel camerounais a reçu les principes « *modernes* » résultant de la révolution de 1789 et ayant pour socle la Déclaration des droits de l'homme et du citoyen (DDHC)[11]. Il s'agit de principes fondamentaux garants du respect des droits de l'homme et de la primauté du droit à l'instar du principe d'égalité devant la justice répressive, du principe de la légalité de la répression, du principe de nécessité, du

---

par un décret du 22 mai 1924 y étendant l'application de l'ordonnance française du 18 février 1938 ; le criminal procedure ordinance extrait des « *laws of Nigeria* » sera applicable dans la partie occidentale du Cameroun.

[8] DE GOUTTES (R.), « Droit pénal et droits de l'homme », *RSC,* 2000, pp. 133 et s.

[9] Sur la législation anti-subversion, lire avec intérêt MINKOA SHE (A.), *Droits de l'homme et droit pénal au Cameroun*, Paris, Economica, 1999, n^{os}463-478.

[10] La conférence de La Baule est celle tenue à l'occasion de la 16e conférence des chefs d'État d'Afrique et de France le 20 juin 1990 dans la commune française de La Baule-Escoublac où la France fera de la démocratisation des institutions des États africains la conditionnalité majeure de leur partenariat.

[11] PRADEL (J.), *Principes de droit criminel - 1. Droit pénal général*, éd. Cujas, 1999, n° 7 et s.

principe de la proportionnalité des peines, du principe de la présomption d'innocence entre autres. Cette libéralisation s'est faite selon le triptyque de base « *liberté — sécurité — justice* » avec en toile de fond une intervention exceptionnelle de ce dernier comme mode de régulation des conflits. Cette fonction *d'ultima ratio* reconnue au droit pénal viendra achever de consacrer la démocratisation du droit pénal en ce sens qu'il aura également dans la même veine pour mission, le renforcement de l'État de droit.

Seulement, depuis quelque temps, le droit pénal de manière générale, est en proie à des fortunes diverses qui tendent à ébranler son socle fondateur. L'émergence de nouvelles formes de criminalité tend à remettre en cause le consensus qui demande qu'au-delà de l'apparente contrariété entre droit pénal et droits de l'homme, il se développe entre eux, une complémentarité, une véritable logique de symbiose pour la réalisation d'un droit pénal largement acquis aux idéaux des droits de l'homme[12]. Ces turbulences, expressions tantôt d'un débordement, tantôt d'une rupture, systématisées, mieux conceptualisées par la doctrine[13] sous différentes figures ont, pour certaines, anéanti le postulat de base de la rationalité pénale moderne qui préconise l'érection des garanties et limites au pouvoir punitif de l'État[14]. En réalité, face aux mutations du crime, le fragile équilibre ténu entre les exigences de la liberté et celles de la sécurité sera rompu, cédant sous la pression tantôt des transformations du droit pénal, tantôt du dévoiement de la réaction sociale caractérisés par la priorisation de la sécurité au détriment de la liberté selon le dicton ci-après largement répandu : « *Pour votre sécurité, vous n'aurez plus de liberté* ».

---

12 DE GOUTTES (R.), *op.cit.*

13 VAN DE KERCHOVE (M.), « Éclatement et recomposition du droit pénal », *RSC,* 2000, p. 5. ; DELMAS-MARTY (M.), « Les contradictions du droit pénal », *RSC,* 2000, p. 1. ; HALPERIN (J-L.), « Ambivalences des doctrines pénales modernes », *RSC,* 2010, p. 9. ; MONTAGNE C., « Observations sur les effets de l'hybridation en droit pénal » http : //rmd.upmf-grenoble.fr/articles/rmd-observations-sur-les-effets-de-l-hybridation-en-droit-penal--169056.htm ?RH=1294652812559 (consulté le 11 février 2014).

14 ZAFFARONI (E. R.), « Dans un État de droit il n'y a que des délinquants », *RSC,* 2009, p. 43 et s.

C'est dans ce sillage qu'émergera le paradigme[15] très controversé du droit pénal de l'ennemi systématisé par Günther JAKOBS dans un essai paru à la fin des années 90. Ce paradigme nouveau serait caractérisé entre autres par la sévérité des peines, mettant à mal les principes de nécessité et de proportionnalité, par le recul des garanties du procès équitable et par la punissabilité anticipée[16]. Cette « *ré-évolution* » au sein du droit pénal viendra consacrer l'admission d'un degré de dérogations aux règles traditionnelles du droit pénal au-delà de celles tolérées et compatibles avec l'État de droit. Ladite légitimation d'un droit pénal dérogatoire voire autoritaire réside dans la déshumanisation de l'individu qui cesserait alors d'être un citoyen pour devenir un ennemi[17], « *l'hostis qu'il convient de tuer avant de soi-même mourir* »[18]. En réalité, face à une menace de nature particulière, le droit pénal peut se permettre de mettre entre parenthèses sa mission de renforcement de l'État de droit pour devenir un instrument voire une machine destructrice des droits de l'homme. Cette stigmatisation de l'ennemi, présenté comme cet « *individu qui, de manière qui n'est pas accidentelle, dans son comportement ou dans sa profession ou principalement par le biais d'une organisation c'est-à-dire en tous cas d'une manière présumée durable, a fait abandon du droit et, en conséquence ne garantit pas le minimum cognitif de sécurité du comportement personnel et montre ce déficit avec son comportement*[19] », a conduit à la diffusion dans plusieurs États d'un droit pénal autoritaire à la nature controversée.

---

[15] Le paradigme comme socle épistémologique tel qu'entendu par Gaston BACHELARD est un discours de circonstance qui ne saurait décrire une constitution définitive de l'esprit scientifique. D'après cet auteur, il n'est pas impossible qu'un paradigme perde de son universalité, de son utilité et même de sa signification pour laisser émerger devant une expérience nouvelle, un nouveau paradigme, une nouvelle méthode. Voir BACHELARD (G.), *Le nouvel esprit scientifique*, PUF, 17 éd., 1987, p. 139 et s.

[16] AUBERT (S.), « L'ennemi dans le livre IV du Code pénal français : approches comparées », *Revue électronique de l'AIDP*, 2012, 22 p. ; DONINI (M.), « Les droits fondamentaux et la juridiction pénale comme garantie contre ou comme justification pour l'usage du droit comme arme », *RSC*, 2009, p. 31 et s.

[17] GÜNTHER JAKOBS., « Aux limites de l'orientation par le droit : le droit pénal de l'ennemi », *RSC*, 2009, p. 7 et s.

[18] Carl SCHMITT cité par AUBERT (S.), in « L'ennemi dans le livre IV du Code pénal français : approches comparées », *op.cit.*, p. 2.

[19] CONDE MUNOZ (F.), « Le droit pénal international est-il un " droit pénal de l'ennemi" ? », *RSC*, 2009, p. 19 et s.

Dans cette dialectique entre justice et guerre et, face à la montée en puissance de la menace terroriste BOKO HARAM dans la zone du Bassin du Lac Tchad[20], le législateur camerounais n'a pas pu éviter le piège juridique mieux, la tentation d'utiliser en réaction contre le terrorisme, un droit d'exception, un droit dérogatoire.

Avec une célérité inédite, la représentation nationale a voté la loi n° 2014/028 du 23 décembre 2014 portant répression des actes de terrorisme. Cette loi, selon une certaine opinion suscite des confusions et partant opère appropriation d'un certain paradigme nouveau du droit : le droit pénal de l'ennemi, conceptualisé par Günther JAKOBS[21].

Fort de ce paradigme d'un droit pénal de l'ennemi qui, à plus d'un titre, semble être une résurgence du droit pénal de l'Ancien Régime, notre réflexion s'efforcera de démontrer en quoi la loi n° 2014/028 du 23 décembre 2014 portant répression des actes de terrorisme est caractéristique d'un dédoublement du droit pénal et partant, révèle l'option pour un droit pénal aux relents guerriers franchissant les frontières tracées par l'État démocratique.

À cet effet, les ressorts de notre analyse tendant à la démonstration de l'exacerbation des dérogations des principes fondamentaux du droit pénal tiendront en un exposé sur l'effritement des principes « *modernes* » du droit pénal (I) avant de nous incliner sur les dérives de l'exercice du pouvoir punitif dans la répression *stricto sensu* du terrorisme (II).

---

[20] Les États membres de ladite zone se sont réunis en 1964 autour d'une institution : la commission du bassin du lac Tchad (CBLT). Originellement, cette dernière était composée du Cameroun, du Tchad, du Niger, du Nigéria. En 1999 la République centrafricaine s'est ajoutée et depuis 2008 la Libye. Fortement pourvue en richesses naturelles, la zone du bassin du lac Tchad située en Afrique centrale fait l'objet aujourd'hui de vives convoitises et est le théâtre de la perpétration des actes de terrorisme.

[21] Le pénaliste précise les marques d'identité d'un tel droit pénal dont entre autres l'augmentation de la gravité des peines au-delà de l'idée de proportionnalité, permettant même l'application des « *peines draconiennes* » ; l'abolition ou réduction au minimum des garanties du procès accordées à l'accusé comme le droit à un procès équitable, à ne pas s'auto-incriminer, à l'assistance d'un avocat. Lire dans ce sens, CONDE MUNOZ (F.), « Le droit pénal international est-il un " droit pénal de l'ennemi" ? », *op.cit.*

I - De l'effritement à l'anéantissement des principes « *modernes* » du droit pénal par la loi de 2014

La modernisation du droit pénal camerounais, au-delà de l'incorporation des principes issus du droit révolutionnaire de 1789 dans les lois pénales de fond et de forme, tire sa force de la consécration constitutionnelle qui en est faite. En effet, le préambule de la Constitution du Cameroun réaffirme « *l'attachement du peuple camerounais aux libertés fondamentales inscrites dans la Déclaration Universelle des Droits de l'Homme, la Charte des Nations Unies, la Charte Africaine des Droits de l'Homme et des Peuples et toutes les conventions internationales y relatives et dûment ratifiées* »[22].

Cependant, à l'analyse, la loi de 2014 portant répression du terrorisme semble s'être considérablement écartée de certains principes du droit pénal. L'on pourrait légitimement lui faire le reproche du « *grief d'imprécision* »[23] caractéristique de la violation voire de l'éclipse du principe de la légalité de la répression (A), mais également celui du développement d'un droit pénal de la dangerosité et de l'auteur (B) ignorant *ipso facto* les principes de présomption d'innocence et de nécessité entre autres.

A. Les atténuations de la légalité matérielle dans l'incrimination du terrorisme

Les fondements du principe légaliste découlent du postulat selon lequel la société, par une sorte de consensus, est unie par un « *contrat social* » et que chacun de ses membres doit pouvoir se reconnaître dans les règles en charge de l'ordre social, afin qu'il en résulte une obéissance, mieux, une soumission quasi naturelle[24].

En matière pénale, le principe légaliste repose sur un double fondement séculaire soulignant ainsi la validité de la loi comme source unique du droit

---

[22] V ° préambule de la loi n° 2008/001 du 14 avril 2008 modifiant et complétant certaines dispositions de la loi n° 96/06 du 18 janvier 1996 portant révision de la Constitution du 02 juin 1972.

[23] http : //data.over-blog-kiwi.com/0/57/30/82/20151009/ob_89e67a_tmp-6701-11-12-penal-232941962.pdf

[24] C'est dans ce sens que ROUSSEAU écrit : « l'obéissance aux lois que l'on s'est prescrite n'est que liberté » in, *Du contrat social*, livre I, chap VIII.

de punir[25]. Dès lors, la loi, expression de la volonté générale, dans sa fonction de communication vise à éviter l'arbitraire en avertissant chacun des frontières du permis et de l'interdit : c'est le principe de « textualité »[26]. La Constitution de la République du Cameroun, s'inspirant de l'article 8 de la DDHC[27] dispose en son préambule que : « *nul ne peut être poursuivi, arrêté ou détenu que dans les cas et selon les formes déterminées par la loi* ». Ce texte, dévoile à suffisance la double dimension formelle et substantielle du principe de la légalité criminelle qui présente dans un premier temps le monopole de la loi comme garant d'un ordre institutionnel libéral et démocratique (légalité formelle) et, dans un second, l'exigence d'une précision suffisante ou *lex certa* des textes, garante de la sécurité juridique (légalité matérielle)[28].

Pour ne prendre que la dimension substantielle ou matérielle, on pourrait, à partir d'une lecture attentive de la loi de 2014 contre le terrorisme, faire le constat d'une double atténuation de ladite exigence caractérisée par le choix d'une criminalisation rampante et éclatée (1) et la dilatation de l'incrimination du terrorisme (2).

1. Le choix d'une criminalisation rampante et éclatée

Objectifs à valeur constitutionnelle, l'accessibilité et l'intelligibilité semblent avoir été lésées dans l'incrimination du terrorisme en raison de l'élasticité issue des choix techniques du législateur camerounais. Or, la soumission de l'exercice du pouvoir de punir à une prédétermination textuelle des infractions, des peines et la procédure pénale participe de sa légitimation dans toute société démocratique et libérale.

---

[25] Au regard de la diversification des auteurs de la loi pénale, il faut entendre la loi ici dans sa double dimension organico-formelle et matérielle (Cf. articles 26, 27, et 28 de la Constitution)

[26] BERTRAND DE LAMY, « Dérives et évolution du principe de la légalité en droit pénal français : contribution à l'étude des sources du droit pénal français », *Les Cahiers de droit*, Vol. 50, n° 3-4, 2009, p. 585-609.

[27] L'article 8 de la DDHC dispose que : « La loi ne doit établir que les peines strictement et évidemment nécessaires et nul ne peut être puni qu'en vertu d'une loi établie et promulguée antérieurement au délit ».

[28] Le principe de la légalité matérielle a été réaffirmé par la Cour européenne des droits de l'homme dans arrêt *Sunday Times c/ Royaume-Uni* de 1979 et par Le Conseil constitutionnel français dans sa décision du 18 janvier 1985.

C'est pourquoi on a beaucoup de mal à saisir avec précision les contours de l'incrimination de terrorisme relativement à son objet et à son sujet et partant, à déterminer avec certitude le domaine d'application de la règle pénale en la matière. De manière générale, face à l'incapacité technique de définir objectivement la notion de terrorisme, le législateur camerounais, à l'image de son homologue français, a opté pour une incrimination élargie[29] et même élastique du terrorisme, conséquence de l'hétérogénéité consubstantielle au dit phénomène. Ce choix, qui consacre le critère d'irrégularité dans la définition de la figure terroriste, ne permet pas de se représenter *précisément* les comportements constitutifs du terrorisme[30]. De ce fait, le législateur organise l'incrimination du terrorisme suivant deux modalités : la technique binaire de l'incrimination par référence et les infractions terroristes dites autonomes.

S'agissant de l'incrimination du terrorisme par référence, conséquence d'une définition par déclinaison du terrorisme, les articles 2 et 3 de ladite loi apparaissent comme les points culminants de la question[31]. Une lecture desdites dispositions fait remarquer qu'à la base, plusieurs comportements déjà prohibés par le droit commun sont repris sauf qu'ici, c'est la finalité ou

---

[29] GARCON (C.), « L'appréhension pénale du terrorisme », *Corrigé du concours de l'École Nationale de Magistrature 2014*, www.lautreprepa.fr (consulté le 19/10/2015).

[30] PRUNE MISSOFE, « Interroger la pertinence du critère d'irrégularité dans la définition de la figure terroriste », *Revue des droits de l'homme,* 9, 2016, p. 1-16.

[31] L'article 2 « Actes de terrorisme » de la loi de 2014 dispose que : « (1) *est puni de la peine de mort, celui qui, à titre personnel, en complicité ou en coaction, commet tout acte ou menace d'acte susceptible de causer la mort, de mettre en danger l'intégrité physique, d'occasionner des dommages corporels ou matériels, des dommages aux ressources naturelles, à l'environnement ou au patrimoine culturel dans l'intention : a) d'intimider la population, de provoquer une situation de terreur ou de contraindre la victime, le gouvernement et/ou une organisation nationale ou internationale, à accomplir un acte quelconque, à adopter ou à renoncer à une position particulière ou à agir selon certains principes ; b) de perturber le fonctionnement normal des services publics, la prestation de services essentiels aux populations ou créer une situation de crise au sein des populations ; c) de créer une insurrection générale dans le pays.*

(2) *est puni de la peine de mort, celui qui, pour atteindre les mêmes objectifs que ceux précisés à l'alinéa 1 ci-dessus : a) fournit et/ou utilise des armes et matériels de guerre ; b) fournit et/ou utilise des micro-organismes ou tous autres agents biologiques, notamment des virus, des bactéries, des champignons ou des toxines ; c) fournit et/ou utilise des agents chimiques, psychotropes, radioactifs ou hypnotisant ; d) procède à une prise d'otages…* ». Pour les dispositions de l'article 3, voir infra page 10.

encore le but poursuivi qui les font basculer dans le champ de l'infraction terroriste[32]. Or selon les principes de droit pénal, on pourra être poursuivi pour actes de terrorisme en qualité d'auteur principal, de coauteur ou de complice en fonction de la « *rationalité unique* » dont relève l'activité terroriste en l'occurrence ; le fait de commettre tout acte ou menace dans l'intention :

– *d'intimider la population ou de provoquer une situation de terreur ;*

– *de perturber le fonctionnement normal des services publics ;*

– *de créer une insurrection générale dans le pays.*

En fait, l'infraction, pour qu'elle devienne terroriste, doit être commise dans un but précis et dans des circonstances particulières. Cette précision nous permet de dégager *in fine* deux critères de détermination de l'infraction terroriste : le terrorisme en tant que subversion de l'ordre constitutionnel et atteinte à l'ordre public, le terrorisme en tant que menace d'action.

Quant aux mécanismes de l'incrimination autonome du terrorisme, ils sont l'objet des articles 4, 5 et 8 de la loi de 2014 sous les intitulés respectifs de « *blanchissement des produits des actes de terrorisme* »[33], de « *recrutement et formation* »[34] et d'« *apologie des actes de terrorisme* »[35].

Dans tous les cas, on ne saurait nier le malaise du législateur à tracer avec exactitude les contours de l'infraction terroriste qui s'engouffre de ce fait, et selon une logique d'extrême précaution, à la solde d'une panique à tout vent, dans la technique arbitraire de l'incrimination « *à géométrie variable* ». Maintenant, même s'il est unanimement admis qu'aucune législation nationale ni internationale ne fournit de définition satisfaisante du terrorisme, on ne saurait occulter le fait qu'ériger ledit comportement au rang d'incrimination en violation collective du principe de légalité et partant de l'État de droit, est un reniement de ses propres valeurs. Dans ce sens, il faut souligner que la volonté d'incrimination juridique – autant symbolique

[32] ROBERT (E.), *L'État de droit et la lutte contre le terrorisme dans l'Union européenne : mesures européennes de lutte contre le terrorisme suite aux attentats du 11 septembre 2001*, Thèse de doctorat en droit, Université de Lille 2, février 2012, p. 51 et s.

[33] Cf. article 4 loi de 2014.

[34] Cf. article 5 loi précitée.

[35] Cf. article 8 loi précitée.

que stratégique rend nécessaire une définition[36]. C'est pourquoi, l'on pense que le consensus qui se dégage quant à l'impossibilité universelle de saisir juridiquement la pluralité des visages que donne à voir le terrorisme ne justifie aucunement le « *conformisme* » pire le « *mimétisme* » du législateur camerounais. Pourquoi ne se serait-il pas essayé à une définition propre du terrorisme ? L'idéal, la vérité se trouveraient-ils toujours ailleurs ? Nous pensons que non, d'autant plus que le législateur camerounais n'aura pas été fidèle jusqu'au bout dans la mesure où, dans son choix de la méthode binaire d'incrimination, il aura fait des techniques de l'infraction-balai, de l'incrimination redondante et de l'incrimination surabondante, ses vecteurs privilégiés.

2. La dilatation de l'incrimination du terrorisme

En considération de la « *pression* » qu'exerce le droit pénal sur les libertés individuelles, certains auteurs[37] critiquant le droit d'alors, vont plaider pour une libéralisation de la répression qui sera consacrée dès 1789 à travers l'adoption de la Déclaration des Droits de l'Homme et du Citoyen[38]. Ce mouvement va s'intensifier et le triomphe des idées des partisans d'un droit pénal au service de l'État de droit se propagera à travers les différents textes internationaux[39]. Ainsi, au nom de sa fonction de communication, et afin de garantir le respect des libertés individuelles, la norme pénale devra remplir les exigences de prévisibilité, de clarté, d'intelligibilité, de cohérence et de lisibilité[40] pour garantir l'homogénéité de l'incrimination unique. Quelle

---

[36] PRUNE MISSOFE, *op.cit.*

[37] Nous pensons ici à MONTESQUIEU (Esprit des lois, 1748), BECCARIA (Traité des délits et des peines, 1764).

[38] PRADEL (J.), *Principes de droit criminel - 1. Droit pénal général, op.cit.*, n° 7.

[39] Il s'agit entre autres des diverses lois de 1791 en France qui créent le jury et instituent la distinction tripartite des infractions en crime, délits et contravention ; de la convention de sauvegarde des droits de l'homme et des libertés fondamentales ; le pacte des Nations Unies relatif aux droits civils et politiques, le statut de la Cour pénale internationale, la charte africaine des droits de l'homme et des peuples. Lire également DELMAS-MARTY (M.), « Le rayonnement international de la pensée de CESARE BECCARIA », *RSC*, 1989, p. 252 et s.

[40] GIUDICELLI (A.), « Le principe de la légalité en droit pénal français - Aspects légistiques et jurisprudentiels », *RSC*, 2007, p. 509 et s. ; voir également Arrêt *Sunday Times c/ Royaume-Uni* (Cour Européenne des Droits de l'Homme 1979) et Décision du 18 janvier 1985 (Conseil Constitutionnel français).

que soit sa source, elle doit être formulée de manière claire, précise et sans ambigüités pour permettre son accessibilité afin que tout justiciable soit en mesure de connaître la nature et la cause de l'accusation portée contre lui.

La compulsion des dispositions incriminatrices du chapitre 2 de la loi de 2014 conduit inexorablement à mettre en évidence le problème de légistique qui s'y attache. En effet, à la croisée des chemins entre la qualité de la loi et la sécurité juridique, se pose l'épineuse question des définitions législatives[41]. Ainsi, définir, c'est non seulement donner à la loi sa plus grande clarté et sa plus grande intelligibilité, mais également lui conférer une précision immédiatement perceptible, favorable à la sécurité juridique[42]. C'est pourquoi, même s'il faut considérer que l'impératif de définition législative reste une question d'opportunité à l'appréciation du législateur, il apparaît tout de même un minimum de contraintes lorsque la clarté et l'intelligibilité du texte en dépendent.

Du point de vue théorique et de façon chronologique, la doctrine[43] distingue trois types de définitions législatives admissibles au moment de la fabrication des lois. Il s'agit des définitions pleinement normatives ou définitions réelles, des définitions partiellement normatives ou définitions terminologiques et des définitions non normatives. En rapport avec ces différents types de définitions, la loi de 2014 pose problème à deux niveaux.

Le premier problème, comme nous l'avons relevé, en considération de l'élément très subjectif dans la qualification de l'infraction terroriste, est relatif à l'incrimination du terrorisme qui n'est ni spécifique, ni générale et procède en réalité de ce qu'il convient de qualifier de législation par référence. Seulement, le danger de cette technique réside dans la multiplicité des renvois qu'elle emporte. L'on pourrait ainsi observer en parcourant l'article 2 de la loi de 2014 que le législateur ne se soit pas attardé sur le contenu des concepts « *d'actes ou menaces* ». De même, il ne renseigne pas sur ce qu'il faut entendre par « *mettre en danger l'intégrité physique... d'intimider la population, de provoquer une situation de terreur... à renoncer à*

---

[41] Lire Rapport d'étape sur la confection de la loi, présidé par Roland DRAGO, 2003, pp. 71 et s.

[42] *Ibid.*

[43] Cf. étude de M. CORNU sur « Les définitions dans la loi », *Mélanges VINCENT,* Dalloz, 1981, p. 77.

une position particulière... de créer une situation de crise au sein des populations ». L'usage de ces formules creuses et vagues, si l'on peut considérer qu'elles procèdent d'un souci d'économie de moyens et d'allègement du texte[44], porte tout de même gravement atteinte à la qualité de la norme eu égard aux difficultés d'intelligibilité de cette dernière et de prévisibilité de la répression[45]. De plus, avec l'incrimination squelettique de l'article 8, on se demande bien ce qu'il faut entendre par « *apologie des actes de terrorisme* ». Faudrait-il s'en remettre à une définition littérale issue du dictionnaire ? Comment tracer la frontière entre insurrection, résistance à l'oppression, grève et terrorisme dans ces conditions ? De manière négative, il est possible que ce choix, caractéristique d'une certaine boulimie législative, laisse le juge dans un terrain vague et accroisse ainsi sa marge d'interprétation en contradiction avec le principe de l'interprétation stricte (*lex stricta*) en matière pénale. De toute façon, nous pensons que c'est une omission dont le Conseil constitutionnel devra se saisir pour garantir la survie de l'État de droit, car en matière pénale, le principe de la légalité fait peser une obligation constitutionnelle de définition précise des infractions pénales sur le législateur.

Le second problème, issu de la définition des incriminations dans la loi de 2014, est la conséquence du choix de l'incrimination par la technique énumérative ; l'incertitude tenant à l'étendue de ce qui peut être terrorisme ou non. Dans un sens, si l'on part du principe que toute énumération est limitative, en l'absence d'exhaustivité, il n'est pas exclu qu'un acte inspiré d'une motivation terroriste puisse échapper à la qualification d'acte terroriste faute de figurer dans ladite liste[46]. Dans l'autre sens, si l'on ajoute à l'énumération les définitions non normatives avec son corolaire qu'est le renvoi en cascade, on se rend bien compte que le législateur a plutôt fait le lit de la mobilisation des mécanismes de responsabilité hyper-offensifs voire agressifs à la recherche de l'efficacité dans la lutte contre le terrorisme.

---

[44] BLANCHARD (C.), « Quand la mauvaise qualité de la loi pénale est un motif de relaxe du dirigeant d'entreprise », *La Semaine juridique - Entreprise et affaires*, n° 25, 18 janvier 2015, pp. 19 et s.

[45] *Ibid.*

[46] ROBERT (E.), *op.cit.*, p. 72-74

En définitive, le législateur de 2014, en plus de n'avoir pas donné de définition élémentaire du terrorisme, n'a non plus précisé au travers de son incrimination binaire les composantes de l'infraction terroriste développant ainsi la technique de l'incrimination fourretout[47].

B. L'inclination pour la punissabilité anticipée

Le droit pénal de l'anticipation apparaît comme l'une des modalités des transformations contemporaines du droit de punir. De manière concrète, ce droit pénal, porteur de nouvelles rationalités, ne se donne plus pour seul objet de sanctionner celui qui a violé la règle. Il cherche à identifier celui qui pourrait à nouveau la violer. À la solde de l'efficientisme ou du fonctionnalisme du droit pénal[48], la punissabilité anticipée heurte plusieurs principes pénaux, en l'occurrence le principe de l'effective nocivité, le principe de l'offense d'un bien juridique et celui de la matérialité du fait et va jusqu'à punir la simple cogitation, la simple pensée[49]. Cette rupture au sein de la responsabilité pénale nous convie à repréciser ses fondements (1) avant de dévoiler ses concrétisations dans la loi de 2014 (2).

1. Les fondements de la punissabilité anticipée

Ancré sur des considérations d'ordre pragmatique en face de la montée du péril terroriste, le droit pénal opère désormais un glissement d'une réaction légitime à une infraction commise vers une prévention exacerbée de l'infraction redoutée. Traditionnellement et du point de vue objectif, l'infraction est définie comme la violation matérielle de la loi pénale, violation qui crée une situation pénale dont l'analyse permet de distinguer un coupable ou un agent pénal d'une victime[50]. Cette acception de l'infraction, qui découle de la conception utilitariste de notre droit pénal suppose la réalisation d'un résultat ou d'un préjudice pour la caractérisation d'une infraction et partant, la mise en œuvre de la responsabilité pénale.

---

[47] MINKOA SHE (A.), *Droits de l'homme et droit pénal au Cameroun*, *op.cit.*, n°s468 et s.

[48] BARRATA (A.), « Droits de l'homme et politique criminelle », *Déviance et société*, 1999, vol. 23, n° 3, pp. 246 et s.

[49] HANNACHI (A.), *Le dédoublement du droit pénal - « le droit pénal du citoyen et le droit pénal de l'ennemi » - contribution à une approche critique de la doctrine de GÜNTER JAKOBS*, Thèse de doctorat en droit, Université de Paris - Panthéon Sorbonne, 2014.

[50] PRADEL (J.), *Manuel de droit pénal général*, éd. Cujas, sept. 2000, n ° 403

Cependant, en raison des tempéraments apportés à la théorie du résultat, la responsabilité pénale peut être engagée même en l'absence de résultat. Ce sont les hypothèses de la tentative, de la conspiration, des infractions formelles et des infractions obstacles entre autres[51]. Que l'on prenne en compte ou non le résultat dans la caractérisation des infractions, il faut observer que toute la différence se situe dans le degré de réalisation de l'acte matériel.

Or, avec le droit pénal de l'ennemi, la punissabilité anticipée au service d'une symbolique particulière relevant du punitivisme, prend une autre dimension qui, au-delà de la réalisation du résultat recherché et même du risque, saisit désormais le simple aléa, le hasard, la « *menace* ». Aux composantes classiques de l'infraction, il faudra ajouter le résultat virtuel. Ce qui marque l'évolution d'un droit pénal de l'acte vers un droit pénal de l'auteur[52] avec envahissement de la sphère des intentions et des opinions, en l'absence de tout trouble à la paix publique, à l'ordre social[53]. Une rupture surgit alors entre l'idée de responsabilité et celle d'imputabilité dans la mesure où le seuil de punissabilité se déplace progressivement vers les phases antérieures au comportement dans lequel il ne se produit pas encore d'atteinte effective au bien protégé[54]. Dès lors, on assiste à une élévation du niveau de la réplique par la société pour se défendre contre un criminel abstrait, un préjudice virtuel par la mobilisation des formes de responsabilité pénale par « *soupçon* ».

Suivant cette logique, le législateur de 2014 a fait montre lui aussi d'une « *certaine prise de liberté avec les principes fondateurs au nom de l'efficacité d'une politique criminelle soucieuse d'englober les nouvelles formes de criminalité* »[55].

---

[51] *Ibid.*

[52] ZAFFARONI (E. R.), *op.cit.*

[53] JAKOBS (G.), *op.cit.*

[54] BARRATA (A.), « Les fonctions instrumentales et les fonctions symboliques du droit pénal - Pour une théorie du bien juridique », *Déviance et société,* 1991, vol. 15, n° 1, p. 10.

[55] LAZERGES (C.), « La participation criminelle », Réflexions sur le nouveau Code pénal, *Pédone,* citée par GIRAULT C. in « Le droit pénal à l'épreuve de l'organisation criminelle », *RSC,* 1998, p. 715 et s.

2. Les concrétisations de la criminalisation préalable dans la loi de 2014

La criminalisation de l'état précédant la violation des biens juridiques n'est pas en réalité une nouveauté dans l'ordre juridique camerounais[56]. Notre code pénal connaît depuis toujours la pratique des infractions-obstacles ou infractions de prévention dans lesquelles le législateur entend réprimer des comportements ou manières de vivre qui, sans révéler d'intention criminelle, contiennent en germe, le risque d'un dommage grave pour les personnes ou les biens[57]. En fait, il s'agit de procéder à l'incrimination d'une attitude ou d'un comportement dangereux sans portée dommageable immédiate et effective. Contrairement au principe de droit pénal qui voudrait que l'on punisse l'individu pour ce qu'il a fait, il sera plutôt puni pour le risque qu'il fait courir à la société, pour ce qu'il est, bref, pour sa dangerosité. Tel est le sens des incriminations de l'article 228 al. 1, 2 et 3 du Code pénal qui punit respectivement le « *défaut de prise des précautions nécessaires pour éviter à autrui des dommages corporels pouvant résulter de son activité dangereuse* », l'« *imprudence grave qui risque de mettre autrui en danger* », la « *conduite d'un véhicule en état d'ivresse ou d'intoxication* ». De manière générale, l'on observe une indifférence desdites infractions à la survenance du résultat.

De manière plus expressive encore apparaît l'option des incriminations qui se situent très en amont de *l'iter criminis* et saisissent la simple intention, la simple résolution criminelle ou encore la simple pensée, la simple organisation. L'article 115 al. 1 et 2 du Code pénal intitulé « *bande armée* » dispose à cet effet que : «

(1) *est puni de l'emprisonnement à vie tout individu qui dans le but de commettre l'un des crimes prévus aux articles 111, 112, et 114 ou pour empêcher l'action de la force publique contre les auteurs de ces crimes organise une bande armée ou y exerce une fonction ou un commandement quelconque ou*

---

[56] L'une des illustrations les plus marquantes de l'histoire de l'anticipation en droit pénal camerounais aura été l'ordonnance n°62/OF/18 du 18 mars 1962 portant répression de la subversion. Ce texte a été l'expression la plus achevée de l'instrumentalisation politique du droit pénal en vue de l'inhibition quasi totale de toute velléité de contestation politique. Lire dans ce sens, MINKOA SHE (A.), *Droits de l'homme et droit pénal au Cameroun, op.cit.*

[57] Cf. articles 228, 115 du Code pénal.

participe avec cette bande à l'exécution ou à la tentative d'exécution de ces crimes.

(2) *Est puni de l'emprisonnement de dix à vingt ans tout individu ayant seulement participé à la réunion de cette bande* ».

Cette incrimination de l'article 115 du Code pénal s'apparente à l'incrimination très controversée de l'article 450-1 du Code pénal français sur le délit de participation à une association de malfaiteurs[58]. Ce choix de politique « *anti-criminelle* » vise tout groupement en vue de violer la norme pénale, la répression intervenant une fois la résolution criminelle caractérisée par les réunions ou les différents actes préparatoires[59].

Le législateur de 2014 quant à lui, saisit la dangerosité principalement à travers trois dispositions.

La première disposition est l'article 3 « *Financement des actes de terrorisme* » de la loi de 2014 dont la teneur est déclinée ainsi qu'il suit :

« (1) *Est puni de la peine de mort celui qui, dans le but de financer les actes de terrorisme, et par quelque moyen que ce soit, directement ou indirectement : a) fournit et/ou offre des services des fonds ; b) fournit et/ou offre des services financiers.*

(2) *L'infraction visée à l'alinéa ci-dessus est caractérisée même si les fonds, moyens matériels et/ou services financiers n'ont plus été effectivement utilisés pour la réalisation de l'infraction.* (3) *Le financement du terrorisme est constitué même si les biens sont collectés et les services offerts sur le territoire d'un autre État* ».

La deuxième en rapport avec l'intervention avancée de la peine est l'article 5 intitulé « *Recrutement et formation* ». Dans cette disposition, l'on peut remarquer qu'il y a une incrimination autonome de formation des personnes indépendamment de la réalisation ou non des actes terroristes (art. 5 al. 1). De même, est également retenu, le fait *d'adresser des offres, des promesses, des dons, des présents ou avantages quelconques pour amener quelqu'un à participer à un groupement formé ou à une entente établie pour*

---

[58] GIRAULT (C.), « Le droit pénal à l'épreuve de l'organisation criminelle », *RSC*, 1998, p. 715 et s.
[59] *Ibid.*

réaliser des actes de terrorisme (art. 5 al. 2 a). Cette incrimination édicte une « *infraction obstacle d'infraction obstacle* », dans la mesure où est puni celui qui menace ou fait pression sur autrui dans un premier temps et par la suite il est puni si le but visé est de faire participer ladite personne à un groupement formé… (art. 5 al. 2 b). Dans la même lancée, le législateur punit le terrorisme par groupement même si l'entente n'a pas été suivie d'effets (art. 5 al. 4).

La troisième disposition qui nous semble assez rétrograde dans l'État de droit est celle de l'article 8 al. 2 dont les termes suivent : « *l'infraction est caractérisée même si l'apologie est faite par voie de média, de tract ou par tout autre moyen destiné à atteindre le public* ». Au-delà du déficit de précision du texte, il se pose en sus le problème de la nécessité de cette incrimination dont le législateur aurait pu faire l'économie et éviter ainsi de sombrer dans l'incrimination redondante, voire surabondante, qui cache mal sa volonté d'instrumentalisation du droit pénal à des fins politiques[60].

Au travers de ces trois dispositions, l'on observe que le législateur punit sur la base de la résolution criminelle en dehors des hypothèses de tentative ou de conspiration (absence de commencement d'exécution plutôt incrimination au stade des actes préparatoires) et des hypothèses de complicité (en dehors de tout fait principal punissable)[61].

En somme, le terroriste n'est pas seulement celui qui commet un attentat, il est également celui qui fournit les moyens humains, matériels et financiers pour commettre l'attentat d'une part, et celui qui recrute et forme des potentiels terroristes ou celui qui enrôle de force des personnes dans les groupes terroristes d'autre part. Il se pose en définitive le problème d'une

[60] Cette disposition pose plusieurs problèmes spécifiques qui portent atteinte aux principes du droit pénal. Outre l'absence de définition de l'apologie, on est en droit de s'interroger sur la nécessité de cette incrimination. Avait-on vraiment besoin de punir de manière particulière ceux qui utilisent les médias et autres d'une autre incrimination et surtout si sévère ? Il existe dans le Code pénal et même en dehors des dispositions qui pouvaient saisir ces comportements. Nous pensons par exemple à la loi n° 90-052 du 19 décembre 1990 relative à la liberté de communication sociale modifiée et complétée par la loi n° 96-04 du 4 janvier 1996 ; aux articles 113 « propagation de fausses nouvelles », 114 « révolution », 154 al. 2 « outrages aux corps constitués et aux fonctionnaires ».

[61] *Ibid.*

répression trop précoce en l'absence d'atteinte à un bien juridiquement défini[62].

À côté des atténuations de la légalité et des transformations des conditions de la responsabilité pénale, le droit pénal de l'ennemi, dans la réalisation effective de la répression, durcit également les règles procédurales et les sanctions.

II - Les dérives de l'exercice du pouvoir punitif dans la répression *stricto sensu* du terrorisme

La résolution 60/288 de l'Assemblée Générale adoptant la stratégie antiterroriste mondiale de l'Organisation des Nations unies marque l'engagement de la communauté internationale à prendre des mesures pour garantir le respect des droits de l'homme pour tous et la primauté du droit comme base fondamentale de la lutte contre le terrorisme[63]. Ainsi, lutter contre le terrorisme ne devrait en aucun cas apparaître comme contraire aux droits de l'homme, mais plutôt comme un objectif interdépendant et complémentaire. Il faudrait que les mesures antiterroristes prises soient conformes au droit international des droits de l'homme sous réserve bien évidemment de quelques flexibilisations admises en période exceptionnelle[64]. Seulement, des difficultés pratiques sont rencontrées par les États à concilier lutte contre le terrorisme et promotion des droits de l'homme. Il n'est donc pas rare de constater des débordements comme dans le cas du Cameroun où, en dehors de toutes limitations légitimes, l'on assiste au-delà du relâchement, plutôt à des anéantissements de la protection des droits procéduraux (A) auxquels il faut ajouter un énervement de la répression *stricto sensu* (B).

A. Les anéantissements de la protection des droits procéduraux

L'article 4 § 2 du Pacte International relatif aux Droits Civils et Politiques précise la catégorie des droits substantiels intangibles et par

---

[62] PARIZOT (R.), « L'incrimination de participation à une bande ayant des visées violentes, un nouvel exemple de mépris (e) à l'égard des principes du droit pénal », *Recueil Dalloz*, 2009, p. 2701 et s.

[63] Fiche d'information n° 32, droits de l'homme, terrorisme et lutte antiterroriste, Haut-Commissariat des Nations unies aux droits de l'Homme, 2009, p. 21.

[64] *Ibid.*, p. 24.

conséquent non susceptibles de dérogation même dans le cadre de la lutte antiterroriste. Il apparaît tout de même que, dans son observation n° 29, le Comité des droits de l'homme a souligné que les dispositions dudit pacte relatives aux garanties de procédure ne peuvent jamais faire l'objet de mesures qui porteraient atteinte à la protection des droits non susceptibles de dérogation[65]. Or, l'analyse de la loi de 2014 dévoile un boulevard qui conduit à une dérive dans la mobilisation du *ius puniendi,* caractérisée par la militarisation du procès pénal en matière de terrorisme (1), dont les conséquences sont fâcheuses sur les droits procéduraux (2).

1. La « *militarisation* » du procès en matière de terrorisme

L'option pour un traitement « *militariste* » du terrorisme repose en effet sur la conviction que les exigences de la sécurité nationale imposent de supprimer les garanties pénales traditionnelles de procédure et de fond[66]. L'alinéa 3 de l'article 1er de la loi de 2014 reconnaît la compétence exclusive des juridictions militaires pour la répression du terrorisme. Ces dernières sont des juridictions à compétence spéciale[67] qui par conséquent, appliquent un régime dérogatoire peu soucieux du respect des droits de la personne poursuivie. Ce dédoublement de la procédure pénale axé sur un système procédural parallèle[68] dévoile, sans doute aucun, la volonté politique de durcissement de la réaction sociale face à l'agression terroriste. L'intervention du tribunal militaire a pour principale incidence que toutes les dérogations instituées par la loi n° 2008/015 du 29 décembre 2008 portant organisation judiciaire militaire et fixant des règles de procédure applicables devant les tribunaux militaires sont applicables aux justiciables pour infractions terroristes.

Ainsi, l'autoritarisme de la spécialisation du contentieux devant la juridiction militaire pose au moins deux problèmes majeurs en rapport avec les exigences du procès équitable. Outre la difficulté d'exercice du droit à un juge en raison de la centralisation des juridictions militaires, l'on doit relever

---

[65] *Ibid.*, p. 28.

[66] PAPA (M.), « Droit pénal de l'ennemi et de l'inhumain : un débat international », *RSC,* 2009, p. 3 et s.

[67] Article de la loi n° 2008/015 du 29 décembre 2008 portant organisation judiciaire militaire et fixant les règles de procédure applicables devant les tribunaux militaires.

[68] LAZERGES (C.), « La dérive de la procédure pénale », *RSC,* 2003, p. 644 et s.

la prédominance du ministre de la Justice militaire[69] dans la mise en œuvre de l'action publique.

Sur la centralisation, il faut observer qu'il est créé un tribunal militaire par région[70], ce qui ne facilite pas l'accès à un tribunal pour les justiciables. Une telle situation semble plutôt propice à un risque de torture, de traitements cruels, inhumains ou dégradants durant le temps de leur détention avant d'être présentés à un juge ou pendant leur transfert vers les lieux où se trouve la juridiction.

Sur les pouvoirs du ministre de la Justice militaire, il faut souligner qu'il officie en tant que super procureur dans la mesure où il est le seul à pouvoir décider de la poursuite ou non sur toute l'étendue du territoire[71]. Techniquement, dans les parquets des dix tribunaux militaires, les commissaires du gouvernement respectifs doivent se référer chaque fois au ministre de la Justice militaire qui décidera que tel ou tel autre dossier mérite la poursuite ou non. Cette pratique pourrait être source de multiples lenteurs judiciaires et partant, de violations des droits de l'homme au regard des exigences du droit international des droits de l'homme. Dans la même lancée, l'on peut décrier les pouvoirs absolus des autorités de poursuites dans les mécanismes d'arrêt des poursuites où aucune condition légale ne détermine leur action ou inaction[72].

Tout à côté de ces principales dérogations issues de la loi de 2008 sur l'organisation de la juridiction militaire, il demeure assez important de rappeler que les droits procéduraux sont également dangereusement mis entre parenthèse dans le cadre de *l'ultra* simplification de la procédure en période exceptionnelle.

Quid de la superposition des dérogations de 2008 à celles de 2014 ?

---

[69] Ministre délégué à la présidence en charge de la Défense.

[70] Article 3 loi organique des juridictions militaires.

[71] Article 12 al. 1 texte pécité.

[72] Article 12 al. 3 et 13 al. 1 texte précité

2. Les conséquences de la « *bellicisation* » du contentieux sur les règles procédurales

L'instrumentalisation du droit pénal dans la lutte contre le terrorisme semble avoir franchi le rubicond. Les droits fondamentaux ne constituent plus une garantie contre l'usage du droit comme arme[73] et l'État de droit semble avoir été suspendu temporairement et remplacé par l'État absolu[74]. Aujourd'hui, l'on en est à se demander s'il s'agit d'une procédure pénale parallèle ou alors si l'on a changé de route en substituant la procédure pénale spéciale aux règles générales de notre procédure pénale[75]. Ce questionnement part d'un triple constat de spécificités procédurales en matière de répression du terrorisme tenant au régime de la garde à vue, aux modalités de saisine de la juridiction, et à l'inopérationalité des garanties de mise en liberté.

S'agissant des curiosités du régime de la garde à vue, il faut au préalable revenir sur les termes de l'article 11 de la loi de 2014 déclinés ainsi qu'il suit :

« *Pour l'application de la présente loi, le délai de garde à vue est de quinze (15) jours renouvelables sur autorisation du commissaire du gouvernement compétent* ».

L'analyse de cette disposition révèle l'institution d'une privation de liberté illimitée, car aucune précision n'est faite sur le nombre de renouvèlements autorisés. Contrairement à la loi de 2008 qui fixe les délais à 48 heures renouvelables une fois et de deux autres périodes de 48 heures chacune sur autorisation écrite du commissaire du gouvernement[76], la loi de 2014 est restée silencieuse. Ce mutisme porte ainsi atteinte au droit d'être entendu équitablement et dans un délai raisonnable par un tribunal compétent. Le commissaire du gouvernement peut alors faire détenir un suspect d'actes terroristes *ad vitam aeternam* dans les services de la police judiciaire en toute légalité.

---

[73] DONINI (M.), « Les droits fondamentaux et la juridiction pénale comme garantie contre ou comme justification pour l'usage du droit comme arme », *RSC*, 2009, p. 31 et s.

[74] ZAFFARONI (E. R.), *op.cit.*

[75] LAZERGES (C.), « La dérive de la procédure pénale », *op.cit.*

[76] Article 11 c et d texte précité.

Quant aux modalités de saisine de la juridiction militaire en matière de terrorisme, la question se pose à l'article 2 de la loi de 2014 intitulée « Saisine de la juridiction compétente » dont les termes suivent :

« *Pour l'application de la présente loi, le tribunal militaire est saisi par ordre de mise en jugement direct du commissaire du gouvernement* ».

Cette disposition soulève deux interrogations auxquelles le législateur n'a apporté aucune réponse : le juge d'instruction est-il opérationnel dans les affaires de terrorisme ? Passant de la garde à vue à la mise en jugement, quelle est la nature de l'acte de détention du mis en cause ?

Pour répondre à ces questions, la pratique a reconnu l'instruction en matière de terrorisme et institué dans le même temps le mandat de détention provisoire, toute chose qui par ailleurs, nécessite une régularisation de la part du législateur.

Pour ce qui concerne l'inopérationalité des garanties d'élargissement en matière de terrorisme, il faut rappeler que notre procédure pénale a amorcé un tournant décisif dans son processus de modernisation avec l'élaboration du premier Code de procédure pénale issu de la loi n° 2005/007 du 27 juillet 2005. Ce Code se voulant démocratique et libéral, a eu pour principaux objectifs : l'harmonisation des règles de procédure sur l'ensemble du territoire ; l'adaptation desdites règles aux exigences de sauvegarde des droits du citoyen à toutes les phases de la procédure judiciaire ; la réduction des lenteurs judiciaires ; l'exécution rapide des décisions de justice, le recouvrement des amendes dès le prononcé de la décision[77].

Ainsi, sur la question de la prise en compte des droits de l'homme dans l'administration de la justice pénale, le Cameroun a fait un saut qualitatif avec l'adoption dudit Code. Malheureusement, la spécialisation de la répression du terrorisme exclut les mis en cause en la matière du bénéfice des garanties procédurales issues de la loi de 2005. Nous faisons allusion entre autres à l'institution de la mise en liberté sous caution de l'article 224, aux garanties issues de l'article 246 (g) et celles des articles 584 et suivants du Code de procédure pénale instituant *l'habeas corpus*. Toutes ces garanties sont ignorées devant la juridiction militaire et par ricochet en matière de

[77] Cf. exposé des motifs du projet de loi portant Code de procédure pénale.

répression du terrorisme, car le principe est ici celui de la systématicité voire de l'automaticité de la détention.

B. L'autoritarisme dans le régime de la sanction du terrorisme

En postulant qu'une conception fonctionnaliste ou efficientiste conduit à une légitimation du droit pénal de l'ennemi, l'on devrait nécessairement envisager comme ligne directrice de la sanction, la philosophie retributiviste avec les excès qui s'y attachent. Dans cette veine, le décryptage de la loi de 2014 conduit au constat d'un énervement du régime de la sanction caractérisé par la consécration de l'élimination du coupable d'infraction terroriste (1) et par les amoindrissements de l'indulgence en la matière (2).

1. La sanction du terrorisme, entre neutralisation et élimination physique

La stigmatisation du terroriste comme ennemi est également caractérisée par la réaction conjoncturelle qui consiste à adosser le régime de la sanction au système répressif du droit pénal de l'Ancien Régime[78]. Suivant cette logique punitive inspirée de la loi du Talion « *œil pour œil, dent pour dent* »[79], et en dehors de toutes idées de proportionnalité, de justice et d'utilité, la réponse pénale au terrorisme admet l'augmentation de la gravité des peines, permettant même l'application des « peines draconiennes »[80] telles la peine de mort, la peine d'emprisonnement à vie et à temps. En plein dans une américanisation du droit[81], avec l'emprunt des modèles de la « *neutralisation* »[82] des infracteurs et de l'« *intimidation spécifique* »[83], le législateur de 2014 marque clairement son option pour la violence institutionnelle à travers la mobilisation des fonctions symboliques et politiques de l'action punitive, caractéristiques de la théorie de la prévention spéciale et néo-retributiviste[84]. Cette négation des droits de l'homme ou

---

[78] PRADEL (J.), *Principes de droit criminel - 1. Droit pénal général, op.cit.,* n° 7

[79] Cf. La BIBLE - TOB, Exode, Chap. 21 verset 24.

[80] CONDE MUNOZ (F.), *op.cit.*

[81] PAPADOPOULOS (I. S.), « La philosophie pénale entre utilité sociale et morale rétributive », *Arch. Phil. Droit,* n° 45/2001, p. 159-175.

[82] *Incapacitation*

[83] *Spécific deterrence*

[84] BARRATA (A.), « Les fonctions instrumentales et les fonctions symboliques du droit pénal - Pour une théorie du bien juridique », *op.cit.,* p. 14.

même simplement de toute humanité à l'individu coupable d'actes terroristes est perceptible à partir des peines imputables tant aux personnes physiques qu'aux personnes morales.

S'agissant des personnes physiques, il faut remarquer que les infractions terroristes commises par ces dernières sont punies principalement de la peine de mort[85] et de manière résiduelle de l'emprisonnement à vie[86] ou à temps[87]. Toutes ces peines traduisent la volonté politique de destruction physique et psychique du terroriste.

S'agissant des personnes morales, lorsqu'elles sont déclarées pénalement responsables des infractions prévues aux articles 2, 3, 4 et 5 de la loi de 2014, la peine est une amende dont le minimum est de cinquante millions (50 000 000)[88] de FCFA.

Dans l'un ou l'autre cas, en sus des peines principales, la juridiction compétente selon les termes de l'article 14 « *en cas de condamnation, prononce en outre les peines accessoires prévues à l'article 19 du Code pénal* ».

De toute évidence, la prescription du cumul entre les peines principales[89] et les peines accessoires[90] traduisent à n'en point douter toute la sévérité de la tonalité du législateur de 2014. Sévérité d'autant plus renforcée par l'existence de multiples amoindrissements des techniques d'indulgence en matière pénale.

2. Les amoindrissements de l'indulgence pénale en matière de répression du terrorisme

Curieux paradoxe qui résulte de l'inévitable contradiction entre le principe général de responsabilité pénale qui impose à chacun de répondre

---

[85] Cf. article 2 « Actes de terrorisme » ; article 3 « Financement des actes de terrorismes » ; article 4 « Blanchissement des produits des actes de terrorisme » ; article 5 al. 1 et 2 « Recrutement et formation » de la loi de 2014 portant répression des actes de terrorisme.

[86] Cf. articles 2 al. 3 et 10 loi précitéé.

[87] Cf. articles 5 al.3, 7, 8 et 9 loi précitée.

[88] Article 6 loi précitée.

[89] L'article 18 du Code pénal énonce comme peines principales : la peine de mort, l'emprisonnement et l'amende.

[90] Les peines accessoires prévues à l'article 19 du Code pénal sont : les déchéances, la publication du jugement, la fermeture de l'établissement, la confiscation.

des infractions commises, et le glissement vers une conception plus subjective du droit pénal, les institutions de clémence ou d'indulgence marquent la prise en compte des objectifs de resocialisation du délinquant et d'apaisement social.

De manière générale, la mansuétude en matière pénale, qui peut être le fait du législateur, de l'exécutif ou alors du judiciaire, peut intervenir avant ou après la condamnation pénale. Cette flexibilité, mieux encore cet assouplissement, est la marque d'un droit pénal libéral et « *humanisé* ». Seulement, la loi de 2014 avec ses multiples restrictions et surtout avec la consécration de l'imprescriptibilité en matière de terrorisme, amenuise dangereusement l'application du droit des repentis.

Ceci dit, avant d'aborder les restrictions ou le durcissement de l'application du système des repentis, un préalable s'impose ; celui de les identifier dans la loi de 2014.

Dans le but d'encourager la dénonciation et renforcer *ipso facto* l'efficacité du dispositif probatoire, les articles 7 « Interruption de l'infraction ou de ses effets », 13 « Circonstances atténuantes », et 16 « exemption », ont été envisagés. Ainsi, est exempte de poursuite, toute personne physique ou morale qui s'étant concertée avec autrui pour commettre un acte de terrorisme et avant tout commencement d'exécution, en avertissant l'autorité administrative, judiciaire ou militaire permet également d'éviter la réalisation de l'infraction et l'identification de ses coauteurs ou complices. Tels que formulés, les trois alinéas de l'article 16 de la loi conditionnent le bénéfice de l'exemption de la poursuite et par conséquent de la peine à leur réunion cumulative. Dans l'hypothèse où l'avertissement de l'autorité publique n'empêche pas la réalisation des actes terroristes, le dénonciateur ne devra pas espérer une exemption de poursuite quelconque.

S'agissant de l'atténuation de la peine, l'article 13 sur les circonstances atténuantes souligne que la peine d'emprisonnement ne peut être inférieure à dix ans et la peine d'amende inférieure à vingt millions. Si la réduction de la peine d'emprisonnement coïncide avec le seuil de l'article 91 du Code pénal, le seuil de l'amende par contre, est en net déphasage avec celui du

Code pénal qui est fixé à deux millions. Pire encore, en matière de terrorisme, le sursis est exclu.

C'est avec les modalités de la dénonciation instituée à l'article 7 de la loi de 2014 que l'on réalise toute la rigidité du législateur qui prévoit un emprisonnement de dix à vingt ans pour celui qui, étant auteur ou complice d'un acte de terrorisme, permet d'interrompre la réalisation de l'infraction ou encore permet d'éviter que l'infraction n'entraîne la mort, les blessures ou des dommages matériels.

Pour ce qui concerne le maintien du droit de punir par un rejet de la prescription, il s'agit d'un élément de plus dans le sens d'un acharnement répressif. À cet effet, l'article 15 de la loi de 2014 intitulé « Imprescriptibilité de l'action publique » dispose que :

« *Pour l'application de la présente loi, l'action publique et les peines prononcées par les juridictions compétentes sont imprescriptibles* ».

Or, en droit commun, la prescription qui a pour fondement l'oubli, l'usure de la cavale et la disparition des preuves, est de dix années en matière de crime, de trois années en matière de délit et d'une année en matière de contravention pour l'action publique[91]. Pour la peine, selon l'article 67 du Code pénal, elle est de vingt ans pour les crimes, cinq ans pour les délits et contraventions connexes et, deux ans pour les autres contraventions.

Conclusion

À la suite de houleux débats politiques et idéologiques, un consensus émergera dès 1789 avec la Déclaration des Droits de l'Homme et du Citoyen selon lequel, le rétablissement de l'ordre social rompu, par la mobilisation du *ius puniendi* doit se faire dans l'optique de mettre le droit pénal au service de l'État de droit. Certains principes fondamentaux du droit pénal seront définis et constitueront alors la ligne directrice de la rationalité pénale moderne jusqu'à ce qu'avec les variations, mieux les métamorphoses contemporaines du crime et de la criminalité, ils soient aujourd'hui appelés à être revisités au nom de la recherche d'une certaine

---

[91] Article 65 al. 1 du CPP.

« *efficacité* ». Une rupture épistémologique se produit ainsi conduisant à la systématisation d'un droit pénal de l'ennemi par opposition à un droit pénal du citoyen.

En dehors de toute querelle philosophique sur l'existence ou non du paradigme de l'ennemi ou encore sur sa légitimité, on est parti du constat d'un droit pénal, toujours devancé par le phénomène criminel, qui cherche désespérément à travers son dédoublement à se saisir de la nébuleuse terroriste avec non plus ses instruments propres, mais plutôt avec les armes du terrorisme que sont : la violence, la cruauté, le massacre, l'élimination. À côté de *l'hostis* dépersonnalisé, le droit pénal entend se déshumaniser.

C'est cette dynamique qui semble caractériser l'idée directrice de la loi camerounaise n° 2014/028 du 23 décembre 2014 portant répression des actes de terrorisme où le pouvoir politique entend combattre le mal par le mal et la terreur par la terreur. Si le couple *droit pénal/droits de l'homme* a de tout temps été très mouvementé, il reste qu'avec l'émergence de la figure de l'ennemi, la logique de symbiose issue de la Révolution cède devant la pression de l'impératif de sécurité au détriment de la liberté. Apparaissent ainsi des contradictions dans le droit pénal qui finit par se mordre la queue dans cette guerre qu'il entend livrer à l'ennemi : des principes telles la légalité, la culpabilité et l'imputabilité, la sauvegarde des droits de la personne en procès sont ignorés au grand dam de l'État de droit.

À notre avis, la question au-delà de savoir quel est le degré de refoulement des droits de l'homme par le droit pénal de l'ennemi, devrait aller jusqu'à interroger l'efficacité d'une telle politique criminelle. La légalité éclatée et atténuée, la responsabilité par soupçon, la militarisation du procès et le durcissement du droit des repentis contribuent-ils à combattre efficacement le terrorisme ? Ces dérogations sont-elles vraiment dissuasives ou répressives pour cet individu fortement dépersonnalisé ? Cette « *inimicotisation* » du droit pénal n'est-elle pas en réalité la marque de l'impuissance du droit de punir, mieux l'expression d'un désespoir déconcertant ?

Bibliographie sélective

I- Ouvrages et articles

AUBERT (S.), « L'ennemi dans le livre IV du Code pénal français : approches comparées », *Revue électronique AIDP*, 2012, p. 2.

BACHELARD (G.), *Le nouvel esprit scientifique*, PUF, 17 éd., 1987, p. 139 et s

BARRATA (A.), « Droits de l'homme et politique criminelle », *Déviance et société*, 1999, vol. 23, n° 3, p. 246 et s.

BARRATA (A.), « Les fonctions instrumentales et les fonctions symboliques du droit pénal. Pour une théorie du bien juridique », *Déviance et société*, 1991, vol. 15, n° 1, p. 10.

BERTRAND DE LAMY, « Dérives et évolution du principe de la légalité en droit pénal français : contribution à l'étude des sources du droit pénal français », *Les Cahiers de droit*, Vol. 50, n° 3-4, 2009, p. 585-609.

CONDE MUNOZ (F.), « Le droit pénal international est-il un " droit pénal de l'ennemi" ? », *RSC*, 2009, p. 19 et s.

DE GOUTTES (R.), « Droit pénal et droits de l'homme », *RSC*, 2000, p. 133 et s.

DELMAS-MARTY (M.), « Les contradictions du droit pénal », *RSC*, 2000, p. 1.

DONINI (M.), « Les droits fondamentaux et la juridiction pénale comme garantie contre ou comme justification pour l'usage du droit comme arme », *RSC*, 2009, p. 31 et s.

GARCON (C.), « L'appréhension pénale du terrorisme », *Corrigé du concours de l'Ecole Nationale de Magistrature 2014*, www.lautreprepa.fr (consulté le 19/10/2015).

GIRAULT (C.), « Le droit pénal à l'épreuve de l'organisation criminelle », *RSC*, 1998, p. 715 et s.

GIUDICELLI (A.), « Le principe de la légalité en droit pénal français - Aspects légistiques et jurisprudentiels », *RSC*, 2007, pp. 509 et s.

GÜNTHER JAKOBS., « Aux limites de l'orientation par le droit : le droit pénal de l'ennemi », *RSC,* 2009, p. 7 et s.

HALPERIN (J-L.), « Ambivalences des doctrines pénales modernes », *RSC,* 2010, p. 9.

HEGEL, *Principes de la philosophie droit*, Gallimard, 1940, 3 p.

LAZERGES (C.), « La dérive de la procédure pénale », *RSC*, 2003, p. 644 et s.

MINKOA SHE (A.), *Droits de l'homme et droit pénal au Cameroun*, Paris, Economica, coll. La vie du droit en Afrique, 1999, 321 p.

MINKOA SHE (A.), *Essai sur l'évolution de la politique criminelle au Cameroun depuis l'indépendance,* Thèse de doctorat d'État en droit, tomes 1 et 2, Université de Strasbourg, 1987, 515 p.

MONTESQUIEU, *De l'esprit des lois*, Tome1, Nouveaux classiques Larousse, 1748, 142 p.

PAPA (M.), « Droit pénal de l'ennemi et de l'inhumain : un débat international », *RSC,* 2009, p. 3 et s.

PARIZOT (R.), « L'incrimination de participation à une bande ayant des visées violentes, un nouvel exemple de mépris (e) à l'égard des principes du droit pénal », *Recueil Dalloz*, p. 2701 et s.

PRADEL (J.), *Manuel de droit pénal général*, Cujas, septembre 2000, 733 p.

PRADEL (J.), *Principes de droit criminel - 1. Droit pénal général*, éd. Cujas, 1999, n° 7 et s.

PRUNE MISSOFE, « Interroger la pertinence du critère d'irrégularité dans la définition de la figure terroriste », *Revue des droits de l'homme*, 9, 2016, p. 1-16.

ROBERT (E.), *L'État de droit et la lutte contre le terrorisme dans l'Union européenne : mesures européennes de lutte contre le terrorisme suite aux attentats du 11 septembre 2001*, Thèse de doctorat en droit, Université de Lille 2, février 2012, 363 p.

VAN DE KERCHOVE (M.), « Éclatement et recomposition du droit pénal », *RSC*, 2000, p. 5.

ZAFFARONI (E. R.), « Dans un État de droit il n'y a que des délinquants », *RSC*, 2009, p. 43 et s.

II- Textes officiels

- Constitution de la République du Cameroun
- Code pénal
- Code de procédure pénale
- Loi n° 2014/028 du 23 décembre 2014 portant répression des actes de terrorisme

RÉFLEXION CRITIQUE SUR LA PROTECTION DE L'ENFANT TRAVAILLEUR EN DROIT POSITIF CAMEROUNAIS[1]

Maturin PETSOKO[2]

« La question du travail des enfants suscite émotions et controverses (...). Quelle que soit la démarche pour affronter le problème, on devra partir du principe de l'intérêt supérieur de l'enfant ».

Boutros Boutros-Ghali, *in La situation des enfants dans le monde*, Rapport de l'Unicef de 1997 intitulé "*Les Enfants au travail*", Avant-propos, p. 6.

Résumé

La protection de l'enfant travailleur consiste à prévenir, voire à sanctionner tout préjudice susceptible de lui être causé en raison de sa fragilité. En tant que personne particulièrement vulnérable, son travail doit être strictement règlementé tant au moment de l'accès à l'emploi qu'à celui de l'exécution de sa prestation. À cet effet, toutes les mesures prises à son égard doivent être fédérées par une idée centrale qui prend comme postulat de base, sa vulnérabilité du fait de son jeune âge qui engendre une immaturité psychologique et une capacité physique moindre. À la question de savoir si les mécanismes de protection sociale mis en place par le législateur camerounais en vue de protéger l'enfant travailleur sont satisfaisants, une réponse nuancée s'impose : jugée timide au moment de l'accès au travail, cette protection reste encore mitigée au moment de l'exécution de la prestation du travail. À cet effet, le droit positif camerounais

[1] Le présent article est une version améliorée de notre communication faite au Codesria à Dakar (Sénégal) le 27 septembre 2013 dans le cadre de l'Institut sur l'Enfance et la Jeunesse qui avait pour thème : *La protection sociale et les droits citoyens des enfants vulnérables en Afrique.*

[2] Chargé de Cours, Faculté des Sciences Juridiques et Politiques, Université de Yaoundé II-Soa, E-mail : *maturinpetsoko@yahoo.fr* Tel : *00 (237) 674318181*

reste à parfaire. Les dispositions pertinentes qui existent, dans les textes plus que dans les faits, méritent également d'être traduites en actes concrets.

Mots-clés : *pauvreté, travail de l'enfant, vulnérabilité, intérêt de l'enfant, protection sociale.*

Abstract

The protection of the child worker consists to prevent or punish any harm that may be caused to him, because of its fragility. As a particularly vulnerable person, his work must be strictly regulated both at the moment of accessing to employment as at the moment of execution of his work prestation. For that purpose, all the measures taken with regard to the child worker must be guided by a central idea that takes as its basic premise, its vulnerability due to his reduced physical capacity and his young age which creates a psychological immaturity. At the question to know whether social protection mechanisms established by the Cameroonian legislator to protect the child worker are satisfactory, a nuanced answer can be given: considered as timid when he accesses to work, that protection remains mitigated at the moment of execution of his work prestation. That's why, the Cameroonian positive law is still to be completed. The relevant provisions that exist in the texts more than in reality, also deserve to be translated into concrete actions.

Keywords: *poverty, child labor, vulnerability, the best interests of the child, social protection.*

Introduction

1- Le travail des enfants est un phénomène qui existe dans la majorité des pays du monde. Il n'est donc pas l'apanage des pays en développement[3].

[3]L'idée selon laquelle le travail des enfants serait un problème circonscrit au monde en développement est un mythe qu'il convient de détruire. Sur les quatre mythes qui entourent le travail des enfants, V. *La situation des enfants dans le monde*, Rapport de l'Unicef de 1997 sur les *Enfants au travail*, p. 18. Un auteur affirme d'ailleurs à ce propos que « *les normes de protection n'ont pas totalement éradiqué les pratiques de travail dissimulé ou d'emploi dans des conditions abusives* » Voir VAGNIER L., « Le travail des enfants en France », *Petites Affiches*, n° 238, 30.

Seulement, il est plus répandu ici et relativement marginal dans les sociétés industrialisées[4].

Historiquement, il n'en a pas toujours été ainsi. À titre de rappel, lors de l'explosion industrielle des années 1830-1840 en France, les enfants ont constitué une force de travail importante[5]. Ce sont des rapports comme celui du Docteur Villermé[6] qui ont attiré l'attention sur les conséquences désastreuses à long terme du travail des enfants. Ce sombre « *tableau de l'état physique et moral des ouvriers* » dressé par cet auteur plane encore dans les esprits. En pleine révolution industrielle, il avait démontré que le travail engendrait en toute hypothèse des effets néfastes sur les enfants en bas âge[7] : plus les enfants sont jeunes, plus ils sont physiquement et psychologiquement vulnérables, et moins ils sont capables de se débrouiller seuls. C'est la raison pour laquelle, il existe presque partout, des limites d'âge qui règlementent officiellement les activités des enfants : à quel moment ils peuvent se marier, voter, être traités en adultes par la justice pénale, s'engager dans les forces armées… et travailler[8].

2- Le mot **travail** vient du latin *tripalium* qui signifie littéralement « instrument de torture ». Il renvoie à une machine à trois pieux (du latin *"tres"*, trois et *"palus"*, pieu) qui servait à immobiliser les chevaux rétifs quand on les ferrait ou les soignait.

---

[4]Sur ces aspects internationaux, Voir ANKER R., « L'économie du travail des enfants : un cadre de mesure », *Revue internationale du travail*, vol. 139 (2000), n° 3, p. 289. Voir aussi SCHMITT M., « La protection de l'enfant au travail en droit français », *AJ Famille* 2006 p. 132.

[5]Il y a deux siècles, lorsque la France était encore rurale et majoritairement agricole, les enfants accompagnaient leurs parents dans les travaux champêtres et s'organisaient pour concilier ce statut de petit travailleur avec celui d'écolier. Personne n'a jamais relevé le fait que ces enfants étaient exploités par leurs parents.

[6]VILLERME, *Tableau de l'état physique et moral des ouvriers employés dans les manufactures de coton, de laine et de soie*, 1840, cité par RAYMOND G., « La convention des Nations unies sur les droits de l'enfant et le droit français de l'enfance », *JCP* 1990, I, 3451.

[7]Voir. BRAUN H. et VALENTIN M., *Villermé et le travail des enfants (hier et aujourd'hui)*, Economica, 1989, cités par HILT P., « Les enfants artistes de moins de seize ans : un emploi sous haute surveillance », *AJ Famille* 2006, p. 136.

[8]V. *La situation des enfants dans le monde*, Rapport de l'Unicef de 1997 sur les *Enfants au travail*, p. 26.

Le travail a longtemps été considéré comme un instrument de torture associé à la peine et au supplice. On comprend pourquoi, jusqu'au XVIIe siècle, le travail était perçu comme une besogne servile qu'il fallait bien effectuer pour produire, mais dont son caractère pénible et dégradant le réservait aux pauvres et aux esclaves. À la base de tout travail, il y a de la souffrance, de la peine ou un effort à fournir[9]. Dans la tradition judéo-chrétienne, le travail est considéré comme une punition divine, Dieu ayant dit à Adam qu'il mangera son pain à la sueur de son front[10].

Perçu comme tel, le travail risque de compromettre les intérêts présent et futur de l'enfant en raison de sa vulnérabilité. À son égard, le travail ne constitue pas toujours un bienfait, mais parfois un danger[11]. En tant que personne particulièrement vulnérable, son travail doit être strictement règlementé. Les conventions internationales le proclament[12].

3- Au sens des Conventions internationales, **l'enfant** est une personne âgée de moins de 18 ans[13]. Le terme « *enfant* » doit être compris ici comme synonyme de « *mineur* ». **L'enfant travailleur**, sujet des mesures de

---

[9]EYIKE-VIEUX D., *Le mineur et la loi pénale camerounaise, étude socio-judiciaire,* PUA, Yaoundé, 2003, p. 75. Sur la pénibilité du travail de manière générale, Voir PÉROT M., *La pénibilité au travail,* Thèse, Université Panthéon-Assas (Paris II), 2013, 512 p.

[10]Dans la Bible, Dieu avait puni le premier péché en chassant Adam du jardin d'Eden et en l'obligeant à cultiver désormais une terre stérile. « *Tu gagneras ton pain à la sueur de ton front* » : tel a été son châtiment ! Genèse : III, 19. - V. aussi, Saint Paul, Epître aux Thessaloniciens, III, 10.

[11]Dans ce sens, Voir HILT P., « Les enfants artistes de moins de seize ans… », *art. précité.* p. 136.

[12]À titre d'illustration, l'article 32 de la CIDE énonce expressément que « *les États parties reconnaissent le droit de l'enfant d'être protégé contre l'exploitation économique et de n'être astreint à aucun travail comportant des risques ou susceptible de compromettre son éducation ou de nuire à sa santé ou à son développement mental, spirituel, moral ou social* ». Bien avant la CIDE, les dangers que peut occasionner le travail sur les enfants avaient déjà été mis en lumière par la Convention de Genève du 26 juin 1973 relative à l'âge minimum d'admission à l'emploi.

[13]Aux termes de l'article 1er de la CIDE, l'enfant peut être défini comme « *tout être humain âgé de moins de dix-huit ans sauf si la majorité est atteinte plus tôt en vertu de la législation qui lui est applicable* ». V. également l'article 2 de la charte africaine des droits et du bien-être de l'enfant (CADBE) et l'article 2 de la Convention n° 182 du BIT de 1999 sur les pires formes de travail des enfants.

protection au travail, doit être considéré au sens des conventions internationales comme **toute personne âgée de moins de 18 ans, ayant un contrat de travail ou une relation de travail.**

4- L'intérêt « supérieur »[14] de l'enfant est la base sur laquelle s'érige l'édifice de la Convention de New York de 1989 relative aux droits de l'enfant (CIDE). L'énoncé clé est certes celui du paragraphe premier de l'article 3[15], mais l'intérêt supérieur de l'enfant est également évoqué en des termes plus forts, dans d'autres articles de la CIDE et même dans d'autres instruments internationaux[16] en tant que condition nécessaire ou considération primordiale.

Aux termes de l'article 32 de la CIDE, la prise en compte de l'intérêt de l'enfant travailleur renvoie à sa protection contre l'exploitation économique et contre tout travail comportant des risques ou susceptible de compromettre son éducation ou de nuire à sa santé, à son développement physique, mental, spirituel, moral ou social. À cet effet, l'État doit prendre des mesures appropriées, notamment en fixant un ou des âge(s) minimum(s) d'admission à l'emploi et en déterminant les horaires de travail et les conditions d'emploi adéquates pour les enfants travailleurs.

5- Dans le contexte africain en général et camerounais en particulier, marqués par une pauvreté généralisée, lorsqu'ils ne sont pas victimes de trafics, de nombreux enfants sont contraints de travailler pour survivre. En reconnaissant le droit de travailler aux enfants d'au moins 14 ans, le

---

[14]Sur la supériorité ou non de l'intérêt de l'enfant par rapport à d'autres intérêts en présence, V. notre article intitulé : « L'intérêt de l'enfant : un intérêt forcément "supérieur" ? Réflexions sur la place de l'intérêt de l'enfant dans le jeu des intérêts en présence au regard de la Convention de New York de 1989 », *Juridis Périodique*, n° 104, octobre-novembre-décembre 2015, p. 145-158.

[15]L'article 3 alinéa 1 de la CIDE énonce que « *dans toutes les décisions qui concernent les enfants, qu'elles soient le fait d'institutions publiques ou privées de protection sociale, des tribunaux, des autorités administratives ou des organes législatifs, l'intérêt supérieur de l'enfant doit être une considération primordiale* ».

[16]Plusieurs instruments internationaux contiennent à leur tour une référence à la nécessaire prise en compte de l'intérêt de l'enfant dans les décisions le concernant. Voir à cet effet notre thèse de Doctorat/Ph. D intitulée : *L'intérêt de l'enfant : étude critique du traitement des problèmes de l'enfance en droit civil camerounais*, Université de Ngaoundéré, 2015, p. 17 et s.

législateur social a voulu permettre à ceux des enfants qui ne sont plus scolarisés à cet âge, de pouvoir gagner honnêtement leur pain quotidien en travaillant. C'est sans doute la raison pour laquelle certains auteurs[17] pensent que le travail a une valeur fondamentale. À l'égard de tels enfants, la question ne se pose plus de savoir s'ils doivent travailler ou pas, mais plutôt de savoir quels types de travaux leur confier.

Compte tenu du fait que le travail est une nécessité vitale, le mode normal de socialisation, non seulement par les revenus qu'il procure, mais aussi parce qu'il est générateur d'estime de soi et de reconnaissance pour les autres, être privé de travail apparaît aujourd'hui comme une forme de marginalisation qui attente si profondément à la dignité humaine qu'il en est résulté la consécration d'un véritable droit au travail[18]. Aux termes de l'article 2 (1) du Code du travail camerounais, « *le droit au travail est reconnu à chaque citoyen comme un droit fondamental* ». Cependant, il convient de confier à l'enfant, non pas des labeurs, mais des occupations pouvant lui faire acquérir le goût du travail et le sens de la responsabilité, tout en lui faisant prendre conscience de l'adversité de la vie[19]. Ne dit-on pas souvent que la souffrance est la meilleure école de la vie d'un Homme ?

---

[17]Selon La Fontaine, « *Le travail est un trésor* ». Voir Livre cinquième, fable IX. ; selon Voltaire, « *Le travail éloigne de nous trois grands maux : l'ennui, le vice et le besoin* » Voltaire, *Candide*, Roman 1870, Volume 8, p. 412. ; Pour Alfred de Vigny, « *Le travail est beau et noble. Il donne une fierté et une confiance en soi que de donner la richesse héréditaire* ». V. Alfred de Vigny, *Journal d'un poète*, éd. Calmann-Lévy, Paris 1882, p. 124. ; Pour Bernard Bilin Dadie « *Le travail, après le travail, l'indépendance. N'être à la charge de personne doit être la devise de votre génération et il te faut toujours fuir l'homme qui n'a pas le travail* ». V. Bernard Bilin Dadié, in *Conscience critique de son temps*, par Valy Sidibé, et Bruno Gnaoulé-Oupoh, Université de Cocody. Département des lettres modernes, 1999, p. 122.

[18]ROBERT J. et DUFFAR J., *Droits de l'Homme et libertés fondamentales*, Montchrestien, 7e éd. 1999, p. 55 et s. ; COLLIARD C.-A. et LETTERON R., *Libertés publiques*, 8e éd., D. 2005, n° 724 s., p. 536 et s. Sur la relation entre le droit au travail et la liberté du travail, Voir PELISSIER J., SUPIOT A. et JEAMMAUD A., *Droit du travail*, Dalloz, 22e éd., n° 95, p. 148 et s.

[19]EYIKE-VIEUX D., *Le mineur et la loi pénale camerounaise…*, *op. cit.*, p. 75.

6- Selon le Rapport de l'Institut National de la Statistique (INS) de 2008 sur le travail des enfants[20], **les conventions internationales ratifiées par le Cameroun décomposent le travail des enfants en trois paliers à savoir : les « pires formes de travail » qui représentent le noyau dur, le « travail des enfants à abolir » et le « travail économique non interdit »** ou travail acceptable. De manière panoramique, le travail dangereux est selon ce rapport, une sous-catégorie du travail à abolir, lequel est lui-même une sous-catégorie de l'activité économique[21]. Pour faire simple, les activités économiques exercées par les enfants peuvent être regroupées en deux grandes catégories à savoir le travail « acceptable » - s'intégrant dans son éducation dans la vie familiale et scolaire - et le travail « inacceptable ».

En effet, ce que l'INS entend par « ***travail acceptable*** » renvoie par exemple aux menus travaux domestiques tels que faire la cuisine, les achats, le nettoyage, la lessive, la collecte de l'eau, s'occuper des enfants…, travaux qui peuvent être assimilés à de l'apprentissage en ce sens qu'ils préparent les enfants aux responsabilités de l'âge adulte[22], à condition toutefois que ces travaux soient adaptés à leur âge. Dans le même sens, un auteur[23] soutient que les petites activités commerciales et les stages de vacances ne sont pas condamnables dans la mesure où le pécule – au sens le plus noble de ce mot – permet aux parents de préparer la rentrée scolaire. Selon cet auteur, il en est du travail comme de la forge. Parce que c'est en forgeant qu'on devient forgeron, c'est en travaillant dès son jeune âge, bien sûr en faisant des travaux à sa taille, que l'enfant, devenu adulte, sera un travailleur assidu.

7- Cette manière de présenter les choses peut créer de l'amalgame et engendrer des confusions. Sous prétexte des travaux domestiques, il ne faudrait pas qu'il s'agisse d'une exploitation économique des enfants. Il existe en effet des liens évidents entre le travail domestique et la traite des enfants[24], car il arrive très souvent que le placement dans des familles

---

[20]Voir INS, *Rapport national sur le travail des enfants au Cameroun*, Yaoundé, décembre 2008, p. xiii

[21]Voir INS, *Rapport national sur le travail des enfants au Cameroun*, *op. cit.*, p. 12.

[22]EOG J.C., « La protection juridique du travail des enfants : une illusion ? », *Cahiers d'Études Internationales*, n° 002, p. 55.

[23]EYIKE-VIEUX D., *Le mineur et la loi pénale camerounaise…*, *op. cit.*, p. 75.

[24]Voir à cet effet l'art. 2 de la loi n° 2005/015 du 29 décembre 2005 relative à la lutte contre le trafic et la traite des enfants.

d'accueil (on parle également « d'adoption informelle ») dissimule une exploitation pure et simple de l'enfant.

C'est sans doute la raison pour laquelle, l'OIT a tenu à préciser que « *conformément à la tradition (africaine), les enfants doivent assister et aider leur famille, mais à condition d'être exemptés des tâches pénibles et dangereuses, de ne pas travailler pendant de longues heures et d'avoir plus de 14 ans* »[25].

Au regard de ce qui précède, le « travail des enfants » renvoie à deux choses : au travail effectué par des enfants qui n'ont pas encore l'âge minimum requis au plan légal selon la Convention n° 138 de l'OIT concernant l'âge minimum d'admission à l'emploi de 1973[26] ; ainsi qu'aux pires formes de travail des enfants[27] définies par la Convention n° 182[28]. Le travail des enfants de moins de 14 ans est à abolir. *A fortiori*, les pires formes de travail des enfants !

À cet effet, il convient de distinguer le travail des enfants qui n'ont pas encore l'âge minimum requis au plan légal pour l'accès à l'emploi, du travail des « **jeunes** » **travailleurs** qui ont certes l'âge minimum requis pour l'admission au travail, mais qui sont encore mineurs. Alors que le travail des premiers est à abolir systématiquement, le travail des seconds est acceptable, à condition toutefois qu'ils fassent l'objet de mesures de protection spécifiques dans leur emploi. Les pires formes de travail peuvent concerner les deux catégories et sont donc à abolir. Voilà qui est bien circonscrit.

---

[25]TAYO E. de, « Le travail des enfants au Cameroun : gare à l'amalgame », *www.edetayo.blogspot.com,* consulté le 2 novembre 2013.

[26]La Convention n° 138 de l'OIT concernant l'âge minimum d'admission à l'emploi a été adoptée le 26 juin 1973 à Genève. Elle est entrée en vigueur le 19 juin 1976. Elle a été ratifiée au Cameroun par la loi n° 98/002 du 14 avril 1998, autorisait le Président de la République à la ratifier, suivie du décret de ratification n° 2001/093 du 17 avril 2001.

[27]Selon l'article 3 alinéa (d) de la Convention n° 182 de l'OIT de 1999 sur les pires formes du travail des enfants, l'expression "les pires formes de travail des enfants" comprend « *les travaux qui, par leur nature ou les conditions dans lesquelles ils s'exercent, sont susceptibles de nuire à la santé, à la sécurité ou à la moralité de l'enfant* ».

[28]Le Cameroun a également ratifié la Convention n° 182 de l'OIT du 19 juin 1999 sur les pires formes de travail des enfants et l'action immédiate en vue de leur élimination, par le décret n° 2002/143 du 27 mai 2002.

8- Le problème juridique au centre de cette réflexion est donc celui de savoir si les mécanismes de protection sociale mis en place par le législateur camerounais en vue d'éradiquer le travail des enfants et de protéger les jeunes travailleurs sont satisfaisants ?

9- L'intérêt de la présente étude réside dans la nécessité de concilier le droit fondamental au travail avec la vulnérabilité particulière du mineur. La conjonction de sa vulnérabilité et de sa qualité particulière de salarié justifie que soient règlementées tant les conditions d'accès au travail que les conditions d'exécution de sa prestation.

10- Jugée timide au moment de l'accès à l'emploi à cause d'une règlementation approximative des conditions d'accès au travail (I), la protection du travailleur mineur en droit positif camerounais peut également être qualifiée de mitigée au moment de l'exécution de sa prestation de travail (II).

I- Une protection timide du travailleur mineur par la règlementation approximative des conditions d'accès à l'emploi

11- La vulnérabilité du mineur impose que lui soit accordée une protection spécifique au moment de l'accès au travail, car laissé à lui-même, il contracterait à la légère et ses cocontractants plus futés que lui, n'hésiteraient pas à profiter de sa naïveté. Au moment de l'accès au travail, la protection de l'enfant doit être renforcée, en raison de la spécificité du contrat de travail[29].

L'accès du mineur à l'emploi peut se faire de plusieurs manières : par un contrat d'apprentissage, par un contrat d'engagement à l'essai, par un contrat de formation et de stage ou par un contrat de travail proprement dit. Nous nous intéresserons uniquement à ceux qui semblent être les plus usités à l'égard des travailleurs mineurs, à savoir le contrat d'apprentissage (A) et le contrat de travail proprement dit (B). Dans ces contrats, la prise en compte de la vulnérabilité du mineur qui accède au travail reste encore très timide. En effet, les règles qui régissent l'accès des mineurs à l'emploi sont très

---

[29]Selon l'article 23 al. 1er de la loi n° 92/007 du 14 août 1992 portant Code du travail, le contrat de travail se définit comme une convention par laquelle un travailleur s'engage à mettre son activité professionnelle sous l'autorité et la direction d'un employeur, en contrepartie d'une rémunération.

éparses. Elles doivent être recherchées à la fois dans le Code civil et dans le droit du travail, parfois dans des textes dont la vétusté laisse à désirer.

A- La protection timide du mineur dans le contrat d'apprentissage

12- Le contrat d'apprentissage est la figure emblématique du contrat de travail de l'enfant en ce sens qu'il combine formation et expérience. L'article 45 du Code du travail définit le contrat d'apprentissage comme celui « *par lequel un chef d'établissement industriel, commercial ou agricole ou un artisan s'oblige à donner ou à faire une formation professionnelle méthodique et complète à une personne et par lequel celui-ci s'oblige en retour, à se conformer aux instructions qu'elle recevra et à exécuter les ouvrages qui lui seront confiés en vue de son apprentissage* ».

En droit camerounais, le contrat d'apprentissage continue d'être régi par le décret n° 69/DF/287 du 30 juillet 1969[30] qui avait été pris en application du Code du travail de 1967. Pourtant, l'article 47 du Code du travail du 14 août 1992 actuellement en vigueur prévoit qu'un décret fixera les conditions de fond et de forme ainsi que les effets du contrat d'apprentissage. En attendant que ce décret intervienne, il y a lieu de continuer d'appliquer le décret de 1969 susvisé, dont on peut tout de même décrier sa vétusté (1).

Pour ce qui est de l'âge minimum d'accès à l'emploi, l'article 86 du Code du travail de 1992 le fixe à 14 ans, avant de prévoir par la suite qu'une dérogation du ministre du Travail peut autoriser les enfants de moins de 14 ans à travailler. Cette flexibilité de l'âge minimum d'accès au travail est critiquable (2), ce d'autant plus qu'elle ne concerne pas seulement l'âge minimum général d'accès à l'emploi, mais également l'âge minimum d'admission aux travaux dangereux.

1- La vétusté du texte règlementant le contrat d'apprentissage

13- Comme relevé plus haut, le contrat d'apprentissage continue d'être régi au Cameroun par le décret n° 69/DF/287 du 30 juillet 1969 qui avait été pris en application du Code du travail de 1967. Selon l'article 4 de ce décret, « *nul ne peut être engagé comme apprenti s'il n'est âgé de quatorze ans*

---

[30]Voir le Décret no 69 -DF-287 du 30 juillet 1969 relatif au contrat d'apprentissage. Ce décret est venu abroger l'arrêté n° 5910 du 12 déc. 1953 règlementant le contrat d'apprentissage au Cameroun oriental.

au moins et s'il n'est physiquement apte à satisfaire aux obligations relatives à la nature et au lieu de travail stipulé dans le contrat ». Comme preuve de cette aptitude physique, l'article 8 de ce même texte exige qu'un certificat médical datant de moins de trois mois (constatant l'aptitude physique au travail) soit joint en annexe du contrat d'apprentissage. Le maître quant à lui doit être âgé de 21 ans au moins[31] et le contrat d'apprentissage doit à peine de nullité absolue être constaté par écrit[32]. Ce qui laisse tout de même en suspens la question de savoir si l'enfant de 14 ans peut conclure seul son contrat d'apprentissage ?

14- En raison de son caractère purement éducatif, il est normal de reconnaître le pouvoir de conclure le contrat d'apprentissage du mineur à celui qui exerce la puissance paternelle, ou plutôt ce qu'il est convenu aujourd'hui d'appeler « autorité parentale »[33]. Car selon l'article 7 du décret sus-cité, « *Le contrat d'apprentissage est signé par le maître d'une part, par les parents ou le tuteur de l'apprenti ou leur représentant, par l'apprenti s'il est majeur d'autre part* ».

À notre avis, la prérogative de conclure le contrat d'apprentissage du mineur devrait être réservée uniquement aux représentants légaux (père, mère ou tuteur) de l'apprenti, parce que c'est à eux qu'est dévolu au premier chef le devoir de lui donner une éducation. C'est la raison pour laquelle, nous proposons que la mention de « leur représentant » soit purement et simplement supprimée. Car si les représentants légaux peuvent être considérés comme les premiers défenseurs des intérêts de leur enfant, leur représentant peut par contre agir à la légère et compromettre ces intérêts.

15- Une fois le contrat d'apprentissage conclu, la protection de l'enfant durant toute la période d'apprentissage dépendra de deux facteurs : d'une part, la bonne exécution du contrat d'apprentissage dépendra en grande partie de **l'environnement dans lequel se déroule cet apprentissage.** Comme le mentionne si bien le décret de 1969 sus-cité, aucun maître, s'il

---

[31] V. art. 2 et 3 du décret de 1969.

[32] V. art. 46 du Code du travail.

[33] Sur la nécessité de remplacer la notion de « puissance paternelle » devenue pour ainsi dire désuète et anachronique par celle d'« autorité parentale », plus moderne et mieux à même de fonder des relations équilibrées au sein de la famille, voir notre thèse *op.cit.* (note 15), p. 244 et s.

ne vit en famille ou en communauté, ne peut loger à son domicile personnel ou dans son atelier, comme apprenties, des jeunes filles mineures[34]. Afin d'acquérir une formation professionnelle complète, le travail exécuté par l'apprenti doit être varié. À cet effet, ce dernier doit à son maître respect et obéissance.

16- D'autre part, le maître doit également **présenter certaines garanties morales**. Il doit enseigner à l'apprenti progressivement et complètement, l'art, le métier ou la profession spéciale qui fait l'objet du contrat. Il doit le traiter « en bon père de famille » et lui verser une allocation dont le montant est au moins égal à un tiers du salaire minimum interprofessionnel garanti (SMIG) après 6 mois ; la moitié après un an et la totalité après deux ans. Le SMIG étant très faible au Cameroun comparé à d'autres pays de la sous-région Afrique centrale, il faut envisager son augmentation de manière substantielle. Par décret du Premier ministre du 24 juillet 2014[35], le SMIG a été revalorisé au Cameroun à 36 270 francs CFA. Avant cette revalorisation, il était fixé à 28 216 francs CFA[36]. Bien avant cela, il s'élevait à 23. 514 francs CFA[37]. C'est dire combien la courbe de progression du SMIG est lente au Cameroun. On constate tout simplement que les pouvoirs publics ont du mal à adapter le SMIG au coût réel de la vie.

Bien que le texte ne le précise pas, l'obligation qui pèse sur le maître de verser cette allocation à son apprenti exclut toute redevance versée par ce dernier à son maître. Par ailleurs, les individus ayant fait l'objet d'une condamnation, soit pour crime ou délit contre les mœurs, soit pour tout autre délit ayant entraîné une peine d'au moins trois mois de prison sans sursis ne peuvent recevoir des apprentis[38]. À cet effet, l'article 8 *in fine* du décret du 30 juillet 1969 relatif au contrat d'apprentissage prévoit qu'un extrait du casier judiciaire du maître soit joint au contrat.

---

[34]V. art. 2 al. 2 du décret du 30 juillet 1969.

[35]V. Décret n° 2014/2217/PM du 24 juillet 2014.

[36]V. Décret 2008/2115/PM du 24 juin 2008.

[37]V. Décret n°95/099/PM du 17 février 1995.

[38]V. art. 4 du décret du 30 juillet 1969.

17- Quoiqu'il en soit, la durée du contrat d'apprentissage ne peut être supérieure à 4 ans. À la fin normale de l'apprentissage[39], le maître doit délivrer à l'apprenti un certificat de fin d'apprentissage, au besoin après un examen devant un jury professionnel.

Pour la répression des infractions à toutes les dispositions de ce décret qui vise de manière expresse les jeunes et les enfants en son article 12, l'article 26 renvoie à l'article R. 370 (12°) du Code pénal.

À l'évidence, si certaines dispositions du décret de 1969 sus-cité contribuent à la protection de l'enfant, d'autres par contre peuvent être considérées comme surannées. C'est la raison pour laquelle il nous semble qu'un toilettage, mieux, l'adoption d'un texte nouveau s'avère nécessaire, non seulement pour être en conformité avec l'article 47 du Code du travail de 1992, mais aussi et surtout pour une meilleure protection de l'enfant travailleur.

2- La flexibilité critiquable de l'âge minimum d'accès au travail

18- La première condition exigée aux enfants pour l'accès dans le monde professionnel est la condition d'âge. Au niveau international, l'accès au travail est régi par la Convention n° 138 sur l'âge minimum d'admission à l'emploi adoptée à Genève le 26 juin 1973 lors de la 58e conférence générale de l'OIT. Avant ce texte, il existait une multitude de conventions fixant l'âge minimum pour l'admission à l'emploi dans certains secteurs tels que l'industrie[40]; le travail maritime[41] ; l'agriculture[42] ; les soutiers et chauffeurs[43] ; les pêcheurs[44] ; les travaux souterrains dans les mines[45], etc.

---

[39]Plusieurs évènements peuvent mettre fin au contrat avant terme : la mort de l'une des parties ; le manquement aux obligations du contrat ; la résiliation judiciaire ; la faute lourde… etc.

[40]Convention n° 5 de 1919 fixant l'âge minimum d'admission des enfants aux travaux industriels.

[41]Convention n° 7 de 1920 fixant l'âge minimum d'admission des enfants au travail maritime.

[42]Convention n° 10 de 1921 fixant l'âge d'admission des enfants aux travaux agricoles.

[43]Convention n° 15 de 1921 fixant l'âge minimum d'admission des jeunes gens au travail en qualité de soutiers ou chauffeurs.

[44]Convention n° 112 de 1959 concernant l'âge minimum d'admission au travail des pêcheurs.

Lors de sa 181e session en 1970, le Conseil d'administration du BIT est parvenu à la conclusion « *qu'en leur forme actuelle, les Conventions de base sur l'âge minimum à l'emploi ne peuvent plus constituer un instrument efficace d'action internationale concertée en vue de promouvoir le bien-être des enfants* »[46]. C'est alors que l'OIT a entrepris la révision en profondeur et un regroupement des normes, ce qui a conduit à l'adoption de la Convention n° 138. Cette Convention entrée en vigueur le 16 juin 1976, a donc pour but de fournir un instrument général sur l'âge minimum en vue de l'abolition du travail des enfants.

L'âge minimum d'admission à l'emploi est fixé par chaque pays qui la ratifie. Cet âge ne peut être inférieur à 15 ans, sauf dans les pays n'ayant pas encore atteint un certain niveau de développement économique et scolaire où il peut exceptionnellement être ramené à 14 ans. La Convention n° 138, ainsi que la recommandation n° 146 qui l'accompagne, se veulent donc flexibles, en ce sens qu'elles prévoient des exceptions et des dérogations qui tiennent compte des situations locales en permettant ainsi une meilleure adaptation aux situations nationales.

Pour la fixation de l'âge minimum d'accès à l'emploi, de nombreux pays, dont le Cameroun, font une distinction entre les travaux légers et les travaux dangereux. Dans le premier cas, il s'agit de l'« âge minimum général d'admission au travail », alors que dans le second cas, on peut parler d'« âge minimum d'admission aux travaux dangereux ».

19- Au Cameroun, « **l'âge minimum général d'admission au travail** » est de 14 ans. L'article 86 Code du travail camerounais dispose à cet effet que, « *les enfants ne peuvent être employés dans aucune entreprise même comme apprentis, avant l'âge de quatorze ans…* ». En fixant ce seuil, le législateur n'a sans doute pas voulu que les enfants soient employés avant d'être régulièrement libérés de l'obligation scolaire. À cet effet, l'article 8 du décret du 30 juillet 1969 sur le contrat d'apprentissage exige qu'un extrait d'acte de naissance de l'apprenti soit joint en annexe du contrat d'apprentissage. Qu'à

---

[45]Convention n° 123 de 1965 concernant l'âge minimum d'admission aux travaux souterrains dans les mines.

[46]V. BIT 1970, annexe 2, paragraphe 8, cité par LANSKY M., « Le travail des enfants : un défi à relever », in *Revue internationale du Travail*, vol. 136, n° 02, 1997, p. 255.

cela ne tienne, il se pose toujours la question de savoir si toute possibilité d'emploi doit être refusée à l'enfant de moins de quatorze ans ? En d'autres termes, l'interdiction du travail de l'enfant de moins de quatorze ans est-elle absolue ?

Le législateur camerounais ne l'a pas considéré. De manière exceptionnelle, l'article 86 *in fine* du Code du travail dispose qu'une dérogation peut être accordée par arrêté du ministre chargé du Travail, compte tenu des circonstances locales et des tâches qui peuvent leur être demandées. Concrètement, le ministre du Travail peut autoriser le travail des enfants de moins de quatorze ans lorsque ce travail ne constitue plus un danger pour eux.

En effet, l'emploi du jeune de moins de quatorze ans devrait être subordonné à la réalisation des conditions strictes : il ne devrait pouvoir être autorisé que pour des **travaux dont l'exécution n'entraîne, eu égard au sexe et à l'âge des intéressés, aucune fatigue anormale, tant en raison de la nature propre des tâches considérées qu'en raison des conditions particulières dans lesquelles elles doivent être accomplies.** En d'autres termes, les conditions de travail ne doivent pas être de nature à porter atteinte à la sécurité, à la santé ou à l'intégrité physique ou morale des personnes qui y sont présentes. D'une manière générale, les travaux à exécuter par les mineurs de moins de 14 ans doivent être « *adaptés à leur âge* ». Pour s'en assurer, différentes précautions doivent être prises, lesquelles se traduisent par des conditions d'emploi très strictes. Ce n'est qu'à ces conditions que la volonté de protéger l'enfant sera systématiquement affirmée.

Au risque de transgresser les conditions sus énumérées, il serait souhaitable que l'âge plancher de quatorze ans fixé par l'article 86 du Code du travail soit maintenu, au regard du faible niveau de développement de notre pays. Compte tenu de l'inadaptation des mécanismes de contrôle et du nombre insuffisant des inspecteurs du travail dans notre pays, notre vœu est que l'interdiction du travail des enfants de moins de 14 ans le soit de manière absolue. Étant donné que cet âge est déjà assez bas, aller en deçà serait dangereux pour les enfants au regard de l'âge minimum obligatoire de scolarité. C'est pourquoi, nous préconisons que l'article 86 *in fine* du Code du travail sus-cité, soit purement et simplement supprimé.

20- La flexibilité de l'âge minimum d'accès à l'emploi concerne également les enfants qui veulent accéder à certains emplois spécifiques qualifiés de dangereux. C'est ce que nous avons appelé « **l'âge minimum d'admission aux travaux dangereux** », fixé à dix-huit (18) ans. Au Cameroun par exemple, l'article 86 (2) (a) du Code du travail dispose que les jeunes gens de moins de dix-huit (18) ans ne peuvent en aucun cas, être employés à bord des navires en qualité de soutiers ou de chauffeurs. L'alinéa (b) du même texte ajoute que lorsque des enfants et des jeunes gens de moins de dix-huit ans doivent être embarqués sur des navires comportant un équipage non exclusivement composé de membres d'une même famille, ils doivent au préalable être soumis à une visite médicale attestant leur aptitude à ce travail ; un certificat médical signé par un médecin agréé est établi à cet effet.

La nécessité d'avoir 18 ans avant d'effectuer les travaux dangereux s'applique à tous les pays sans distinction de niveau de développement[47]. Toutefois, cet âge de 18 ans peut être abaissé à seize (16) ans si la santé, la sécurité et la moralité des enfants sont pleinement garanties et s'ils ont reçu une instruction adéquate ou une formation professionnelle[48].

Pour s'assurer du respect de cette exigence, l'inspecteur du travail peut requérir l'examen des enfants par un médecin agréé en vue de vérifier si le travail dont ils sont chargés n'excède pas leur force[49]. De tels travaux qui rentrent dans la catégorie des « *travaux dangereux* » seront examinés plus loin[50].

B- La protection insatisfaisante du mineur lors de la conclusion de son contrat de travail

---

[47]V. art. 3 § 2 de la Convention n° 138 de l'OIT.

[48]V. art. 1124 du C. civ.

[49]L'article 11 de l'arrêté n°039/MTPS/IMT du 26 novembre 1984 fixant les mesures générales d'hygiène et de sécurité sur les lieux du travail énonce aussi qu'aucun travailleur ne doit être admis à un emploi sans avoir subi un examen médical d'aptitude à l'embauche définitive. Cet examen est obligatoire lorsqu'il s'agit (…) des enfants de moins de 18 ans. Aux termes de l'article 131, les infractions aux dispositions de cet arrêté sont punies des peines de l'article R. 370 du Code pénal.

[50]V. *infra*, IIe Partie, A, 1, n° 34.

21- Dans la plupart des cas, le travail des enfants est forcé. Non seulement les enfants travailleurs sont trop jeunes pour donner librement leur consentement, et de ce fait la plupart des décisions les concernant sont prises pour eux par les adultes, mais en plus, dans certains cas, ils font l'objet de contraintes spécifiques et n'ont d'autre choix que de travailler[51]. Pourtant, la spécificité du contrat de travail et la vulnérabilité du mineur exigent que sa volonté soit protégée au stade de la formation du contrat de travail.

22- En droit positif camerounais, le législateur du 14 août 1992 n'a réglé le problème de l'accès de l'enfant au travail que de manière partielle. Il a certes fixé l'âge minimum d'accès de l'enfant au travail, mais il n'a pas pris en compte le paramètre selon lequel l'enfant accède au travail par un contrat de travail. Cette absence de règlementation du contrat de travail du mineur (1) amène à se poser la question de savoir s'il doit conclure lui-même son contrat de travail ou alors s'il doit se faire représenter par son représentant légal ?

En l'absence des modalités de conclusion du contrat de travail dans le Code du travail, les principes généraux du droit des obligations doivent s'appliquer comme en toute matière contractuelle, et notamment le fait que chacun des cocontractants doit avoir la capacité de contracter. Les conditions de fond requises pour la validité d'un contrat de travail demeurent donc celles posées d'une manière générale par l'article 1108 du Code civil dont le non-respect doit être sanctionné. Mais là encore, on peut regretter le fait que les sanctions prévues à cet effet soient assez souples (2).

1- La non-règlementation du contrat de travail du mineur par le Code du travail

23- Au stade de la formation du contrat de travail, la volonté constitue une condition de validité particulièrement importante, car le salarié se place sous la subordination de l'employeur. Il s'agit ici de prendre en compte la vulnérabilité psychologique et le discernement du mineur. Mais comme relevé plus haut, le Code du travail ne contient aucune disposition particulière concernant les formalités de conclusion du contrat de travail des mineurs.

---

[51]EOG J.C., « La protection juridique du travail des enfants : une illusion ? », *op.cit.*, p. 56.

Face à cette omission, les conditions de fond requises pour la validité du contrat de travail des mineurs demeurent donc celles énoncées par le droit commun, notamment l'article 1108 du Code civil. Selon cette disposition, « *Quatre conditions sont essentielles pour la validité d'une convention : le consentement de la partie qui s'oblige ; sa capacité de contracter ; un objet certain qui forme la matière de l'engagement ; une cause licite dans l'obligation* ». Deux conditions nous intéressent particulièrement ici à savoir, la capacité de contracter et le consentement.

24- En matière sociale, il convient de distinguer la capacité physique du mineur de la capacité juridique.

La capacité physique est liée à l'âge minimum requis pour l'accès à l'emploi[52]. Elle a trait à l'objet du contrat et tout contrat conclu en violation de cette condition est illicite et sanctionné par la nullité absolue pour violation d'une règle d'ordre public.

La capacité juridique quant à elle renvoie tantôt à la capacité de jouissance, tantôt à la capacité d'exercice. Seule cette dernière qui nous intéresse ici. Elle est liée à l'âge minimum requis pour contracter les actes de la vie civile. Elle concerne donc la question du consentement et sa violation est sanctionnée par la nullité relative.

25- La capacité (d'exercice) est donc l'aptitude à s'engager soi-même. Selon l'article 1123 du Code civil, « *toute personne peut contracter si elle n'en est pas déclarée incapable par la loi* ». Ce qui revient à dire que les mineurs non émancipés ainsi que les majeurs protégés au sens des articles 388[53] et 488[54] du Code civil sont incapables de contracter[55].

---

[52]Comme indiqué plus haut, selon l'article 8 du décret n°69/DF/287 du 30 juillet 1969 relatif au contrat d'apprentissage, la preuve de la capacité physique se fait par un certificat médical datant de moins de trois mois, constatant l'aptitude physique au travail.

[53]Aux termes de l'article 388 du Code civil français de 1804 dans sa version actuellement applicable au Cameroun, « *Le mineur est l'individu de l'un et de l'autre sexe qui n'a point encore l'âge de vingt-et-un ans accomplis* ».

[54]Selon l'article 488 du Code civil français de 1804 dans sa version actuellement applicable au Cameroun, « *La majorité est fixée à vingt-et-un ans accomplis ; à cet âge on est capable de tous les actes de la vie civile* ».

[55]V. art. 1124 du C. civ.

Comme remèdes à cette incapacité, les articles 389 et 450 du Code civil posent le principe de la représentation[56] du mineur par l'administrateur légal ou le tuteur dans tous les actes de la vie civile, sauf dans les cas où la loi ou l'usage l'autorise à agir seul. Selon ces dispositions, tout contrat conclu par le mineur seul doit être sanctionné par la nullité, le consentement valable ne pouvant émaner que d'une personne capable. L'incapacité du mineur peut donc être analysée comme une présomption irréfragable d'existence d'un vice de consentement. En effet, c'est parce que le législateur présume que le mineur sera victime d'un vice de consentement qu'il a édicté son incapacité d'exercice sous peine de nullité de la convention. Ce qui dispense d'examiner pour chacun des contrats de travail de l'incapable si ce vice existe ou non.

La représentation du mineur par son représentant légal se justifie amplement si l'on considère le contrat de travail comme un acte patrimonial, qualifié selon la classification traditionnelle d'acte d'administration revêtant une certaine gravité[57].

26- Mais compte tenu du caractère personnel du contrat de travail, la jurisprudence a dû écarter les règles de la représentation jugées inadaptées, au profit du régime de l'assistance[58]. Le mineur participant personnellement à la réalisation de la prestation de travail, il importe qu'il manifeste lui-même son consentement à la formation du contrat. La majorité de la doctrine va dans ce sens en considérant que le contrat de travail du mineur ne doit pas être conclu sans son intervention personnelle. Inspirés par cette doctrine majoritaire, plusieurs droits étrangers ont consacré cette tendance qui voudrait que le contrat de louage de services ne puisse engager le mineur que s'il y consent[59]. **Cette solution semble plus conforme à l'intérêt de l'enfant, en ce sens qu'elle permet d'éviter que ses représentants légaux ne l'engagent sans son consentement,** surtout lorsqu'il est à même de l'exprimer.

---

[56]La représentation est l'institution permettant d'engager autrui.

[57]En ce sens, GAUDU F., VATINET R., *Les contrats du travail. Contrats individuels, conventions collectives et actes unilatéraux,* coll. Traité des contrats, Paris, LGDJ, 2001, p. 89.

[58]V. Cass. civ., 4 oct. 1966, Dr. soc. 1967, p. 178, obs. SAVATIER J.

[59]V. art. 1827 du B.G.B. ; art. 412 du Code Suisse ; art. 226 du Code soviétique.

Le souci de protection du mineur contre lui-même étant prépondérant en jurisprudence, celle-ci a eu à décider que l'intervention personnelle du mineur est nécessaire, mais pas suffisante pour la conclusion de son contrat de travail. Cette intervention personnelle n'est pleinement efficace que s'il y a eu autorisation familiale, sous peine de rescision pour lésion. Mais dans la pratique, l'autorisation familiale est présumée et la jurisprudence admet que l'intervention personnelle du mineur est suffisante en cas d'absence d'opposition du représentant légal[60].

2- La souplesse des sanctions de l'inobservation des conditions de formation du contrat de travail des mineurs

27- En raison de leur condition physique qui est présumée moindre par rapport à celle des adultes, les travailleurs mineurs bénéficient d'une protection supplémentaire. La nature même de la prestation constitue une condition de validité du contrat de travail, tout comme les conditions de travail, dont le non-respect est sanctionné à la fois sur le plan pénal et sur le plan civil.

28- Sur le plan pénal, l'employeur qui ne respecte pas la condition d'âge minimum d'admission au travail ainsi que les règlements pris pour son application, s'expose tout d'abord à la sanction prévue par l'article R. 370 (12°) du Code pénal camerounais qui n'est qu'une contravention de 4e classe. Selon les dispositions du Code du travail, il s'expose aussi et surtout à une amende de 100 000 (cent milles) à 1 000 000 (un million) de francs CFA (art.167 CT) et à un emprisonnement de six (6) jours à six (6) mois en cas de récidive (art. 170 CT). Ce qui est selon un auteur[61], relativement peu cher payé, même dans l'hypothèse où la sanction pécuniaire ci-dessus est multipliée par le nombre d'enfants victimes (art. 172 du CT). Ces sanctions méritent effectivement d'être renforcées, notamment par la fermeture de l'établissement en cas de récidive.

29- Sur le plan civil, la sanction de l'inobservation des conditions de validité du contrat de travail consiste, en principe, en son annulation. Il s'agit d'une nullité absolue pour violation d'une règle d'ordre public lorsque le contrat conclu par un mineur de moins de quatorze ans n'entre pas dans

---

[60]Par la combinaison des articles 384, 389-1 et 389-3 du C. civ.

[61]EOG J.C., « La protection juridique du travail des enfants : une illusion ? », *op.cit.*, p. 76.

un cas de dérogation ou lorsque sa cause est illicite. Une jurisprudence française, antérieure à tous les Codes du travail qui se sont succédé au Cameroun soutient qu'en principe, le contrat de travail d'un enfant embauché avant l'âge fixé par la loi est frappé de nullité absolue parce qu'il contrevient à une disposition d'ordre public[62].

Par contre, le contrat de travail conclu par un mineur sans l'autorisation de son représentant légal est sanctionné par la nullité relative, même si le contrat n'est pas lésionnaire. Déclaré nul, le contrat de travail cesse de produire ses effets, mais par exception, l'anéantissement n'a pas d'effet rétroactif[63]. En conséquence, le mineur garde le bénéfice des rémunérations perçues[64]. Aussi, la Cour de cassation française a admis que l'exécution du contrat après la majorité emporte confirmation[65].

Au regard de ce qui précède, la protection du travailleur mineur par le droit positif camerounais demeure timide au moment de l'accès à l'emploi. Il en est de même pour la phase d'exécution de la prestation de travail où cette protection reste également mitigée.

II- Une protection mitigée du jeune travailleur par la règlementation approximative des conditions d'exécution de sa prestation

30- Les jeunes travailleurs de plus de 14 ans peuvent exercer des activités diverses dans des conditions très différentes que l'on pourrait représenter sur une ligne continue. À une extrémité de cette ligne, le travail est bénéfique, renforçant ou favorisant le développement physique, mental, spirituel, moral ou social de l'enfant sans compromettre sa scolarité, ses loisirs et son repos. À l'autre extrémité, il est manifestement destructeur ou synonyme d'exploitation. C'est pourquoi il est important de distinguer entre le travail bénéfique et le travail intolérable et de reconnaître qu'une grande partie de l'activité des jeunes travailleurs se situe dans une zone floue entre ces deux extrêmes[66].

[62]V. *Cass. civ. 22 mai 1912, Dr. Soc. 1912, p. 517.*

[63]*V. Cass. soc.,. 10 févr. 1926, D. 1927, p. 223 ; 22 nov. 1978, Bull. civ. V, n° 651.*

[64]*Cass. soc., 15 mars 1945, Dr. soc. 1945, p. 203.*

[65]*Cass. soc., 16 févr. 1976, Bull. civ. V, n° 129.*

[66]Voir *La situation des enfants dans le monde*, Rapport de l'Unicef de 1997 sur les *Enfants au travail*, p. 25.

Considérer donc que toute activité économique des jeunes travailleurs est inacceptable, c'est semer la confusion, banaliser la question et rendre encore plus difficile l'élimination du travail des enfants[67]. Il existe en effet une part acceptable et même à encourager du travail des jeunes travailleurs. C'est le cas par exemple des enfants de plus de 14 ans qui sont sortis du circuit scolaire et dont le travail ne peut être qu'encouragé.

Plusieurs auteurs soutiennent que l'enfant travailleur ne doit pas être gêné dans l'exercice des actes juridiques les plus courants qui se rattachent à son contrat de travail. C'est pourquoi ils estiment que certains droits doivent lui être reconnus tels que le droit de toucher son salaire et le droit de se syndiquer. Avant d'examiner le bien-fondé de ces droits (B), il convient au préalable d'analyser les conditions dans lesquelles s'exécute la prestation de travail. Ces conditions ne sont règlementées que de manière partielle (A), puisque le droit positif n'a pas encore pris le soin d'intégrer en droit interne, toutes les normes issues des Conventions internationales.

31- La règlementation partielle des conditions d'exécution de la prestation de travail des jeunes travailleurs par le droit positif. Certaines catégories de personnes dans la société, du fait de leur fragilité, nécessitent une attention particulière. C'est le cas par exemple des incapables en général, des femmes enceintes et des jeunes travailleurs en particulier dont la protection lors de l'exécution du contrat de travail se manifeste par la fixation des horaires de travail plus souples et l'interdiction de certains emplois jugés éprouvants pour leur santé.

Les conditions de travail doivent être adaptées à la vulnérabilité du jeune travailleur. Parce que le contrat de travail porte sur sa personne, il met en jeu son corps qui est la source de la prestation de travail. Les atteintes physiques sont bien sûr les plus faciles à constater : porter de lourdes charges ou rester assis pendant de longues heures dans des positions peu naturelles risque de handicaper définitivement des corps en pleine croissance. C'est pourquoi la règlementation sociale exige du travailleur une capacité physique qui nécessite une certaine maturité du corps humain et une santé irréprochable. Comme l'a si bien écrit un auteur avisé, le corps du travailleur est le siège du droit du travail, un corps souvent victime de fatigue, d'usure,

[67] *Ibidem.*

de déformations, d'accidents de travail, de maladies, etc[68]. L'aptitude physique devient ainsi une condition indispensable pour l'accès à l'emploi[69]. À cet effet, le législateur impose le respect d'exigences renforcées en matière de sécurité en raison de la force physique moindre des jeunes travailleurs. L'objectif poursuivi reste le même : les protéger dans leur sécurité, leur santé et leur moralité.

Si l'on veut parler du travail qui porterait atteinte à l'intégrité physique ou moral de l'enfant, il faut qu'il s'agisse des pires formes de travail des enfants ou du travail à abolir. D'une part, le droit positif camerounais présente de sérieuses lacunes face à l'interdiction des pires formes de travail des enfants (1). D'autre part, on note une certaine inefficacité des mécanismes d'éradication du travail des enfants (2).

1- Les lacunes du droit positif camerounais face à l'interdiction des pires formes de travail des enfants

32- Les pires formes de travail des enfants telles qu'elles sont définies par l'article 3 de la Convention n° 182 peuvent être regroupées en deux classes : les travaux inacceptables « **par leur nature** » (également appelées « pires formes intrinsèques ») et les travaux inacceptables « **de par les conditions dans lesquelles ils s'exercent"** (à savoir les travaux dangereux).

33- *Les pires formes "intrinsèques"* sont souvent illicites et également inacceptables pour les adultes. Ce sont toutes les activités qui, quoiqu'on fasse pour améliorer les conditions de travail, resteront classées dans la catégorie des pires formes.

Tel est le cas par exemple de toutes les formes d'esclavage et pratiques analogues telles que la vente et la traite des enfants, la servitude pour dette ainsi que le travail forcé ou obligatoire, y compris l'exploitation sexuelle des enfants à des fins commerciales ou de l'utilisation d'enfants à des fins pornographiques. Le caractère inacceptable de ces pratiques a conduit au niveau international à l'adoption du premier Protocole facultatif à la CIDE,

---

[68]TCHAKOUA J.M., « *Droits fondamentaux, corps et intégrité physique du salarié* », Annales de la FSJP de l'Univ. de Yaoundé II, Tome 1, 1re éd., PUA 1997, cité par ABENA BEDIGA C.L., *L'incapacité en droit du travail,* Mémoire de DEA, Université de Yaoundé II, 2005-2006, p. 35.

[69]ABENA BEDIGA C.L., *L'incapacité en droit du travail,* Mémoire *op. cit.,* p. 21.

concernant la vente d'enfants, la prostitution des enfants et la pornographie mettant en scène des enfants (OPSC) entré en vigueur le 18 janvier 2002.

C'est également le cas du recrutement forcé des enfants dans les conflits armés qui a suscité l'adoption d'un deuxième Protocole facultatif à la CIDE, concernant l'implication d'enfants dans les conflits armés (OPAC) entré en vigueur le 12 février 2002.

Malheureusement, tous ces protocoles facultatifs[70] à la CIDE n'ont pas encore été ratifiés par le Cameroun.

Pourtant, dans toutes les hypothèses ci-dessus, les travaux resteront de toute façon inacceptables pour les enfants, malgré toute tentative d'amélioration de leur sort[71].

34- Par contre, pour ce qui est des *pires formes ou travaux inacceptables de par les conditions dans lesquelles ils s'exercent (travaux dangereux)*, certaines de ces activités peuvent être améliorées. Il suffit parfois de modifier certains éléments environnementaux pour améliorer la situation. La dangerosité du travail est souvent définie par les tâches et les conditions spécifiques comme le fonctionnement d'une machine électrique, la présence ou l'utilisation de produits chimiques dangereux, le travail de nuit, le travail en isolement… Dans ces différents cas, on peut plus facilement faire évoluer les choses. Certaines situations sont dangereuses par nature et chaque pays doit établir les activités interdites aux enfants de moins de 18 ans en tenant compte du contexte national, du secteur économique concerné, etc. La liste des travaux dangereux et des branches d'activités dangereuses doit être fixée à l'échelon national par la législation nationale ou l'autorité compétente après consultation des organisations d'employeurs et de travailleurs (Cf. art. 4 Conv. n° 182).

---

[70]Le 3e Protocole facultatif à la CIDE concerne l'établissement d'une procédure de présentation de communications (OPIC). Il a été adopté le 19 décembre 2011, suivi par l'ouverture à la signature des États le 29 février 2013. Grâce à la ratification du protocole par le Costa Rica (10e pays à ratifier ce 3e Protocole), intervenue le 14 janvier 2014, cet instrument juridique capital est entré en vigueur 3 mois plus tard, soit en avril 2014 conformément à l'article 19 de ce texte.

[71]BIT, *Le travail des enfants, Manuel à l'usage des étudiants*, publié par le Programme international pour l'abolition du travail des enfants (IPEC), 2004, p. 46, disponible à l'adresse www.ilo.org, consulté le 05 novembre 2013.

35- Au Cameroun, l'article 86 (3) du Code du travail dispose qu'« *un arrêté du ministre chargé du Travail fixe la nature des travaux et les catégories d'entreprises interdites aux jeunes gens et l'âge auquel s'applique l'interdiction* ». **En l'absence d'un nouvel arrêté énumérant de manière exhaustive les travaux et lieux de travail interdits aux jeunes, on continue d'appliquer les dispositions de l'arrêté n° 017/MTLS/DEGRE du 27 mai 1969 relatif au travail des enfants.** Cet arrêté qui avait été pris en application du Code du travail de 1967 semble vétuste. Il classe les travaux dangereux pour les enfants selon les branches d'activités et les professions.

Comme *branches d'activités dangereuses*, on peut citer les travaux souterrains, les mines, les carrières, les galeries (art. 10) etc.

Les *professions dangereuses* quant à elles concernent les travaux de graissage, de nettoyage, de visite ou de réparation des machines ou des mécanismes en marche ; la verrerie (art. 12) ; les travaux dans des locaux où se trouvent des machines actionnées à la main ou par un moteur, dont les parties dangereuses ne sont pas recouvertes d'un dispositif protecteur approprié (art. 11) ; les travaux de cisaille et autres lames tranchantes mécaniques ; les travaux de scie circulaire et scie à ruban ; les travaux de presse de toute nature autre que celle mue à la main (art. 13) ; les travaux dans l'air comprimé (art. 14) ; les travaux de fabrication, de manipulation ou d'utilisation d'explosifs (art. 15) ; les travaux de conduite et de surveillance des lignes, des appareils et des machines électriques de toute nature dont la tension de régime par rapport à la terre dépasse 600 volts en courant continu ou 150 volts en courant alternatif (art. 16) ; les travaux d'actionnage des roues verticales ou horizontales, des treuils ou poulie pour les enfants de moins de 16 ans ; les travaux exécutés à l'aide d'échafaudage volant pour les enfants de moins de 16 ans (art. 18) ; les travaux aux bars, quand des boissons alcooliques y sont servies de façon habituelle, dans les hôtels, restaurants, cafés, débits de boissons et établissements similaires (art. 17) ; les travaux d'exécution de tours de force périlleux ou d'exercice de dislocation dans les représentations publiques pour les enfants de moins de 16 ans (art. 18) ; les travaux de machines à coudre mues par pédales pour les filles de moins de 16 ans (art. 19). Les travaux de confection, de manutention, de vente d'écrits et d'imprimés, d'affichages, de dessin, de gravure, de peinture, de photographie, d'image ou d'autres objets dont la vente est de nature à blesser leur moralité pour exercer sur eux une influence fâcheuse sont également interdits (art. 22).

36- Dans ses prochaines réformes, le législateur camerounais gagnerait à prescrire aux chefs d'établissements industriels et commerciaux dans lesquels sont employés des jeunes travailleurs de moins de 18 ans, de veiller au maintien des bonnes mœurs et à l'observation de la décence publique[72]. C'est une mission de surveillance morale, voire éducative à laquelle doivent être conviés tous les chefs d'entreprise.

La liste ci-dessus, non exhaustive, devrait être réexaminée périodiquement et révisée, selon les besoins, à la lumière notamment des progrès de la science et de la technique[73]. Hormis les travaux expressément interdits, l'inspecteur du travail devrait pouvoir requérir un examen médical et exiger le retrait des jeunes de moins de 18 ans des travaux qui excèdent leur force. Le législateur camerounais devrait également prévoir une telle disposition dans ses réformes à venir[74]. La vétusté de l'arrêté du 27 mai 1969 encore en vigueur au Cameroun a contraint à compléter la liste ci-dessus avec quelques activités et professions extraites de la liste utilisée habituellement par le SIMPOC[75] dans les pays où la règlementation est muette en la matière.

37- La durée du travail fait également partie des *conditions dans lesquelles il s'exerce.* L'article 80 du Code du travail camerounais se contente de déclarer que dans tous les établissements publics ou privés non agricoles, la durée du travail ne peut excéder 40 heures par semaine. De même, dans toutes les entreprises agricoles ou assimilées, le nombre d'heures de travail est d'au plus 2 400 heures par an dans la limite maximale de 48 heures par semaine. Comme on peut le constater, le Code du travail camerounais ne fait pas de distinction entre la durée du travail des jeunes travailleurs avec celle des adultes. Cela ressort clairement de l'article 80 alinéa 3 du même

---

[72]V. à ce sujet l'article L. 234-1 du Code du travail français.

[73]V. art. 10 al. 2 de la Recommandation de l'OIT de 1946.

[74]À titre de droit comparé, V. l'art. L. 211-2 du Code du travail français.

[75]Le SIMPOC est le Programme d'information statistique et de suivi du travail des enfants lancé en 1998 par le BIT et destiné à soutenir de nombreux pays dans le monde dans la collecte, le traitement et l'analyse des données sur le travail des enfants en vue de la prévention et de l'éradication de ce fléau.

texte qui dispose que « *les prescriptions ci-dessus s'appliquent à tous les travailleurs, quels que soient leur âge et leur sexe, et à tous les modes de rémunération* ».

L'arrêté n° 017 du 27 mai 1969 sus-cité semble donc plus protecteur des jeunes travailleurs, en ce sens qu'il fixe les heures de travail et de visites médicales les concernant. En effet, selon ce texte, cette durée ne peut en aucun cas, excéder **trente-cinq heures par semaine ni sept heures par jour**, et il leur est expressément interdit de travailler les jours fériés, sauf dérogations fortement encadrées et autorisées par l'inspecteur du travail.

Pour ce qui est du repos, l'article 82 alinéas 1 et 2 du Code du travail dispose que le repos des jeunes travailleurs doit avoir une durée de 12 heure consécutive au minimum. Ainsi, le temps du repos qui ne doit pas être inférieur à cette durée légale ne saurait être interrompu pour quelque raison que ce soit. Le travail de nuit[76] des jeunes travailleurs dans l'industrie est interdit. Néanmoins, ils peuvent fournir leurs prestations entre 10 heures du soir et six heures du matin dans les établissements agricoles.

2- L'inefficacité des mécanismes d'éradication du travail des enfants

38- Au plan national, le travail des enfants à abolir désigne tout travail en contradiction avec les textes, mais qui n'est pas considéré comme travail dangereux ou pire forme intrinsèque. Selon le Rapport de l'INS de décembre 2008 sur le travail des enfants au Cameroun, le travail des enfants à abolir concerne tous « *types de travail qu'il convient d'éliminer car jugés non souhaitables tant socialement que moralement* » selon la législation nationale et les textes internationaux[77]. Le principal instrument permettant de cerner ce concept au niveau du pays est la loi n° 92/007 du 14 août 1992 portant Code du travail qui dispose en son article 86 alinéa 3 que les enfants ne peuvent être employés avant l'âge de 14 ans.

Alors que les pires formes de travail des enfants concernent les enfants de moins de 18 ans, les travaux à abolir quant à eux concernent les enfants de moins de 14 ans. L'interdiction du travail des enfants de moins de 14 ans

---

[76]L'art. 81 du C. du trav. considère comme travail de nuit, tout travail effectué entre 10h du soir et 06h du matin.

[77]Voir le Rapport de l'INS de décembre 2008, *op.cit.*, p. 41.

tient au fait que le travail trop précoce a des répercussions sur leurs possibilités futures d'emploi, puisque n'ayant pas la possibilité d'acquérir des qualifications intéressantes, ils sont condamnés à n'effectuer que des tâches de manœuvres, mal rémunérées, fastidieuses et à souffrir d'un handicap permanent sur le marché de l'emploi[78]. En deçà de 14 ans, ou plus précisément pour les jeunes soumis à l'instruction obligatoire, prévaut donc un principe d'interdiction de l'emploi inscrit dans l'article 86 (3) du Code du travail. La scolarité obligatoire est l'outil le plus efficace pour éliminer le travail des enfants, d'où le lien explicite qui existe entre l'âge minimum d'accès à l'emploi et la fin de la scolarité obligatoire.

Cependant, comme nous l'avons relevé plus haut, la loi camerounaise apporte certains tempéraments à ce principe d'interdiction du travail des enfants de moins de 14 ans, dans des circonstances qui doivent demeurer exceptionnelles et moyennant le respect des conditions variables selon la nature des travaux effectués. Au regard de l'inadaptation des mécanismes de contrôle et du nombre insuffisant des inspecteurs du travail dans notre pays, nous avons préconisé que l'interdiction du travail des enfants de moins de 14 ans le soit de manière absolue.

39- Sur le plan international, l'OIT va plus loin dans le suivi de la mise en œuvre de ses conventions. La mise en œuvre des sanctions étant difficile au plan international, elle se contente d'organiser de grandes campagnes internationales de sensibilisation contre le travail des enfants. À titre illustratif, on peut citer la campagne « *Carton rouge contre le travail des enfants* » lancée par l'OIT dans les années 2000, qui a été largement diffusée dans les médias nationaux et internationaux.

Il arrive également à l'OIT de prendre des mesures plus sévères contre les États qui ne respectent pas ces conditions protectrices des enfants, ou qui n'ont simplement pas ratifié lesdites conventions. C'est ainsi qu'elle a encouragé, en accord avec l'Organisation Mondiale du Commerce (OMC), le boycott, voire l'interdiction de la vente dans les grands marchés économiques, des produits moins chers en provenance des États où les enfants constituent la principale main d'œuvre. L'on comprend alors

[78]EOG J.C., « La protection juridique du travail des enfants : une illusion ? », *op.cit.*, p. 58.

pourquoi les produits en provenance d'Asie ont souvent été boudés dans les espaces économiques européens[79].

L'OIT en accord avec l'OMC devrait multiplier ce type de *clauses sociales*[80] afin d'assurer le respect des normes minimales de travail reconnues au niveau international[81]. Ce mécanisme de pression sur les États « *socialement incorrects* » qui revient régulièrement dans les discussions internationales avait été proposé pour la première fois lors de la conclusion de l'Uruguay ROUND en 1994 par la France et les États-Unis. L'introduction de cette clause sociale dans les accords de l'OMC avait été l'objet d'une grande controverse entre les pays industrialisés et les pays en développement d'une part, entre syndicats et certaines ONG du Nord et du Sud d'autre part, les uns voyant la clause sociale comme un instrument adéquat de protection des droits sociaux, les autres en revanche craignant une utilisation détournée à des fins protectionnistes.

Il va de soi que la clause sociale défend un intérêt noble : l'éradication du travail des enfants et la protection des droits sociaux des jeunes travailleurs qui travaillent un peu partout dans le monde. Seulement, elle ne doit pas

---

[79]ABENA BEDIGA C.L., *L'incapacité en droit du travail*, Mémoire *op.cit.*, p. 37.

[80]On entend par « *Clause sociale* », une disposition intégrée à un accord du commerce international dans le but d'assurer le respect des normes minimales de travail. Celle-ci permet à un pays de limiter ou d'interdire l'importation des produits fabriqués en violation de ces normes. Elles peuvent aussi prendre la forme d'incitations positives telles que par exemple, l'octroi d'un accès préférentiel aux marchés pour les produits « *socialement corrects* ».

[81]Une clause sociale devrait au minimum exiger le respect des droits fondamentaux au travail, réaffirmés dans une déclaration adoptée par l'OIT en juin 1998. Celle-ci porte sur quatre principes fondamentaux : la liberté d'association et la reconnaissance du droit de négociation collective ; l'élimination de toute forme de travail forcé ou obligatoire ; l'abolition du travail des enfants et l'élimination de toutes formes de discriminations en matière d'emploi et de profession. Ces principes ont été exprimés de façon plus complète dans les huit conventions de l'OIT que sont : La Convention n° 87 sur la liberté syndicale et la protection du droit syndical ; la Convention n° 98 sur le droit d'organisation et de négociation collective ; la Convention n° 138 sur l'âge minimum d'admission à l'emploi ; la Convention n° 29 sur le travail forcé ; la Convention n° 105 sur l'abolition du travail forcé ; la Convention n° 100 sur l'égalité de rémunération pour un travail de valeur égale ; la Convention n° 111 sur la non-discrimination en matière d'emploi et de profession ; la Convention n° 182 sur l'interdiction des pires formes de travail des enfants.

être instrumentalisée. Certes il faut des clauses sociales, mais elles doivent être modulées en fonction du degré de développement de chaque pays, pour qu'elles soient acceptées par tous.

En effet, les sanctions et les pressions à l'encontre des industries exportatrices peuvent avoir des conséquences fâcheuses à long terme qui risquent en fin de compte de faire plus de mal que de bien aux enfants. À titre d'illustration, l'histoire du projet de loi Harkin aux États-Unis est assez révélatrice à cet égard. Il s'agit d'un projet présenté au Congrès américain en 1992 dans le but louable d'interdire l'importation des produits fabriqués par les enfants de moins de 15 ans. La simple menace d'une telle mesure avait semé la panique dans l'industrie du vêtement au Bangladesh, dont 60 % de la production – d'une valeur de quelques 900 millions de dollars – a été exportée vers les États-Unis en 1994[82]. Du jour au lendemain, les usines ont renvoyé les enfants travailleurs, pour la plupart des filles. Une étude parrainée par des organisations internationales a recherché certains de ces enfants pour apprendre ce qui leur était arrivé après leur licenciement. Une grande partie d'entre eux se livraient à d'autres activités souvent plus dangereuses et moins bien payées, voire à la prostitution. Reconnaissant que l'usine valait mieux que le trottoir, les organisations onusiennes ont mis en place un programme afin que certains enfants soient réembauchés et aient accès à l'éducation et à la santé sur leurs lieux de travail.

Ce projet a été une illustration classique du mal que l'on peut faire avec les meilleures intentions. La leçon à tirer est claire : en raison du danger potentiel que comportent les sanctions, il convient, chaque fois qu'elles sont envisagées, d'en évaluer les effets sur les travailleurs mineurs dans les pays concernés, et d'assurer ultérieurement un suivi constant pour estimer les conséquences à long terme sur les enfants[83].

A- De la reconnaissance des droits attachés à la condition du jeune travailleur

---

[82]HEISSLER K., *Child Labor in Export Garment Manufacturing : Towards an understanding of the industry, implications for development and interventions for children*, 19 December 1995, p. 64, document non publié, cité par l'UNICEF dans son rapport de 1997 sur *Les Enfants au travail*, p. 24.

[83]V. *La situation des enfants dans le monde*, Rapport de l'Unicef de 1997 sur les *Enfants au travail*, p. 24 et s.

40- En concluant un contrat de travail, le jeune travailleur acquiert une « *capacité professionnelle* »[84], lui conférant certains droits collectifs identiques à ceux des salariés majeurs. Pour autant, le jeune travailleur est-il un salarié comme les autres ? D'une part, l'on peut s'interroger sur le point de savoir s'il peut percevoir lui-même sa rémunération (1) et d'autre part, s'il a le droit de se syndiquer, bref, d'adhérer aux institutions de représentation professionnelle ? (2).

1- De la perception et de l'utilisation des revenus du jeune travailleur

41- La rémunération du travail des jeunes travailleurs s'établit en général en deçà du salaire minimum et leurs gains sont toujours inférieurs à ceux des adultes, même en cas de travail égal. Pire encore, de nombreux autres enfants ne reçoivent parfois aucune contrepartie financière. C'est le cas par exemple de ceux qui travaillent pour éteindre une dette[85].

Il nous semble qu'il convient de faire face à tous ces phénomènes discriminants et dégradants auxquels la main-d'œuvre enfantine est confrontée.

De prime abord, il convient de relever qu'aucune disposition du Code du travail camerounais ne concerne ni la perception ni l'utilisation des revenus professionnels du mineur. Ces deux questions doivent dès lors être régies par le droit civil.

42- Pour ce qui est de ***la perception du salaire***, l'article 1241 du Code civil dispose que « *le paiement fait au créancier n'est point valable s'il était incapable de le recevoir, à moins que le débiteur ne prouve que la chose payée a tourné au profit du créancier* ».

Dans la pratique, un usage s'est installé selon lequel, l'employeur verse directement le salaire du mineur entre ses mains. Comme pour la conclusion du contrat de travail, on estime que l'absence d'opposition du représentant légal est suffisante. Le moins que l'on puisse dire c'est que le mineur touche ses salaires par mandat tacite de ses représentants légaux dont

---

[84]SCHMITT M., « La protection de l'enfant au travail en droit français », *AJ Famille* 2006 p. 132.

[85]Selon l'art. 3 de la Conv. 182 de l'OIT, la servitude pour dettes est une des pires formes de travail des enfants.

il faudra encore rapporter la preuve. Le cas échéant, l'employeur peut toujours se voir réclamer la répétition des sommes versées directement au mineur... à moins de prouver qu'elles ont tourné à son profit. L'usage s'apparente alors moins à une coutume qu'à une tolérance dont la limite réside dans la protection du mineur par ses représentants légaux[86].

La doctrine semble favorable à la reconnaissance de cet usage selon lequel le mineur peut percevoir lui-même son salaire[87]. Compte tenu du nombre assez élevé de mineurs qui travaillent, la doctrine estime sur le plan pratique qu'il ne peut être possible d'exiger que leurs représentants légaux viennent tous les quinze jours ou tous les mois émarger le livre des salaires. Cette solution se justifie également, selon la doctrine, sur le plan juridique par le caractère alimentaire du salaire qui rend naturelle sa perception par le salarié lui-même, lequel assure normalement son entretien avec le produit de son travail[88].

Tous ces arguments demeurent pour le moins critiquables. À notre avis, il ne paraît guère souhaitable de reconnaître de manière générale à l'enfant mineur une capacité pour la perception des revenus tirés de son activité professionnelle. Le mineur n'ayant pas l'administration de ses propres biens, le salaire doit être versé à son représentant légal (par la combinaison des articles 384, 389-1 et 389-3 c. civ.). Sauf à violer la règle de l'article 1241 du Code civil, l'usage ne crée pas un supplément de capacité au profit du mineur travailleur. En principe, lorsque le mineur acquiert des revenus tirés d'une activité professionnelle, qu'elle soit régulière ou ponctuelle, ceux-ci sont légalement administrés par les père, mère ou tuteur en leur qualité de représentants légaux de l'enfant. Comme l'a si bien écrit un auteur[89], la perception des revenus du mineur constitue même l'une des missions du

---

[86]FAVIER Y., « La nécessaire protection des revenus du travail de l'enfant », *AJ Famille* 2006 p. 147.

[87]Voir VERKINDT P.-Y., « Le droit des revenus professionnels du mineur », *in L'enfant, la famille, l'argent,* Actes des Journées d'Études des 13 et 14 déc. 1990, Paris, LGDJ, 1991, p. 80 ; CHAMPENOIS G., « Capacité, incapacité et contrat de travail », *in La personne en droit du travail,* (dir) TEYSSIE B., Paris, éd. Panthéon Assas, 1999, p. 16.

[88]STOUFFLET J., « L'activité juridique du mineur non émancipé », *Mélanges Voirin,* p. 789, n ° 15.

[89]HAUSER J., « De la nature juridique de la représentation des mineurs », *RJPF,* 2001, p. 6.

représentant légal qui doit passer tous les actes d'administration en son nom, moins en vertu du pouvoir que lui confère son rôle de représentant, qu'en application d'une **obligation légale** qui va au-delà de la représentation et du pouvoir que leur transmettrait un simple représenté conventionnel. Il s'agit là d'une caractéristique de la représentation légale des mineurs, sur ce point très éloignée de la représentation classique[90].

L'obligation des représentants légaux de recevoir les paiements au nom du mineur se fonde sur le seul intérêt supérieur de l'enfant, supposé jusqu'à preuve du contraire, moins à même de protéger lui-même ses propres intérêts dans le cadre de la relation de travail, exception faite des actes pris dans l'exercice de sa profession[91], car ils ne mettent pas directement en jeu sa protection. Il n'est donc pas incohérent de maintenir un système d'autorisation, comme l'illustrent les règles spéciales applicables à la rémunération des mineurs dans certains domaines d'activités. Par exemple, pour des raisons pratiques, les jeunes marins apprentis peuvent être autorisés au premier embarquement, par les représentants légaux eux-mêmes ou, à défaut, par le juge d'instance, à percevoir seuls les revenus de leur travail[92]. *A contrario*, le droit pour le mineur de percevoir seul les revenus du travail, reste soumis à l'autorisation préalable des représentants légaux.

En droit français par exemple, **les règles qui obligent l'employeur à verser le salaire du mineur entre les mains de son représentant légal ont un caractère d'ordre public**[93]. Ce qui amène à conclure que tout versement effectué directement entre les mains d'un mineur en violation des règles serait frappé de nullité, sans préjudice des poursuites pénales prévues à l'encontre de l'employeur qui ne respecterait pas les règles impératives de protection de l'enfant[94].

43- La seconde question porte sur la ***capacité du mineur à disposer seul de ses salaires***. Là encore, la pratique diffère du droit, puisque généralement le mineur gère et dispose librement de ses salaires.

---

[90]FAVIER Y., « La nécessaire protection des revenus du travail de l'enfant », *AJ Famille* 2006, p. 147.

[91]V. art. 1308 du C. civ.

[92]V. par ex. l'art. 110 du C. trav. marit. Français.

[93]V. art. L. 221-8. du C. trav. français.

[94]V. art. R. 117-17 du C. trav. français.

Pourtant, selon notre droit positif, le mineur ne dispose d'aucun droit propre sur les revenus de son travail. Le devoir d'administrer ses revenus est une charge de l'administration légale et de la tutelle. En d'autres termes, le mineur n'a pas la jouissance de ses biens, celle-ci étant confiée par l'article 389 du Code civil à ses représentants légaux. Toutefois, si l'administration des revenus du travail est une charge des représentants légaux, il faut prendre garde qu'elle ne favorise une confusion des patrimoines. Les revenus professionnels doivent être gérés dans le seul intérêt de l'enfant et en les distinguant autant que possible du patrimoine de leurs parents. C'est pour cela qu'en vertu de l'article 387 du Code civil, la possibilité pour les parents de s'attribuer les revenus de leur enfant (droit de jouissance légale) ne s'étend pas aux biens qu'il peut acquérir par son travail. Cette disposition prend soin d'écarter les revenus du travail de l'assiette du droit de jouissance légale, signifiant ainsi l'obligation parentale de rendre compte de l'utilisation des revenus du travail de l'enfant.

Les revenus professionnels sont alors perçus à son profit, sous réserve des dépenses d'entretien, ce qui imposerait la tenue d'un compte spécifique au nom du mineur. Comme l'a rappelé la Cour de cassation française dans un arrêt du 19 février 1991[95], les revenus du travail doivent être obligatoirement capitalisés pour le compte et au nom du mineur. Si les administrateurs légaux peuvent faire des retraits nécessaires, c'est à condition de justifier l'utilisation qui en a été faite à leur enfant devenu majeur. Faute de reddition des comptes, la preuve de l'emploi du capital reste à la charge des parents administrateurs légaux. Le reliquat des revenus du travail doit être capitalisé sur un compte au nom de l'enfant. Dans le cas où le capital, constitué des revenus professionnels a été dilapidé, il appartient à l'enfant devenu majeur d'assigner ses représentants légaux en restitution des sommes litigieuses augmentées des intérêts légaux et d'agir en responsabilité pour faute de gestion[96].

2- De la liberté de participation du jeune travailleur aux institutions de représentation professionnelle

[95] *Cass. 1re civ., 19 févr. 1991, Bull. civ. I, n° 66 ; Defrénois 1991, n° 17, p. 953,* note MASSIP J.

[96] Il convient tout de même de reconnaître que l'exercice d'une telle action reste peu aisé dans la pratique.

44- On s'intéressera principalement ici au droit du jeune travailleur de se syndiquer et de participer à la désignation des délégués du personnel.

45- *Le droit de se syndiquer* est le droit de s'inscrire ou d'adhérer à un syndicat de son choix. Le principe de la liberté syndicale est clairement affirmé au niveau international par la Convention nº 87 concernant la liberté d'association et la protection du droit syndical de 1948. Selon l'article 2 de ce texte, « *les travailleurs et les employeurs, sans distinction d'aucune sorte, ont le droit, sans autorisation préalable, de constituer des organisations de leur choix, ainsi que celui de s'affilier à ces organisations, à la seule condition de se conformer aux Statuts de ces dernières* ». La CIDE en son article 14 conforte cette liberté. S'agissant particulièrement des travailleurs mineurs, le BIT a reconnu par le biais du Comité de la liberté syndicale que « *les mineurs peuvent s'affilier à des organisations syndicales à partir de l'âge de 14 ans* »[97]. C'est ainsi par exemple qu'en Bolivie, les jeunes qui travaillent ont leur syndicat dénommé « UNATSBO » (*Unión de* Niños, Niñas *y Adolescentes Trabajadores de Bolivia* qui signifie en français l'Union des enfants et adolescents travailleurs de Bolivie) qui promeut l'éducation, la gratuité des soins médicaux et réclame notamment un salaire des enfants égal à celui des adultes[98]. Ce phénomène des syndicats de jeunes travailleurs s'étend d'ailleurs à plusieurs pays d'Amérique latine tels que le Pérou (Mouvement des adolescents et enfants travailleurs, descendants d'ouvriers chrétiens, MANTHOC), le Paraguay (CALLESCUELA, littéralement « Rue-école »), le Venezuela (Coordination régionale d'enfants et adolescents travailleurs, CORENATS) ou encore l'Équateur et le Guatemala[99].

---

[97]V. BIT, 344e rapport du Comité de la liberté syndicale, publié à l'issue de la 298e session de son Conseil d'administration tenu à Genève en mars 2007, CAS N° 2448, plaintes contre le gouvernement de la Colombie présentées par la Confédération mondiale du travail (CMT) et la Confédération générale du travail de Colombie (CGT), spéc. n° 818, p. 190 et s.

[98]Les jeunes travailleurs boliviens gagnent deux à trois fois moins que les adultes. En plus, les enfants n'ont pas le droit de posséder de compte en banque et donnent leurs économies à leurs parents.

[99]Opposés aux Conventions internationales qui visent l'abolition du travail des enfants, les mouvements d'enfants et d'adolescents travailleurs d'Amérique latine militent pour la reconnaissance du droit au « travail digne » de leurs membres et contre toute forme

Au Cameroun, la liberté syndicale est consacrée par le préambule de la Constitution du 18 janvier 1996 ainsi que par l'article 4 (1) du Code du travail qui dispose que « *les travailleurs et les employeurs ont le droit de s'affilier à un syndicat de leur choix dans le cadre de leur profession ou de leur branche d'activité* ». À la différence des Codes du travail sénégalais[100] et burkinabé[101] qui exigent au minimum l'âge de 16 ans pour adhérer à un syndicat, le Code du travail camerounais est moins explicite à ce sujet. Néanmoins, l'alinéa 2 de l'article 4 du Code du travail sus évoqué interdit à l'égard des travailleurs, tout acte de discrimination – notamment l'âge – tendant à porter atteinte à la liberté syndicale. Dès lors, les apprentis, les stagiaires, les jeunes qui bénéficient d'un contrat de formation ou de réinsertion peuvent se syndiquer, sans avoir besoin d'un quelconque accord préalable de leurs représentants légaux.

Toutefois, si le législateur camerounais reconnaît le droit d'adhésion à un syndicat à tout travailleur ou employeur, il soumet son exercice à certaines conditions. À ce titre, le jeune travailleur ne peut par exemple adhérer à un syndicat et participer aux élections professionnelles qu'à certaines conditions : il ne peut être membre d'un syndicat que s'il exerce effectivement une profession salariée au moment de son adhésion[102]. De même, il ne peut valablement adhérer qu'au syndicat de sa profession ou de sa branche d'activité[103].

Les autres restrictions tiennent à l'exercice des responsabilités syndicales. Le salarié mineur ne peut exercer des responsabilités syndicales, car les promoteurs d'un syndicat ainsi que les membres chargés de son administration ou de la direction doivent jouir de leurs droits civiques et n'avoir encouru aucune des condamnations prévues à l'article 30 du Code pénal[104].

---

d'exploitation. Voir MORSOLIN C., « "Protagonisme" des mouvements d'enfants travailleurs en Amérique latine », *Alternatives Sud*, Vol. 16-2009, p. 161 et s.

[100]V. art. L.11. du C. trav. sénégalais du 1er décembre 1997.

[101]V. art. 283 du C. trav. burkinabé du 13 mai 2008.

[102]V. art. 7 al. 1 du C. trav.

[103]V. art. 4 al. 1 du C. trav.

[104]V. art. 10 du C. trav.

46- Pour ce qui est de ***l'élection des délégués du personnel***, le Code du travail dispose que pour être électeur, il faut être un travailleur âgé d'au moins dix-huit ans, et avoir au moins six mois d'ancienneté dans l'entreprise. Pour être éligible, le travailleur doit avoir plus de vingt ans, parler le français ou l'anglais et être dans l'entreprise depuis plus d'un an[105]. Preuve s'il en était encore besoin que les jeunes travailleurs jouissent certes des droits attachés à leur condition, mais que l'exercice de certains de ces droits reste encore limité.

Conclusion

47- En l'état actuel du droit camerounais, le législateur social ne semble pas encore avoir pris la pleine mesure de ce que représente le travail des enfants, ainsi que la protection des jeunes travailleurs. Certes, le Cameroun a ratifié la plupart des Conventions et Recommandations de l'OIT sur le travail des enfants, mais la problématique du travail des enfants demeure d'actualité dans notre pays. Des difficultés de transposition et d'adaptation de ces Conventions et Recommandations en droit interne persistent. Ce qui appelle sans doute à une nouvelle réforme législative, car comme l'indiquait Montesquieu, « *une mauvaise loi oblige toujours le législateur d'en faire beaucoup d'autres, souvent très mauvaises aussi, pour éviter les mauvais effets ou, au moins, pour remplir l'objet de la première* »[106].

Cette nouvelle réforme législative devra surtout appréhender la problématique du travail des enfants en amont, en tenant compte des causes et des facteurs qui amènent les enfants à travailler, sinon s'évertuer à obtenir l'abolition du travail des enfants sans se demander pourquoi ils travaillent revient à agir sur les manifestations d'un mal en laissant les causes intactes. Cela reviendrait en quelque sorte à faire baisser la fièvre d'un patient sans lui administrer le traitement devant éradiquer le germe responsable de la montée de la fièvre.

---

[105]V. art. 123 al. 1 et 2 du C. trav.

[106]Montesquieu, *Mes pensées*, 1720-1755, posthume, 1899, cité par BENILLOUCHE M., « L'interdiction des mutilations sexuelles : entre confirmation et révolution… », *RDLF* 2014, chron. n°6, www.revuedlf.com consulté le 10 février 2014.

II.

DROIT PUBLIC

LE PRÉSIDENT AU PARLEMENT

Patrick Edgard ABANE ENGOLO[1]

Alerte au loup ! Telle devrait être la réaction à avoir quant à la présence du Président au Parlement. Certes, les parlementaires n'ont ni la fragilité du mouton ni la délicatesse de l'agneau, mais il y a bien matière à s'inquiéter lorsque l'autorité incarnant un pouvoir se retrouve à venir prendre la parole dans l'enceinte réservée aux travaux d'un organe théoriquement appelé à contrôler son action.

L'étude menée sur le Président au Parlement aborde une question qui donne à voir la portion d'un pouvoir exécutif représentée ici par un corps, faire une apparition visible et directe devant un autre corps qui est le Parlement en l'occurrence. Par la théorie de la séparation des pouvoirs, ces deux corps sont opposés et la présence de l'un chez l'autre laisse à envisager qu'ils sont en train de faire corps[2]. En fait, cette situation d'apparence banale est porteuse de bon nombre de symboles et leçons sur les postures et pouvoirs du Président et du Parlement notamment.

Pour son appréhension, le Président est à considérer comme l'autorité assurant la fonction de chef de l'exécutif. Sur ce point, il n'est point besoin que celui-ci soit titulaire de pouvoirs effectifs, car même s'il se contente « d'inaugurer les chrysanthèmes », l'essentiel est que le texte constitutionnel le désigne comme tel. C'est ainsi qu'il peut s'agir du Président de la

---

[1] *Maître de conférences Agrégé, Université de Yaoundé II- Cameroun, Directeur du Centre d'études et de Recherches Constitutionnelle, administrative et Financière (CERCAF)*

[2] La Déclaration des droits de l'homme et du citoyen qui sert de préambule à la Constitution de 1791 proclame en son article 16 et en reprise à l'idée de la séparation des pouvoirs telle que développée par Montesquieu que « toute société dans laquelle la garantie des droits n'est pas assurée, ni la séparation des pouvoirs déterminée, n'a pas de Constitution ». Il est peut-être envisagé que séparer ces pouvoirs, c'est au sens strict refuser que les uns s'introduisent « chez » les autres.

République[3] comme en France, en Italie, au Cameroun ou au Sénégal. La Reine en Angleterre, le Roi d'Espagne ou encore celui du Maroc[4] sont aussi assimilables au Président parce qu'ils sont les chefs de l'exécutif aux côtés d'un gouvernement. Ailleurs, à l'exemple des États-Unis d'Amérique et du Bénin, le Président qui y exerce la totalité du pouvoir exécutif rentre également dans cette étude qui ressort au final, au-delà de l'ordre juridique, la spécificité de la présence d'un chef de l'exécutif dans le Parlement.

L'institution parlementaire qui a une fonction représentative et délibérative[5] est le pouvoir constitué chargé de voter la loi et de contrôler l'action de l'exécutif[6]. Le contenu de sa mission de contrôle couplé à la séparation, fait du Parlement un organe, un corps distinct de l'organe exécutif ; et le Président serait donc empêché de « s'y produire ».

En parcourant la plupart des ordres juridiques, il apparaît bien que le Président bénéficie d'un droit d'entrée dans les assemblées. En fait, pendant que les pères fondateurs prescrivaient une telle éventualité dans le texte constitutionnel nord-américain qui date de 1787, la France procédait différemment. Dans cet État, les monarchistes ont pu, malgré la défiance à l'égard du pouvoir personnel depuis la Révolution de 1789, maintenir un droit exceptionnel d'entrée au Parlement au bénéfice du chef de l'exécutif. Mais alors, sous la Troisième République, l'article 1er de la loi constitutionnelle du 13 mars 1873 fait interdiction au Président de la République de s'adresser directement au Parlement[7], et cette prescription a perduré jusqu'en 2008. En effet, en cette date intervient une modification

---

[3] Cette institution n'apparaît en France qu'en 1848, avec la deuxième République. Cf. Marcel Morabito, *Histoire constitutionnelle de la France (1789-1958)*, Paris, Montchrestien, 18e éd., 2004, p.23.

[4] Dans cet État, la Constitution de 2011 traite du pouvoir exécutif dans ses articles 87 et s. Il y est disposé que le gouvernement exerce le pouvoir exécutif. Il ne le détiendrait pas, et serait même plus un commis du roi ; véritable détenteur du pouvoir exécutif.

[5] Michel de Villiers et Armel le Divellec, *Dictionnaire du droit constitutionnel*, Paris, éditions Dalloz, 7e éd., 2009, p.241.

[6] Le Parlement peut aussi exercer des fonctions consultatives et judiciaires.

[7] Cette interdiction faite en France au Président d'entrée dans l'enceinte du Parlement est notamment une réaction, quoique tardive, de l'intrusion de force du général Bonaparte, dans la salle des séances du Conseil des Anciens et du Conseil des Cinq-cents au lendemain du coup d'État du 9 novembre 1799.

constitutionnelle[8] dont l'article 18 est pour plus d'un la représentation du tempérament du Président Sarkozy qui, sur plus d'un point était considéré comme un Président qui gouverne[9].

Cet article 18 fait tomber le tabou constitutionnel de la présence physique du Président au Parlement. En fait, pendant que la France avait rejeté cette possibilité, de nombreux États dont ceux ayant un régime présidentiel pourtant présenté comme étant de séparation stricte des pouvoirs, l'admettaient.

En réalité, le régime général de cette pénétration du chef de l'exécutif dans les assemblées fait état d'un fort encadrement et d'une rareté de cet évènement. Le texte constitutionnel admet cette éventualité, mais les Présidents tendent à n'en faire usage que rarement, ou encore le texte prescrit expressément cette pénétration, mais seulement pour une occasion particulière (exemple : message du Président des États-Unis d'Amérique sur l'État de l'Union). Peut-être qu'il y a moins d'atteinte à la séparation des pouvoirs quand l'intrusion s'effectue sporadiquement et exceptionnellement. Toutefois, le débat est nourri par rapport à la nécessité d'une telle ouverture. Sous le prisme du « *checks and balances* », le président, corps de l'exécutif semble bien avantagé par le droit d'entrée au Parlement qui, comme un maître s'adresse à ses ouailles depuis un pupitre et gagne en prestige avec pour effet le musèlement des destinataires de l'adresse.

La reconnaissance constitutionnelle d'un droit d'entrée au Parlement au bénéfice du président suscite dès lors une interrogation ; à savoir, quel est le sens de la présence du Président au Parlement ?

La portée d'une telle présence est ainsi interpelée. Quoique compatible avec la théorie de la séparation des pouvoirs qui postule un fonctionnement de « concert »[10] des pouvoirs constitués, il y a un signe de prévalence du

---

[8] Loi constitutionnelle n ° 2008-724 du 23 juillet 2008 de modernisation des institutions de la Ve République.

[9] Philippe Ardant, *Institutions politiques et droit constitutionnel*, Paris, LGDJ, 19 éd., 2007, p.479.

[10] Montesquieu écrit dans *L'esprit des lois* que « le corps législatif y étant composé de deux parties, l'une enchaînera l'autre par sa faculté mutuelle d'empêcher. Toutes les deux seront liées par la puissance exécutrice, qui le sera elle-même par la législative ».

Président sur les autres pouvoirs politiques à travers ce droit d'entrée. En fait, le Président entretient des rapports directs et indirects avec les assemblées parlementaires.

En ce qui concerne les rapports indirects, il peut leur adresser des messages lus par les présidents des chambres, il promulgue les lois, demande une nouvelle délibération sur une loi adoptée. Il convoque et clôture les sessions extraordinaires du Parlement et peut même dissoudre la chambre basse en régime parlementaire[11]. En ce qui concerne les rapports directs, le Président franchit le Rubicon et se trouve directement en contact avec le Parlement. Cette venue physique dans l'hémicycle a pour occasion le serment et le droit de message. Si ces deux évènements ne sont pas toujours ordonnancés de la même manière, leur reconnaissance dans un régime est porteuse de symboles et d'implication quant à la stature du Président. En effet, la présence du Président au Parlement laisse percevoir d'une part un affaissement du Parlement et du gouvernement (I) et d'autre part, il y a comme effet logique un renforcement du pouvoir présidentiel (II).

I. Un affaissement du Parlement et du gouvernement

Alors que certains indiquent que le Président devant le Parlement est une situation de peu d'importance ou d'inadéquation vis-à-vis du régime parlementaire[12], il faut leur rétorquer que la plupart des régimes politiques connaissent cette possibilité si bien qu'elle ne peut être *de jure* détachée ou rattachée à un régime particulier. En plus, elle concorde avec la théorie de la séparation des pouvoirs et loin d'être de peu d'importance il est à constater que le Parlement se trouve spectateur pour le serment (A) et le gouvernement comme courroie de transmission est également dépassé (B).

---

[11] Le Parlement dispose quant à lui du pouvoir de démettre le Président en enclenchant une procédure de destitution ou d'empêchement définitif.

V. Patrick Edgard ABANE ENGOLO, « L'empêchement définitif du Président de la République en droit camerounais », RADP, vol.1, n° 01, 2012, p.182s.

[12] Jean-Philippe, « Le Président de la République devant le Parlement, véritable hybridité et fausse réforme », *Politique et analyse institutionnelle*, blog droit administratif.net, 05/10/2007.

A. Le Parlement spectateur pour le serment

Du serment et du droit de message qui sont les deux hypothèses dans lesquelles le Président peut être admis au Parlement, alors que le régime du second conduit à un renforcement du Président devant un Parlement qui peut avoir le droit de réagir ; le premier est plus rattaché à l'image du Parlement spectateur.

Parler du Parlement spectateur renvoie à dire qu'il est confiné à ne pouvoir rien dire et à ne pouvoir rien faire (contre). Ce cas de figure n'existe pas en France, car le constituant n'y a pas prévu de prestation de serment. La pratique y a simplement institué une journée de l'investiture[13], loin du traditionnel serment prescrit dans divers autres ordres juridiques.

Pour la plupart des États, il est requis pour son investiture que le Président prête serment. Sur ce point, deux grandes tendances s'observent : soit le serment est prononcé devant le Parlement, soit il l'est devant la juridiction.

Le choix de la juridiction est souvent de confier à la plus haute autorité juridictionnelle qui est par ailleurs garante de la primauté de la Constitution, la responsabilité de recevoir le serment du Président. Il en est ainsi aux États-Unis d'Amérique où le *chief justice of the United states*, président de la Cour Suprême reçoit le serment du Président. Le Burkina Faso, Madagascar, le Sénégal ou encore l'Afrique du Sud ont aussi opté pour une prestation de serment devant le juge constitutionnel[14].

Intérêt est porté aux États dans lesquels le serment est prêté devant le Parlement. Il en est ainsi notamment du serment du monarque espagnol et du Président italien[15]. Au Cameroun, au Bénin ou encore en Tunisie[16] où les

---

[13] Le Président élu se rend à l'Élysée, celui sortant l'accueil. Il s'ensuit une conversation entre les deux, puis le Président reçoit ses insignes et prononce son allocution d'investiture.

[14] Voir respectivement, art 44 de la loi constitutionnelle du Burkina Faso de 1997, art 48 de la Constitution de Madagascar de 2010, art 31 de la Constitution sénégalaise, et annexe 2 de la Constitution sud-africaine de 1996.

[15] Art 61 de la Constitution espagnole de 1978 et art 91 de la Constitution italienne de 1947.

[16] Voir respectivement art 7 de la loi constitutionnelle de 1996 du Cameroun ; art 53 de la Constitution de 1990 du Bénin ; art 57 de la Constitution de 2014 de Tunisie.

Présidents de la République jouent des rôles de premier plan, il est également choisi de lui faire prêter serment devant le Parlement. Cependant, au Bénin, la spécificité est de faire recevoir le serment par le Président de la Cour Constitutionnelle devant l'Assemblée nationale et la Cour Suprême. Le système est le même au Cameroun, sauf que le serment est reçu par le président de la chambre basse.

Ce florilège fait voir que plusieurs États ont inscrit dans leurs Constitutions un droit d'entrée du Président dans le Parlement pour y prêter serment. Il s'exerce justement à l'occasion de l'entrée en fonction et jamais plus après, ce qui en fait une admission exceptionnelle du Président au Parlement.

Il y est disposé que le Parlement reçoit le serment ou qu'il est prononcé devant lui. Deux facteurs font du Parlement un spectateur à cette occasion. Le premier est le rôle qui lui est réservé dans le cadre de la prestation de serment. En tant que représentants du peuple, les représentants apparaissent comme des Témoins devant attester que le Président s'est dit à la disposition de l'intérêt général. Aussi recevoir le serment veut dire l'enregistrer et non l'écrire. En effet, le serment que prononce le Président n'est pas l'œuvre du Parlement, mais du constituant qui l'a marqué le plus souvent avec précision dans le texte constitutionnel[17].

Le second facteur est l'inanité du Parlement du fait des effets du serment. Le serment est rempli de symboles. Il évoque notamment un adoubement, c'est-à-dire une (re) connaissance comme quoi, le Président est déjà élu et seules les formalités d'entrée en fonction sont à remplir. De fait, un Président élu qui n'a pas encore prêté serment est plus légitime à agir qu'un Président qui a achevé son mandat. Surtout, le serment ne donne pas accès à la présidence comme l'élection et il est peu envisageable que l'absence de serment soit un obstacle rédhibitoire à l'exercice des charges présidentielles.

[17] Il faut à cet égard souligner l'anachronisme camerounais qui est de choisir de confier au législateur le choix de la formule du serment avec donc le risque que le serment comporte des énonciations suggérant une subordination de l'exécutif au Parlement et des réminiscences de l'État légal.
Cf. art 7 (3) de la loi constitutionnelle camerounaise de 1996.

Dans le serment, les devoirs constitutionnels du Président sont en général repris. Le Président reconnaît souvent que la souveraineté appartient au peuple. La formule du serment égraine l'obligation qui lui est faite de respecter la Constitution, de remplir loyalement ses fonctions, de les exercer dans l'intérêt général, de préserver l'intégrité territoriale nationale, etc. Malgré que les formules des serments puissent légèrement varier, ce qui est constant, c'est que le Président prend des engagements, mais les effets des actes non conformes au serment interpellent.

En fait, le serment comme indiqué est porteur d'obligations constitutionnelles. Quand la responsabilité du Président peut être mise en jeu, la question est de savoir si c'est pour un non-respect de la Constitution qu'il sera accusé ou pour violation du serment et donc toujours de la Constitution ? Le serment revêt une dimension incantatoire à la différence de la Constitution d'emploi plus évident. Par exemple, le Président communément irresponsable sous l'angle politique, l'est souvent sous l'angle pénal. Qu'il s'agisse de la haute trahison ou d'un manquement manifeste à ses devoirs[18], c'est le texte constitutionnel qui reste le fondement de la procédure engagée et non le serment. C'est ainsi que Napoléon Bonaparte par un coup d'État échappe à l'inculpation de haute trahison pour dissolution de l'Assemblée nationale qu'il a illégalement décrétée, de même l'ex-Président pakistanais est actuellement poursuivi pour le même chef d'accusation parce qu'il a suspendu la Constitution et instauré l'état d'urgence en 2007.

Au final, le serment reprend l'esprit et la lettre d'obligations constitutionnelles. À cela il faut ajouter que sa violation n'est point problématique, car il lui est préféré le non-respect du texte constitutionnel (parce que pus opératoire). Cet ensemble rend compte du caractère purement symbolique de cette formalité qu'est le serment. Le Parlement qui

[18] Le cas de l'article 68 nouveau de la Constitution de 1958 fait constater en France le glissement de la notion de haute trahison à celle de manquement à ses devoirs manifestement incompatible avec l'exercice de son mandat pour révéler un changement de paradigmes. Le premier semblait davantage renvoyer à une entente avec l'ennemi alors qu'il convenait d'y voir stricto sensu un dévoiement du mandat. Pour autant, la plupart des lois fondamentales ont maintenu la haute trahison qui, quelle que soit sa formulation se greffe aux devoirs constitutionnels non respectés.

le reçoit regarde donc en spectateur ce Président qui le prononce, parce qu'il n'est pas l'auteur du serment et que le serment n'est pas pour lui un moyen de pression contre le Président. Au contraire, le prononcer c'est venir marteler devant les chambres que le souverain reste le peuple, et que c'est de ce peuple que le Président tient sa légitimité. Par ailleurs, le serment comme le droit de message fait du gouvernement une courroie affaiblie.

B. Le gouvernement comme courroie affaiblie

Le problème ne se pose pas en régime présidentiel comme aux États-Unis d'Amérique et au Bénin où le Président est en même temps chef du gouvernement. L'absence de bicéphalisme de l'exécutif dans ces États et le droit d'entrée du Président dans le Parlement lui accordant un certain privilège sur le parlement ; c'est tout l'exécutif et donc ce qui tient lieu de gouvernement qui s'en trouve renforcé.

Dans les régimes politiques où l'exécutif est bicéphale, un clivage transparaît toujours entre le chef de l'exécutif et le gouvernement. Soit le premier exerce des fonctions symboliques, soit il est actif au même titre que le gouvernement. Ces deux situations sont à envisager en rapport avec le droit de message que le Président (chef de l'exécutif) délivre personnellement au Parlement ; car il en ressort une prévalence de ce dernier sur le gouvernement.

Quand le chef de l'exécutif exerce une fonction symbolique, il lui arrive des fois d'avoir un droit d'entrée dans le Parlement pour prendre parole. C'est en réalité un droit de message qui porte en Angleterre la dénomination de discours du trône (ou de la couronne)[19]. Dans cet État comme dans les autres monarchies constitutionnelles (hormis le Maroc), ce discours lu aux membres du Parlement est en fait une présentation du programme du gouvernement. Ceci est fondé sur le prisme que le Roi règne, mais ne gouverne pas. En réalité, ce message qui est en principe délivré annuellement ne peut logiquement être en grande contradiction avec les valeurs et les nécessités que le Président symbolique incarne et défend donc. De plus, la pratique institutionnelle est que ce Président symbolique jouit d'un droit de suggestion qui n'est pas textuellement consacré, mais qui

[19] Ce discours servait auparavant au monarque à annoncer son programme politique, économique et social.

ressort du fonctionnement institutionnel. Conséquence, sa magistrature d'influence peut faire bouger des lignes et amène à conclure que sans gouverner, il peut faire gouverner. Aussi, il peut être à l'origine de certains éléments du discours qu'il prononce devant le Parlement.

Pour autant, le terreau d'un affaissement du gouvernement à partir de l'entrée du Président dans le Parlement reste ces régimes politiques qui admettent que le Président dispose de pouvoirs effectifs[20]. Le schéma dressé dans le régime parlementaire est que le gouvernement est le point de contact entre l'exécutif et le législatif. Quand le gouvernement n'est pas l'auteur de projets de loi, il lui revient néanmoins soit de les déposer, soit de les défendre, ce qui révèle du même coup son endossement des textes d'origine présidentielle, justifiant d'ailleurs qu'il puisse en subir les foudres[21]. Le gouvernement est donc l'interlocuteur du Parlement et c'est à lui qu'il revient d'agir devant les assemblées. Les exemples français et camerounais illustrent bien et dans l'ensemble la situation du gouvernement qui, en tant que courroie de transmission se trouve dépassé.

En France, les projets de loi sont délibérés en Conseil des ministres après avis du Conseil d'État et déposés dans l'une des deux chambres. Leur initiative appartient aux parlementaires et au Premier ministre[22]. Le Président n'a donc pas le droit d'initier des projets de loi. Cependant, le Président français, tel que le voulait le général De Gaulle doit pouvoir « présider » et donc influencer la procédure législative. Ainsi, durant la cohabitation, le Président conforté par son droit de se transporter personnellement au Parlement pourra à l'occasion de son allocution inciter des propositions de loi et donc écrêter le pouvoir d'initiative exclusif du gouvernement, en ce qui concerne l'exécutif. En dehors de la cohabitation, le Président est maître du gouvernement et n'a pas besoin de s'exposer devant le Parlement. Toutefois, s'il est ressenti que le gouvernement peut avoir du mal à faire passer un projet de loi, le Président pourra s'adresser directement aux parlementaires donnant par là un intérêt national au projet de texte et son attachement profond à ce qu'il soit voté. Cette entreprise

[20] Il en est ainsi dans les régimes parlementaires dualistes.

[21] Le gouvernement peut être démis à l'occasion de la présentation d'un projet et de la défense d'une politique par la motion de censure et la question de confiance.

[22] Art 39 de la Constitution de 1958.

quand elle est couronnée de succès pousse à dire qu'il aura pu, dans le cadre d'une compétence du gouvernement, affirmer son autorité et sa stature vis-à-vis du Parlement et du gouvernement.

Au Cameroun, l'initiative des lois appartient pour l'exécutif au Président de la République[23]. Quand il en est ainsi, prévoir des droits de prononcer des messages au bénéfice du Président[24] est un peu superflu puisqu'il a déjà l'opportunité non de dicter, mais d'édicter ses projections dans des projets de loi. Pour autant et comme dans l'hypothèse française, un tel droit d'entrée dans le Parlement est nécessaire lorsque le gouvernement fait face à un front de parlementaires voulant bloquer le texte en projet. Le Président, plus porté par sa légitimité que le gouvernement peut par une allocution faire plier la résistance[25]. Le droit de message direct constitue dès lors un siège de la prééminence du Président sur le gouvernement, et par ailleurs un renforcement du pouvoir présidentiel sur le Parlement.

II. Un renforcement du pouvoir présidentiel

Le serment rentre dans les formalités d'investiture et n'est pas un moyen que le Parlement qui le reçoit peut utiliser contre le Président qui le prononce. Sa fonction est davantage symbolique. Par contre, à partir du droit de message et au-delà du régime politique, le Président donne le pas à la vie de la nation et les assemblées mises en garde ou incitées à agir perdent un peu de leur superbe. En effet, le droit de message permet au Président de prescrire une conduite au Parlement, il est un élément de la prééminence présidentielle (A). De plus, le prononcer personnellement ne s'ensuit d'aucune conséquence pour lui (B).

A. Le droit de message comme élément de la prééminence présidentielle

Il existe deux modes d'exercice du droit de message. Le premier communément admis consiste à faire tenir aux parlementaires un courrier contenant un message du Président. Il ne s'agit pas d'écrire individuellement

[23] Art 25 de la Constitution de 1996.

[24] Ibid., art 14 (4) et 32.

[25] Dans ce sens, son allocution est une mise en garde qui prend toute sa signification quand il détient le droit de dissoudre au moins l'une des chambres du Parlement.

aux parlementaires[26], mais plutôt aux présidents des chambres qui feront lecture dudit message à leurs pairs.

Le second mode d'exercice est le message délivré par le Président sans intermédiaire. Cette possibilité est à nouveau reconnue en France depuis la révision constitutionnelle de 2008. Il faut dire que cette formule rompt avec l'interdit fait au Président d'entrer dans les assemblées[27] parce qu'il est politiquement irresponsable et que cela porterait atteinte à la séparation des pouvoirs. Guy Carcassonne a estimé sur cette question qu'il ne s'agit pas « nécessairement d'un sujet majeur »[28] ; comme pour dire que l'atteinte à la séparation des pouvoirs n'en est pas constituée. De même, il exprime que cela ne change pas la nature du Président ou la position du Parlement. Ceci est logique, car le droit de prononcer son message est un détail, mais ce « symbole institutionnel »[29] consolide tout au moins le confort présidentiel.

Il était quand même étrange que les présidents étrangers puissent s'adresser directement aux assemblées parlementaires de la France et que le Président dudit État en soit exclu. En plus, la plupart des Présidents bénéficient de ce droit dans leurs États. Ainsi, en Afrique du Sud, au Bénin, au Burkina Faso, en Tunisie, au Nigéria, au Cameroun, au Maroc, à Madagascar, au Sénégal, ou encore aux États-Unis d'Amérique[30], ce droit est reconnu et ne doit pas être regardé comme « une prérogative bien trop faible » tel que le qualifie Olivier Gohin[31].

---

[26] Le Président de la République française a eu à envoyer des correspondances individuelles aux parlementaires le 26 juillet 2011. Dans ces lettres, il vantait le projet de loi constitutionnelle, mais cette initiative a été fortement critiquée parce que la Constitution n'a pas prévu ce mode de communication. Pour autant, ses défenseurs ont argué de ce que rien n'interdisait une telle procédure. V. Le monde.fr, 03-08-2011.

[27] Olivier Gohin évoque alors une coutume constitutionnelle, parce que consignée dans la loi constitutionnelle du 13 mars 1873 et reprise depuis lors, même par le juge constitutionnel.

Cf. Olivier Gohin, *Droit constitutionnel*, Paris, Litec., 2010, p.818s.

[28] Guy Carcassonne, « Le président devant le Parlement », blog.hugoroy.eu ; 25/03/2008.

[29] Olivier Gohin, *Ibid.*, p. 821.

[30] Voir respectivement dans les textes constitutionnels : Afrique du Sud, art 54 ; Bénin, art 72 ; Burkina Faso, art 51 ; Tunisie, art 78 ; Nigéria, art 67 (1) ; Cameroun, art 14 (4) et 32 ; Maroc, art 99 ; Madagascar, art 94 ; Sénégal, art 42 et 68 ; USA, art II section 3.

[31] Olivier Gohin, *Ibid.*, p.821.

Dans son exercice, c'est quand même le chef d'un pouvoir qui pénètre de droit dans l'enceinte d'un autre, et l'absence de réciproque formelle accordant en retour un droit constitutionnel au Parlement de « Violer le domicile » du Président n'est pas anodin. En renfort, cette adresse est un discours entouré de solennité et les parlementaires dans la plupart des États énumérés le suivent debout. Tous ces signes peuvent dans leur explication fonder à y voir une attitude de subordonné des parlementaires à l'occasion du discours que le Président leur délivre.

Par le contexte et son contenu, le droit de prise de parole du Président est également empreint de renforcement du Président. Quand le Président détient la majorité parlementaire et que son droit de message personnel ne lui est pas imposé, lorsqu'il exerce cette faculté, il ne fait qu'affirmer son autorité et cherche surtout à défendre des options fondamentales parfois mal perçues dans l'opinion publique.

Le droit de message est en réalité plus utile quand la majorité est composée, quand la majorité présidentielle est en désaccord avec lui sur le contenu du message ou encore si le Président n'a pas de majorité parlementaire. Dans ces situations, le Président plus que dire son autorité et son attachement à des objectifs fixés dans le message met les parlementaires dos au mur. S'il détient le pouvoir de dissoudre une assemblée, c'est que le message tient lieu d'avertissement. Mais surtout, ce moment permet aux électeurs d'être informés des antagonismes et de trancher le moment venu ; aussi le droit de message peut tenir lieu suivant la circonstance de chantage politique.

Pour son contenu, et plus encore dans des systèmes à l'exemple de celui nord-américain, le Président défend dans son allocution ses options et introduit dans son discours des programmes[32] devant inciter les parlementaires à agir. Aussi, l'entrée du Président au Parlement pour y délivrer un discours établit ou rétablit son autorité, peut être un moyen de mise en garde et surtout une occasion de diffuser et de défendre un programme d'action. Le Président est encore plus conforté parce qu'il est immunisé à l'occasion de la délivrance du message.

---

[32] D'ailleurs le discours du Président américain au congrès est accompagné d'annexes qui sont en réalité des projets de loi.

B. L'immunisation du Président à l'occasion de la délivrance du message

En « se produisant » devant le Parlement, le Président, corps étranger, qui sans transgresser le principe de séparation des pouvoirs, renvoie l'image d'un corps aseptisé. Son immunisation provient de l'absence de conséquence quant à son entrée dans les assemblées.

Quand il est appelé à prêter serment, le Président sera plus responsable pénalement sur d'autres bases que sur la violation du serment[33]. Pour le droit de message, le constat global est qu'il n'y a pas de conséquence négative sur le Président. En effet, si pénalement, aucun chef d'accusation issu de son allocution n'est constitutif de manquement à sa fonction dans le cadre des critères fondant une infraction, il est également politiquement protégé. À ce niveau, les degrés d'immunisation du Président peuvent varier, mais la constante demeure sa protection.

Le premier degré de protection est la prise de parole sans débat. Il en est ainsi en Tunisie où l'art 78 de la Constitution dispose que « *Le Président de la République peut s'adresser à l'assemblée des représentants du peuple* ». L'interprétation de cette disposition donne à lire qu'il s'agit d'une adresse et donc à la différence d'un dialogue, il ne devrait pas y avoir de débat. L'article 51 de la Constitution du Burkina Faso va dans le même sens qu'en Tunisie. Mais l'un des textes constitutionnels les plus fermés sur la question est celui du Sénégal qui très explicitement dispose qu'aucun débat ne peut avoir lieu après que le Président de la République aura prononcé sa communication[34].

Le second palier de la protection est la possibilité de débattre. Le procédé est alors dans le premier cas d'interpréter le mutisme constitutionnel comme non exclusif du débat. C'est ainsi que les textes constitutionnels nord-américain ou encore nigérian notamment, ne font pas cas du débat après le discours du Président. Cependant et dans plusieurs autres régimes politiques, c'est l'une des rares occasions offertes au Président de directement initier des textes législatifs par sa propre intervention. Le message qui est donc lu par lui ou encore ses annexes sont dans ce cadre

[33] *Supra.*

[34] Art 68 de la loi constitutionnelle du Sénégal.

porteurs de projets de loi qui donnent forcément lieu à discussion[35]. En France comme au Cameroun, le débat après la prise de parole du Président devant le Parlement est possible, mais alors ce débat n'est pas possible en sa présence et il ne peut donner lieu à vote dans le premier État. Par contre, le constituant camerounais en disposant que la communication du Président ne donne lieu à aucun débat en sa présence lâche la bride à la lecture du débat en son absence. Il y est donc admis que les parlementaires puissent s'épandre sur le contenu, voire l'opportunité d'être venu leur délivrer le message en question. Seulement, les parlementaires n'ont que le pouvoir de discuter sans plus.

Ces deux degrés de la protection permettent d'affirmer que le Président qui prononce un message devant le Parlement ne peut voir sa responsabilité politique mise en jeu ; le vote étant impossible à l'issue de la délivrance du message. En effet, s'il fallait accepter le vote, cela aurait pu donner lieu à une censure, voire à une question de confiance ; ce que les textes constitutionnels n'ont pas prévu, car le Président est politiquement irresponsable devant le Parlement.

Le Président a donc un droit d'entrée au Parlement. Il se traduit par le droit de message et souvent la prestation de serment. Certes, ces prises de parole sont toujours symboliques, mais elles ne sont pas des simples figurations. Ce n'est pas là une prérogative bien trop faible ; car si ce droit a été refusé au Président de la République française depuis 1873, et ce jusqu'en 2008, c'est qu'il est révélateur d'une crainte du Président par les assemblées.

À l'analyse, le Président ne peut voir sa responsabilité mise en jeu par le Parlement à l'occasion de sa prise de parole devant eux. Plus encore et pour le cas spécifique de la prise de parole dans le cadre du droit de message, c'est la possibilité de contourner le gouvernement qui est offerte au Président. De même, *le Président prescripteur* peut par son message, dicter une conduite aux parlementaires, et elle pourrait même s'accompagner d'une mise en garde à leur endroit, susceptible de conduire à une dissolution du Parlement s'il est monocaméral ou de la chambre basse en régime parlementaire. Le

---

[35] Art 67 (1) de la Constitution du Nigéria et art 2, section 3 de la Constitution des États-Unis d'Amérique.

droit d'entrée au Parlement est ainsi un renforcement de la position institutionnelle du Président. Il y a donc du pouvoir pour le Président par la reconnaissance de son droit d'entrée au Parlement.

Résumé :

Le droit de message et éventuellement la prestation de serment sont les occasions qui donnent souvent l'opportunité au Président de pénétrer dans le Parlement. Ce droit d'entrée au Parlement qui est constitutionnellement institué à l'avantage du Président n'est pas neutre. Plus qu'un symbole, il est porteur de sa faculté d'enjamber le gouvernement, et surtout d'influencer la procédure législative sans qu'il en subisse des conséquences. En effet, il ne ressort pas de possible mise en jeu de sa responsabilité politique, à l'occasion de l'exercice de ce droit d'entrée au Parlement, qui puis est en réalité un renforcement du pouvoir présidentiel.

COEXISTENCE ENTRE ELECTIONS CAMEROON (ELECAM) ET LES COMMISSIONS ÉLECTORALES DANS LA GESTION DU PROCESSUS ÉLECTORAL AU CAMEROUN : SUBORDINATION, COLLABORATION OU CONCURRENCE ?

Éric-Adol T. GATSI[1]

INTRODUCTION

La neutralité des structures de gestion des élections constitue l'un des préalables fondamentaux aux élections concurrentielles, libres, sincères et transparentes. De manière générale, trois systèmes de gestion du processus électoral peuvent être distingués à travers le monde : le système de l'administration gestionnaire des élections est celui dans lequel l'administration centrale de l'État gère toute l'organisation et le suivi des opérations électorales, sous le contrôle du juge qui peut selon les cas, lui aussi, y jouer un rôle[2]. Largement répandu en Afrique jusque dans les années 90, ce système pose cependant l'épineux problème de la neutralité de l'administration souvent hautement politisée et notoirement acquise à la cause du parti au pouvoir[3]. On a ensuite le système des commissions électorales autonomes qui constitue de nos jours un acquis constant dans l'espace africain francophone[4] et qui se présente comme un palliatif à la

---

[1] Assistant à la Faculty of Social and Management, Sciences of the University of Buea – Cameroon.

[2] De GAUDUSSON Jean Du Bois, « Les structures de gestion du processus électoral », *Francophonie et Démocratie : actes du symposium international sur le bilan des pratiques de la démocratie, des droits et des libertés dans l'espace francophone* (Bamako, 1er - 3 novembre 2000), Pedone, Paris, 2001, p. 214-225, notamment p. 216.

[3] SIGNORI Céline, « Intervention en première séance plénière : La démocratisation en Afrique et les processus électoraux », *Parlements et Francophonie*, 106, 1998, p. 41-49.

[4] ORGANISATION INTERNATIONALE DE LA FRANCOPHONIE (OIF), *Aspects du contentieux électoral en Afrique. Actes du séminaire de Cotonou*, 11-12 novembre 1998, Paris, OIF, p. 116.

partialité de l'administration[5]. Selon ce modèle, la gestion du processus électoral est entièrement confiée à une structure indépendante distincte de l'administration. Enfin, le système mixte combine l'existence de l'un des deux systèmes précédents avec l'institution de certains organes soit ponctuels soit spécialisés chargés des opérations précises du processus électoral[6].

Au Cameroun, si l'étude de la structure en charge de l'organisation des élections n'avait pas un intérêt particulier avant les années 90, le retour aux élections pluralistes et la fin des « élections sans choix[7] » feront de ce sujet un objet scientifique digne d'intérêt. Ainsi, depuis l'avènement des élections concurrentielles, le Cameroun a toujours connu un système mixte alliant successivement l'administration en la personne du ministère de l'Administration territoriale et un organe indépendant d'une part, et les commissions électorales mixtes d'autre part[8]. Ainsi, dès l'institution des élections concurrentielles au début des années 90, le ministère de l'Administration territoriale s'est vu confier l'essentiel de l'organisation des élections, aidée en cela par les commissions électorales mixtes. Face aux insuffisances observées et avec la pression des bailleurs de fonds internationaux[9], des voix se sont élevées pour l'institution d'un organe indépendant de gestions du processus électoral.

---

[5] KINGSLEY Jean-Pierre, « Rapport général introductif et bibliographie sélective », *Actes du symposium international de Bamako 2000*, p. 147-165, notamment p. 151.

[6] Sur cette typologie, lire KINGSLEY Jean-Pierre, « Rapport général introductif et bibliographie sélective », *op.cit.*, p. 151-152.

[7] SINDJOUN Luc, « Élections et politique au Cameroun : concurrence déloyale, coalitions de stabilité hégémonique et politique d'affection », *African Journal of Political Science*, vol. 2, N° 1, 1997, p. 89-121, notamment p. 89.

[8] Si la France s'illustre également par cette option pour le système mixte, le schéma est quelque peu différent, car il combine le ministère de l'Intérieur avec des organes permanents spécialisés dans certains aspects du processus électoral, comme la Commission nationale de contrôle de la campagne électorale, la Commission des sondages ou encore le Conseil supérieur de l'audiovisuel.

[9] POKAM Hilaire de Prince, « La neutralité électorale en Afrique. Analyse des commissions électorales en Afrique subsaharienne », *in Revue Camerounaise de Droit et de Science Politique (RCDSP) Janus*, semestriel, Janv. 2007, Université de Douala, FSJP, p. 73-106, notamment p. 75.

L'institution d'un tel organe s'est d'abord fait par la création de l'Observatoire national des élections (ONEL)[10] par la loi n° 2000/016 du 19 décembre 2000 qui a connu des modifications subséquentes et des textes d'application[11]. Plusieurs critiques seront cependant formulées à l'encontre de cet organe : D'abord, le parti pris observable avant son institution se poursuivra ; ensuite, il sera reproché pour son manque de pouvoirs réels, dès lors que la loi ne le confine qu'à un simple rôle d'observation ; enfin, le rôle du ministère de l'Administration territoriale dans l'organisation des élections sera maintenu[12]. En gros, l'institution de l'ONEL n'avait pas produit les résultats escomptés : il fallait donc le remplacer.

Après six ans et aux termes de deux échéances électorales[13], l'ONEL sera donc remplacé par « ELECTIONS CAMEROON », en abrégé ELECAM, à la faveur de la loi N° 2006/011 du 29 décembre 2006. Après avoir fait l'objet de plusieurs modifications et de nombreux décrets d'application, "Elections Cameroon" a finalement été inséré dans le Code électoral camerounais qui lui consacre tout un titre[14]. Doté de la personnalité juridique et d'une autonomie de gestion, cet organe est, d'après les propres termes de l'article 4 (1) du Code électoral camerounais, en charge « de l'organisation, de la gestion et de la supervision de l'ensemble du processus

---

[10] Sur la question, lire OLINGA Alain Didier, *Réflexions sur la loi camerounaise portant création d'un observatoire national des élections*, Presses de l'UCAC, Yaoundé, 2001, 74 p ; du même auteur, *La Constitution de la République du Cameroun*, Les éditions Terre africaine et Presses de l'UCAC, Yaoundé, 2006, p. 227-237.

[11] La loi portant création de l'ONEL a été modifiée et complétée par la loi N° 2003/015 du 22 décembre 2003 que la classe politique a considéré comme créant un ONEL II. ONEL II met sur pied un organe permanent avec quelques fonctions contentieuses, rompant ainsi avec la loi originaire qui instituait un organe naissant et disparaissant au rythme des élections.

[12] MOLUH Yacuba, « L'interminable transition au Cameroun : tentative d'autopsie d'une impasse », *Revue africaine d'études politiques et stratégiques (RAEPS)* n° 7, 2010, p. 61-90, notamment p. 81 ; MANGA FOMBAD Charles and SONE EWANG Andrew, "Election Management Bodies and Peace-Building in Africa : Cameroon's Move from National Elections Observatory (NEO) to Elections Cameroon (ELECAM)" *African Journal of Law,* vol. 5, n° 1, 2008, pp. 1-24, notamment p. 18.

[13] L'ONEL aura donc officié pour les élections couplées législatives et municipales de 2002 et pour l'élection présidentielle de 2004.

[14] Titre 2, intitulé « dispositions spécifiques à l'organe chargé de l'organisation, de la gestion et de la supervision du processus électoral et référendaire ».

électoral et référendaire ». Il est composé d'un Conseil électoral formé de dix-huit (18) membres qui se présente comme son instance dirigeante et d'une Direction générale des élections placée sous l'autorité d'un Directeur général des élections éventuellement assisté d'un adjoint[15] qui est son instance exécutrice.

Le débat sur la constitutionnalité d'un organe en charge de l'organisation des élections au Cameroun est aussi vieux que l'idée même de l'institution d'un tel organe au Cameroun. Il a, en effet, d'abord été soulevé en 1995 avec le dépôt par l'Union Nationale pour la Démocratie et le Progrès (UNDP), parti d'opposition camerounais, d'une proposition de loi portant institution d'une Commission nationale électorale autonome (CENA). Lésée par le rejet de cette proposition, l'UNDP saisira la Cour Suprême, juge constitutionnel, qui décidera que non seulement la CENA réclamée constituerait une aggravation des charges financières de l'État sans due compensation, mais aussi, et surtout, qu'elle serait inconstitutionnelle dès lors que la révision constitutionnelle du 18 janvier 1996 instituait un Conseil constitutionnel[16]. Plus tard, le projet de loi gouvernemental portant création de l'Observatoire national des élections (ONEL) de 2000 sera une autre occasion du débat sur la constitutionnalité d'un tel organe. Cette fois-ci, ce sont les députés de l'opposition qui invoqueront son inconstitutionnalité au motif que certaines attributions qui lui sont confiées

---

[15] Le statut d'ELECAM a, de tout temps, été décrié tant par les politiques que par les auteurs, la pomme de discorde se situant aussi bien au niveau du pouvoir absolu de nomination du président de la République que du droit de vie et de mort qu'il détient sur l'institution. Cette réalité a pu être considérée par des auteurs comme réduisant significativement l'indépendance et la neutralité de cet organe. Sur cette question, lire avec intérêt GATSI T. Éric-Adol, « Le Cameroun à la recherche d'un organe fiable de gestion du processus électoral », *Revue du droit public et de la science politique en France et à l'étranger*, n° 6, nov.-déc. 2014, p. 1697-1723 ; DIWOUTSA AYISSI Lot Pierre, « De l'incertitude de la transparence électorale et référendaire au Cameroun : la filiation légitime d'« Élections Cameroun » au Président de la République », *Revue africaine d'études politiques et stratégiques (RAEPS)* N° 6, 2009, Université de Yaoundé II, Faculté des Sciences Juridiques et Politiques (FSJP), p. 167-192.

[16] (CS/AP, 20 février 1997, UNDP). V. MOMO Claude, « Quelques aspects constitutionnels du droit électoral rénové au Cameroun », *Annales de la Faculté des Sciences Juridiques et Politiques de l'Université de Douala,* N° 1, 2002, janv.-juin 2002, p. 139-173, notamment pp. 153 et 154.

coïncident avec celles confiées soit au Conseil constitutionnel, soit au juge administratif selon la nature de l'élection[17]. L'opposition n'ayant pas assez de députés pour saisir le juge constitutionnel, le projet de loi portant création de l'ONEL a finalement été adopté et promulgué, laissant l'observateur avec quelques incertitudes. Il aurait été en effet intéressant de voir si la Cour suprême statuant comme Conseil constitutionnel allait confirmer sa jurisprudence de 1997 à propos de la proposition UNDP ou alors si elle allait se raviser et opérer un virement. En tout état de cause, l'institution de l'ONEL a au moins eu le mérite de mettre toute la classe politique d'accord sur la nécessité d'un organe indépendant de gestion du processus électoral. C'est pourquoi ce débat sur la constitutionnalité n'a pas eu lieu à l'occasion du projet de loi portant création et institution d'"Elections Cameroon". Il y a, à ce propos, comme un consensus sur sa constitutionnalité.

À côté de ce principal organe de gestion du processus électoral (successivement l'administration seule, puis celle-ci et l'ONEL, et ensuite ELECAM), le schéma camerounais adjoint avec des commissions électorales mixtes, à caractère ponctuel qui sont créées au rythme de l'avancement des opérations électorales et disparaissent après l'accomplissement de celles-ci. Reprenant la typologie dressée par les anciennes lois électorales, le Code électoral retient sept (07) catégories de commissions électorales mixtes dont la sphère de compétence épouse les contours des divisions administratives et qui sont classifiées suivant qu'elles concernent les opérations préliminaires aux élections ou les opérations électorales proprement dites[18]. Ces commissions, ayant chacune une compétence matérielle bien précise, sont de type paritaire puisqu'elles sont composées de représentants de diverses

[17] C'était par exemple le cas de l'article 6 (9) qui confiait le contentieux du rejet ou d'acceptation des candidatures, à l'ONEL alors qu'il figure parmi les titres de compétence du Conseil constitutionnel pour les élections présidentielles et parlementaires et de la juridiction administrative pour l'élection des conseillers municipaux.

[18] On distingue ainsi les Commissions de révision des listes électorales, qui sont transformées en Commissions de contrôle d'établissement et de distribution des cartes électorales, les Commissions locales de vote, les Commissions communales de supervision, les Commissions départementales de supervision, les Commissions régionales de supervision et la Commission nationale de recensement général des votes.

structures comme "Elections Cameroon" lui-même, l'administration, la municipalité, les partis politiques ou candidats, et même les magistrats.

La littérature juridique relative aux organes de gestions du processus électoral en Afrique, voire au Cameroun, est plutôt abondante, car consécutive à la tendance majoritaire du recours à de tels organes dès les années 90. Cette abondante littérature rend donc fidèlement compte de l'évolution institutionnelle en la matière[19]. Cependant, l'étude de la définition des rapports entre les différents protagonistes de la gestion du processus électoral est plutôt lésée en ce sens que les études y relatives sont rares, soit qu'elles traitent de la question de manière très succincte[20]. La présente étude est dédiée exclusivement à la définition des relations entre ces protagonistes dont dépend largement l'efficacité de leur mission.

Si le choix des systèmes purs où la gestion du processus électoral est confiée exclusivement soit à l'administration soit à un organe indépendant sans la moindre intervention d'une quelconque autre structure est très rare[21], le choix du système mixte doit cependant s'accompagner d'une définition parfaite des rôles des uns et des autres. Cette préoccupation, généralement observable dans tous les pays ayant opté pour ce système mixte[22], l'est *a fortiori* dans le contexte camerounais. Ainsi, l'objectif de la présente étude est celui de la définition des rapports entretenus entre ces différents protagonistes du processus électoral. En d'autres termes, quelle est la nature des relations qu'entretiennent ELECAM et les commissions électorales ? Existe-t-il entre eux des rapports de subordination, de collaboration ou de concurrence ?

---

[19] Plusieurs de ces travaux sont ainsi cités dans le présent travail.

[20] Jean du Bois de GAUDUSSON et Jean-Pierre KINGSLEY effleurent ainsi la question dans leurs études. V. De GAUDUSSON Jean du Bois, « Les structures de gestion du processus électoral », *op.cit.*, p. 222 ; KINGSLEY Jean-Pierre, « Rapport général introductif et bibliographie sélective », *op.cit.*, p. 152.

[21] Selon Jean-Pierre KINGSLEY, l'Algérie, la Belgique et la Hongrie ont tous opté pour le système pur de l'administration organisatrice des élections. V. KINGSLEY Jean-Pierre, « Rapport général introductif et bibliographie sélective », *op. cit.*, p. 151.

[22] V. De GAUDUSSON Jean du Bois, « Les structures de gestion du processus électoral », *op.cit.*, p. 222 ; KINGSLEY Jean-Pierre, « Rapport général introductif et bibliographie sélective », *op.cit.*, p. 152.

L'hypothèse retenue pour cette étude est celle des relations ambigües entre ces deux protagonistes du processus électoral. Cette hypothèse est le résultat de la méthodologie utilisée pour la présente étude qui est celle d'une combinaison entre la dogmatique et le droit étranger. C'est donc à la lumière de l'interprétation des textes en la matière, principalement le Code électoral, et à l'aune de certaines expériences étrangères à laquelle il sera fait recours de manière très sporadique que cette hypothèse sera vérifiée[23].

La réponse au questionnement relatif aux relations entre ELECAM et les commissions électorales peut sembler évidente si l'on se rappelle que celui-là est, selon les propres termes de la loi l'organe en charge « de l'organisation, de la gestion et de la supervision de l'ensemble du processus électoral et référendaire », alors que celles-ci ne sont que des structures *ad hoc* qui ont pour rôle la mise en œuvre concrète de la loi électorale. Ainsi perçu, il est donc loisible de constater qu'il existe une relation de supériorité évidente d'ELECAM sur les commissions électorales, celle-ci ayant, en définitive, pour rôle de mettre en œuvre la loi électorale sous la supervision de celui-là (I). Pourtant, une lecture attentive des textes laisse entrevoir, derrière cette supériorité évidente, une relation plus conflictuelle entre ces structures, née d'une rédaction critiquable de ces textes (II).

I. ELECAM ET LES COMMISSIONS ÉLECTORALES : UNE AUTORITÉ MITIGÉE

Le caractère mitigé de l'autorité d'ELECAM sur les commissions électorales vient de ce que d'une part, les textes confèrent à celui-là une supériorité explicite sur celles-ci (A), mais n'instituent qu'un contrôle imparfait de leurs actions par ELECAM, d'autre part (B).

---

[23] La méthode historique, qui propose la compréhension d'un phénomène à travers les différents changements qu'il a connus (V. GRAWITZ Madeleine, GRAWITZ Madeleine, *Méthodes des sciences sociales*, 11e éd., Paris, Dalloz, 2001, p. 422), est également mise à contribution ici, même si elle est presque exclusivement utilisée à l'introduction pour présenter l'historique du système institutionnel de gestion du processus électoral au Cameroun.

A. La supériorité explicite d'ELECAM sur les commissions électorales mixtes

Cette supériorité, qui se manifeste par l'encadrement par ELECAM des actions des commissions électorales, est perceptible tant du point de vue de la constitution des commissions électorales (1) que de celui de leur fonctionnement même (2).

1. La supériorité d'ELECAM sur les commissions électorales du point de vue de leur constitution

Si la création des commissions électorales est prévue par la loi, il reste que leur constitution effective repose sur un ensemble de mesures qui révèlent le rôle déterminant d'ELECAM dans ce processus. Le législateur a ainsi voulu affirmer la supériorité de cette structure sur lesdites commissions dès leur mise en place effective, une supériorité qui se fait ressentir à deux niveaux.

D'abord, la composition de ces différentes commissions est constatée par le responsable d'ELECAM compétent[24]. C'est en effet celui-ci qui rend effective la désignation des différents membres de ces commissions provenant d'horizons divers en prenant un acte qui donne effet à cette désignation.

Deux facteurs peuvent relativiser la portée d'un tel pouvoir reconnu aux responsables des démembrements territoriaux d'ELECAM : le premier est qu'il s'agit d'une compétence liée à laquelle ces responsables des démembrements territoriaux d'ELECAM sont assujettis, à savoir, pour reprendre les termes de certains auteurs, qu'ils sont « ligoté [s] par la règle de

[24] Il s'agit du responsable du démembrement départemental pour les Commissions de révision des listes électorales (article 52 [6] du Code électoral), les Commissions de contrôle de l'établissement et de distribution des cartes électorales (article 53 [3] du Code électoral) et les Commissions locales de vote (article 54 [3] du Code électoral), du responsable du démembrement régional pour les Commissions départementales de supervision (article 64 [2] du Code électoral), du Directeur général des élections pour la Commission communale de supervision (article 191 [2] du Code électoral) et du président du Conseil électoral lui-même pour la Commission nationale de recensement général des votes (article 68 [2] du Code électoral) et pour la Commission régionale de supervision (article 235 [2] du Code électoral.

droit »[25], avec « l'obligation d'agir dans un sens déterminé[26] ». Ils n'ont donc, en la matière, aucun pouvoir discrétionnaire[27]. Le second c'est que, contrairement au pouvoir exclusif de nomination reconnu au Président de la République qui lui donne le droit de procéder à la désignation de tous les membres d'ELECAM[28], l'acte du responsable du démembrement territorial d'ELECAM ne fait en réalité qu'entériner la désignation de ces membres faite par leurs organismes d'origine.

Cependant, il convient d'y voir plus qu'un simple acte de constatation. En effet, c'est en définitive, cet acte qui met en place, de manière pratique et effective ces commissions, et sonne le coup d'envoi de leur mission. Bien plus, bien que cela ne ressorte pas explicitement des textes, et conformément au parallélisme des formes, ces responsables territoriaux d'ELECAM devraient également pouvoir prendre un acte inverse pour interrompre ou suspendre les activités de ces commissions[29], ce principe supposant que les mêmes règles régissent, « en principe, tant l'acte initial que l'acte contraire[30] ». La compétence éventuelle de suspendre ou interrompre les activités des commissions électorales constitue donc l'acte reflet s'inspirant de sa compétence affirmée de prendre un acte constatant leur constitution et

---

[25] FLAMME Maurice-André, *Droit administratif*, tome 1, Bruxelles, Bruylant, 1989, p. 474.

[26] DEBBASCH Charles, *Institutions et droit administratifs, 2 - L'action et le contrôle de l'administration*, 2e édition mise à jour, Paris, PUF, 1986, p. 278.

[27] Jean RIVERO et Jean WALINE établissent une différence entre les notions de compétence liée et de pouvoir discrétionnaire qui sont l'une l'inverse de l'autre. Pour ces auteurs, en effet, la distinction se trouve au niveau de la liberté d'action de l'agent en cause. Il y a compétence liée lorsque « la loi impose à un agent public, dès que sont remplies les conditions qu'elle énumère, l'obligation de décider dans un certain sens ». Par contre, le pouvoir discrétionnaire intervient lorsque « la loi, en créant une compétence, laisse l'agent auquel elle la confie libre d'apprécier, au vu des circonstances, si, et comment il doit l'utiliser ». RIVERO Jean et WALINE Jean, *Droit administratif*, 16e édition, Paris, Dalloz, 1996, p. 73 et ss.

[28] V. GATSI T. Éric-Adol, « Le Cameroun à la recherche d'un organe fiable de gestion du processus électoral », *op.cit.*

[29] On parlerait ici de parallélisme de compétences, qui constitue, avec le parallélisme des formalités le grand ensemble du parallélisme des formes. V. BECQUE-ICKOWICZ Solange, *Le parallélisme des formes en droit privé*, préface de Pierre-Yves GAUTIER, Paris, Panthéon-Assas, 2004, 490 p.

[30] LEWALLE Paul, *Contentieux administratif*, 3e édition, Liège, Larcier, 2008, p. 1061.

qui constitue l'acte modèle. Si cette possibilité reste, à nos jours, une pure hypothèse d'école en ce sens qu'elle ne s'est jamais produite, il reste qu'elle est bien envisageable, notamment en cas de dysfonctionnements des commissions électorales. C'est dire que loin d'une simple formalité, le pouvoir reconnu à ELECAM de constater la composition des commissions électorales mixtes renferme en réalité, de manière sous-jacente, une once de pouvoir de contrôle de celles-ci par celui-là.

Ensuite, mises à part la Commission nationale de recensement général des votes, la Commission départementale de supervision et la Commission régionale de supervision dont la présidence est assurée successivement par un membre du Conseil constitutionnel, le président du Tribunal de grande instance du ressort et un magistrat de la Cour d'Appel désigné par le président de la Cour d'Appel du ressort[31], toutes les autres commissions électorales mixtes sont présidées par les représentants désignés d'ELECAM[32]. Cette configuration vise à assurer une prééminence au profit d'ELECAM dans le fonctionnement de ces commissions électorales lorsqu'on sait les pouvoirs que détiennent les présidents d'assemblée : police des réunions, convocation des réunions, direction des réunions et surtout voix prépondérante en cas d'adoption des résolutions[33].

2. La supériorité d'ELECAM sur les commissions électorales du point de vue de leur fonctionnement

Du point de vue de leur fonctionnement, la supériorité d'ELECAM sur les commissions électorales est perceptible à un double niveau juridique et matériel.

D'abord, sur le plan juridique, ayant une compétence générale dans l'organisation du scrutin, les actes d'ELECAM ont vocation à s'appliquer sur toute l'étendue du processus électoral, contrairement à celles des

[31] Articles 68 (1), 64 (1), 235 (1) et 263 (1) du code électoral.

[32] Il s'agit du représentant désigné par le responsable du démembrement départemental.

[33] C'est en vertu de cette règle que le législateur a, par exemple, permis au président de la Commission locale de vote, en cas d'absence d'un ou de plusieurs membres de ladite commission à l'ouverture du scrutin, de procéder à la désignation des électeurs inscrits sur la liste électorale du bureau de vote correspondant pour leur remplacement, à la seule condition que ceux-ci sachent lire et écrire le français ou l'anglais.

Commissions électorales mixtes qui, elles, ont des compétences précises s'étendant à des aspects et des étapes bien déterminés du processus[34]. Les actes et décisions pris par ELECAM déterminent et conditionnement l'action des commissions électorales, tout comme ils en fixent le cadre et les limites. Par exemple, la nature de la tâche dévolue à la Commission de révision des listes électorales dépend de la décision d'ELECAM qui peut décider de procéder à une refonte totale des listes électorales plutôt qu'à une simple révision[35]. L'action d'ELECAM est donc le soubassement juridique nécessaire et préalable à celle des commissions électorales mixtes en ce sens qu'elle en détermine la portée et l'étendue.

Ensuite, et sur un plan purement matériel, il est à noter que la supériorité d'ELECAM sur les commissions électorales est également perceptible en ce sens que celui-là assure l'encadrement matériel de celles-ci. Cet encadrement est prévu par le Code électoral lui-même qui dispose qu'ELECAM est « chargé de la préparation et de l'organisation matérielle des opérations électorales et référendaires[36] ». En effet, le matériel de travail de ces commissions est fourni par ELECAM : matériel informatique, didactique, documentation pour les procès-verbaux, etc[37]. Ceci ne peut guère surprendre lorsqu'on sait que bien que fonctionnant de manière quasi autonome, les commissions électorales n'ont pas de budget propre puisque leur fonctionnement est inscrit au budget d'ELECAM. Bien plus, dépourvues de personnalité juridique propre, leur action est attribuée, du point de vue juridique, à ELECAM qui en est responsable devant le juge électoral[38]. Enfin, il convient de souligner que c'est ELECAM qui conserve le matériel ainsi que les documents de travail des commissions électorales[39].

---

[34] Ceci n'est que la traduction, sur une échelle moindre, du principe observable dans l'administration de l'État. Sur la question, lire LOMBARD Martine, *Droit administratif*, Paris, Dalloz, 1997, p. 61 et ss.

[35] Sur toute cette question, v. les articles 74 et 75 du Code électoral.

[36] Article 22 du Code électoral.

[37] V. l'article 26 (1) 2e tiret du Code électoral.

[38] V. GATSI T. Éric-Adol, Le contrôle juridictionnel des élections parlementaires au Cameroun, thèse de Doctorat Ph. D en Droit public, Université de Dschang, 2016.

[39] Sur tous ces points, v. les articles 26 et 80 du Code électoral.

B. Le contrôle imparfait d'ELECAM sur les actes des commissions électorales

Défini comme « un processus de rapprochement comparatif entre deux termes dont l'un peut être soit une action abstraite ou concrète, d'un individu ou d'un groupe appelés "contrôlés", et dont l'autre terme peut être [...] un rôle à exercer ou s'exerçant, ou encore l'individu ou le groupe qui l'incarnent et qui sont appelés "contrôleurs"[40] », le contrôle constitue la caractéristique par excellence de l'autorité d'un organe sur un autre. À ce titre, présenté comme le maître d'œuvre du processus électoral, ELECAM est donc appelé à exercer son contrôle sur les commissions électorales.

Ainsi, l'article 10 du Code électoral donne pouvoir au Conseil Électoral d'ELECAM d'opérer « toutes les vérifications et les contrôles qu'il juge opportuns » et de connaître « des contestations et réclamations portant sur les opérations préélectorales et électorales ». Il s'agit donc d'un pouvoir de contrôle général dont la loi dote ELECAM sur l'ensemble des opérations électorales, y compris les actes des commissions électorales. C'est dire qu'il peut statuer sur les procès-verbaux des commissions électorales soit pour les annuler, soit pour les rectifier, ou même pour ordonner à ces commissions électorales des ajustements, d'autant que ce même article 10 lui donne le droit d'ordonner « les rectifications rendues nécessaires à la suite de l'examen des réclamations ou contestations reçues, relatives aux élections ou aux opérations référendaires ».

Vu sous cet angle, on pourrait être tenté de conclure à un contrôle irréductible d'ELECAM sur les commissions électorales[41], tant il semble découler des textes que l'ensemble de l'action de celles-ci est conduite sous la haute surveillance de celui-là. Pourtant, à y regarder de près, on est loin d'aboutir à une conclusion aussi formelle.

---

[40] BERGERON Gérard, « Pouvoir, contrôle et régulation », *Sociologie et sociétés*, vol. 2, n° 2, 1970, p. 227-248, notamment p. 240.

[41] Bien que la nature et les contours de ce contrôle soient difficiles à déterminer. Il ne s'agit en effet ni d'un contrôle hiérarchique, ELECAM et les commissions électorales n'étant pas liées par un lien hiérarchique, ni d'un contrôle de tutelle, qui ne s'applique que dans le strict cadre de la décentralisation territoriale ou technique. Sur ces notions, v. CHAPUS René, *Droit administratif général*, tome 1, Montchrestien, 15e éd., 2001 ; EISENMANN (Charles), *Centralisation et décentralisation. Esquisse d'une théorie générale*, LGDJ, 1948

En effet, derrière cette consécration apparente du pouvoir absolu de contrôle d'ELECAM sur les commissions électorales, se cache la réalité d'un contrôle en pratique partiellement inefficient. D'une part, des actes de certaines commissions électorales échappent au contrôle d'"Elections Cameroon", et d'autre part, le contrôle de celui-ci sur celles-là, bien que prévu par la loi, s'avère bien plus compliqué en pratique, voire impossible.

Dans le premier cas, derrière la formulation générale de l'article 10 précité, il est des cas où les actes des commissions électorales échappent au contrôle d'ELECAM et sont directement placés sous celui du juge électoral, qu'il soit administratif ou constitutionnel. C'est notamment le cas lorsque la Commission nationale de recensement général des votes transmet le procès-verbal des élections parlementaires et présidentielles directement au Conseil Constitutionnel pour proclamation des résultats[42], ou encore lorsque les Commissions communales de supervision et les Commissions régionales de supervision successivement proclament les résultats des élections municipales et régionales[43]. Dans ces cas, "Elections Cameroon" est complètement impuissant et n'a aucun recours possible sur ces actes[44].

Dans le second cas, la préoccupation est relative aux modalités pratiques d'exercice de ce pouvoir de contrôle, et notamment des conditions de saisine du Conseil électoral d'ELECAM, en l'absence de précisions législatives[45]. Qui peut le saisir ? Quand peut-on le saisir ? Peut-il se saisir d'office ? Les

[42] Article 69 (4) du Code électoral camerounais.

[43] Articles 193 (1) et 265 (1) du Code électoral camerounais.

[44] Il faut signaler d'ailleurs que la loi ne donne pas le pouvoir à ELECAM de proclamer les résultats des élections qu'il organise, ce qui constitue une incongruité remarquable. V. GATSI T. Éric-Adol, « Le Cameroun à la recherche d'un organe fiable de gestion du processus électoral », *op.cit.*, p. 1715. La tendance générale est au retrait de cette compétence aux Commissions nationales de gestion du processus électoral. En général, soit la Commission proclame les résultats provisoires, soit elle transfère les procès-verbaux au juge électoral pour le faire. Peu de pays s'illustrent par l'option de la proclamation des résultats par la Commission électorale (C'est le cas de la Commission nationale électorale de Guinée-Bissau). V. ACCPUF, « La proclamation des résultats et le contentieux électoral », *ACCPUF, Le rôle et le fonctionnement des Cours constitutionnelles en période électorale,* vol. 1 : Études comparatives, Bulletin N° 5, mai 2005, p. 148-180.

[45] V. ONDOUA Alain, « Vers une modernisation du système institutionnel de régulations des élections au Cameroun ? À propos de la mise en place d'"ELECTIONS CAMEROON" », *op.cit.*, p. 203.

questions restent entières. La pratique n'a pas encore offert des cas d'observation sur ces questions à partir desquels on pourrait tirer des conclusions. On peut toutefois imaginer que toute personne ayant un intérêt certain peut le saisir[46], dans des délais qui permettront son action d'être utile.

En revanche, exercer son pouvoir d'office s'avère tout aussi compliqué, en ce sens que les conditions de son exercice ne sont pas réunies. La mise en œuvre d'un tel pouvoir suppose la connaissance d'une situation anormale que l'autorité de contrôle veut réparer. Pourtant, cette connaissance n'est pas une évidence en l'espèce. En effet, ELECAM n'assure pas la transmission des procès-verbaux des élections entre les commissions, sauf entre les Commissions locales de vote et la Commission départementale de supervision[47], ce qui l'éloigne un peu du traitement de ces procès-verbaux. Et même si l'obligation de lui adresser un exemplaire des procès-verbaux de chaque commission vient tempérer ce handicap, il faut signaler que ce sont les démembrements territoriaux et la Direction générale des élections d'"ELECAM, dénués de tout pouvoir contentieux, qui reçoivent ces exemplaires. Comment le Conseil électoral pourrait-il mettre en œuvre son pouvoir contentieux dans ce contexte où, seul titulaire du pouvoir de contrôle, il n'est pour autant pas destinataire des procès-verbaux ? Sa connaissance de ces procès-verbaux ne peut donc se faire qu'à la suite de la remise à lui par ces destinataires directs des procès-verbaux, avec le risque qu'il puisse finalement être saisi alors que son contrôle n'est plus nécessaire lorsqu'on sait que les délais de transmission desdits procès-verbaux d'une commission à l'autre sont extrêmement courts[48], à l'image des délais en

---

[46] Il est généralement admis qu'en l'absence de précisions sur la qualité pour agir qui par définition est limitative, il convient d'octroyer le droit de saisine à toute personne témoignant d'un intérêt certain. Sur cette question, v. GATSI T. Éric-Adol, Le contrôle juridictionnel des élections parlementaires au Cameroun, *op.cit.*

[47] Sans doute parce qu'il faut centraliser tous les procès-verbaux des bureaux de vote avant de les transmettre.

[48] Ces délais sont de quarante-huit (48) heures pour la transmission des procès-verbaux des Commissions locales de vote aux commissions départementales de supervision, et de soixante-douze (72) heures de celles-ci à la Commission nationale de Recensement Général des Votes. Voir article 62 (2) et (3) du Code électoral.

matière de contentieux électoral[49]. Le risque ici est de voir “Elections Cameroon” déployer son pouvoir de contrôle sur le procès-verbal d’une commission alors que la commission suivante a déjà commencé à travailler sur la base du procès-verbal querellé ou amendé. Dans ces conditions, le pouvoir de contrôle d’ELECAM est hautement hypothéqué, s’il n’est purement et simplement anéanti.

II. ELECAM ET LES COMMISSIONS ÉLECTORALES : UNE CONCURRENCE IMPLICITE

Étant des structures intervenant toutes dans le processus électoral, ELECAM et les commissions électorales sont voués à une collaboration inéluctable. Cependant, loin de mettre sur pied une collaboration fluide à travers l’octroi d’attributions précises et spécifiques à chacune de ces structures, le législateur a, sans doute par maladresse, institué une collaboration conflictuelle. Cette situation qui se caractérise par une similitude d’attributions entre elles débouche inéluctablement sur des conflits de compétences (A) qui peuvent être réglés par une redéfinition de la dynamique institutionnelle en matière électorale (B).

A. Des attributions similaires

« Une définition qui prête à interprétation et où les rôles, les fonctions et les responsabilités de l’une et l’autre composantes ne sont pas mutuellement exclusifs peut vite conduire à la confusion et aux conflits[50] ». Ce piège signalé par Jean-Pierre KINGSLEY, six ans avant l’institution d’ELECAM, n’a pas pu être évité par le législateur camerounais. La similitude d’attributions entre ELECAM et les commissions électorales crée des conflits de compétence (1) desquels celles-ci sortent souvent gagnantes en pratique (2).

1. Des conflits de compétence

Qu’il soit positif ou négatif, il y a conflit de compétence lorsque qu’il s’agit de déterminer, parmi deux ou plusieurs autorités, celle normalement

---

49 Eric-Adol T. GATSI parle même de « course contre-la-montre » dans laquelle le législateur enserre les protagonistes du processus électoral (GATSI T. Éric-Adol, Le contrôle juridictionnel des élections parlementaires au Cameroun, *op.cit*).

50 KINGSLEY Jean-Pierre, « Rapport général introductif et bibliographie sélective », *op.cit.*, p. 152.

apte à agir sur une question précise[51]. De manière générale, on peut schématiser le partage de compétences entre les deux structures en affirmant que le rôle dévolu au Conseil électoral d'ELECAM s'analyse, *grosso modo*, en une direction générale et une fixation de l'orientation de l'action d'ELECAM alors que celui des commissions électorales mixtes se résume en un travail d'application sur le terrain de la loi électorale.

Cependant, cette répartition idyllique apparente n'est pourtant pas celle qui ressort d'une lecture attentive des textes. En effet, nonobstant cette impression, s'il est aisément admissible que les commissions électorales ne possèdent aucune compétence dans l'orientation générale du processus électoral, ceci étant une tâche exclusive d'ELECAM, celui-ci possède, en revanche, des attributions dans la mise en œuvre concrète de la loi électorale que la répartition idyllique ci-dessus a tendance à confier de manière exclusive aux commissions électorales. C'est dire que derrière cette répartition de façade, se cache la réalité d'un conflit positif d'attribution de compétences puisqu'au demeurant, les commissions électorales et ELECAM dans sa double composante sont compétents pour les mêmes tâches. Les enchevêtrements de compétences, flagrants, existent tant entre les commissions électorales et le Conseil électoral qu'avec celles-là et la Direction générale des élections, qu'il s'agisse de leurs attributions contentieuses ou des attributions non contentieuses.

Sur le plan non contentieux, la mission d'établissement des listes électorales et des cartes électorales ainsi que leur distribution confiée aux commissions correspondantes coïncident étrangement avec celle confiée à la Direction générale des élections. Ainsi, entre autres attributions, l'article 26 du Code électoral confère à la Direction générale des élections la constitution, la gestion, la mise à jour et la conservation du fichier électoral national, l'établissement des listes électorales, l'établissement des cartes électorales ; la distribution des cartes électorales ; alors même que ces opérations relèvent du domaine réservé des commissions spécifiques que

[51] Sur la question, v. DEBBASCH Charles et RICCI Jean-Claude, *Contentieux administratif*, Paris, Dalloz, 7e édition, 1999, 893 p ; De LAUBADÈRE André, VENEZIA Jean-Claude et GAUDEMET Yves, *Traité de droit administratif*, Paris, 9e édition, LGDJ, 1984, 813 p.

sont les Commissions de révision des listes électorales et les Commissions de contrôle de l'établissement et de distribution des cartes électorales.

Au plan contentieux, les fonctions contentieuses dévolues au Conseil électoral par l'article 10 du Code électoral sont, à quelque chose près, les mêmes qui sont confiées à la Commission départementale de supervision par l'article 63 de ce même Code. D'après l'article 10 du Code électoral, le Conseil électoral « opère les vérifications et les contrôles qu'il juge opportuns ; – connaît des contestations et réclamations portant sur les opérations préélectorales et électorales [...] ; – ordonne les rectifications rendues nécessaires à la suite de l'examen des réclamations ou contestations reçues, relatives aux élections ou aux opérations référendaires ». L'article 63 quant à lui, rédigé en des termes presque similaires, confie à la Commission départementale de supervision la mission de « connaît [re] des réclamations ou contestations concernant les listes et les cartes électorales ; – assure [r] le contrôle de la distribution des cartes électorales ; – ordonne [r] toutes rectifications rendues nécessaires à la suite de l'examen des réclamations ou contestations dirigées contre les actes des commissions compétentes concernant les listes et les cartes électorales ».

On peut donc aisément constater qu'il existe en la matière, un conflit réel de compétences entre ces différentes structures intervenant dans le processus électoral puisque la rédaction tatillonne des textes leur confie des attributions similaires.

Cette situation peut s'expliquer par la genèse du droit électoral au Cameroun à l'ère du retour au multipartisme. En effet, toutes ces missions étaient, à l'origine, confiées aux seules commissions électorales par différentes lois électorales[52]. La création d'ELECAM par la loi de 2006 précitée a créé un espace de deux lois parallèles dont l'absence de coordination a débouché sur ces attributions similaires. C'est dire que cette situation qui existe dans le Code électoral existait déjà à l'époque des lois

[52] V. les lois n° 92/002 du 14 août 1992 portant conditions d'élection des conseillers municipaux, n° 92/10 du 17 septembre 1992 fixant les conditions d'élection et de suppléance à la présidence de la République, n° 91/020 du 16 décembre 1991 fixant les conditions d'élection des députés à l'Assemblée nationale et n° 2006/005 du 14 juillet 2006 fixant condition d'élection des sénateurs.

électorales éparses. Il s'agit donc d'un des nombreux inconvénients de l'existence de lois électorales éparses et de l'absence d'un Code électoral unique longtemps décriée par des auteurs pouvant déboucher sur « une inévitable confusion[53] ». Cependant, la rédaction du Code électoral unique en 2012 n'a pas, comme on aurait pu s'attendre, donné lieu à la mise au pas de toutes ces dispositions contradictoires et conflictuelles. À la place, il s'est plutôt agi d'une adjonction des textes existants sans toilettage des dispositions non parfaitement compatibles et sans l'assurance de la mise en cohérence des textes jadis épars.

Ce conflit de compétences est pour ainsi dire déplorable puisqu'il hypothèque le déroulement harmonieux du processus électoral. Dans certains cas, il se solde par une victoire des commissions électorales mixtes au détriment de ELECAM.

2. La maîtrise en pratique des commissions électorales

Dans le décor concurrentiel planté par le cafouillage législatif, les commissions électorales empiètent sur les terres d'"Elections Cameroon", puisque certaines attributions à eux concurremment dévolues sont en réalité assurées par elles seules. Par exemple, l'article 26 du Code électoral prévoit qu'"Elections Cameroon" établit les listes électorales et les cartes électorales et les distribue « en liaison avec les commissions mixtes compétentes ». La prescription de la collaboration entre ces deux structures, réitérée par les articles 51 et 71[54] peut être perçue comme un aménagement idéal tendant à effacer l'effet conflictuel de la compétence concurrente de celles-ci. Mais il n'en est rien en réalité.

En effet, le législateur se borne à prescrire cette collaboration de principe sans en fixer les modalités pratiques, ni en assurer l'effectivité. Ainsi, d'une part, la loi est muette sur la manière dont cette collaboration devra se tenir,

---

[53] OLINGA Alain-Didier, « Politique et droit électoral au Cameroun : analyse juridique de la politique électorale », *Polis, Revue Camerounaise de Science Politique (RCSP) -Cameroon Political Science Review (CPSR)*, Vol. 6, N° 2, 1998, p. 31-52, notamment p. 42.

[54] L'article 51 dispose : « Les listes électorales sont établies par les démembrements territoriaux d'Elections Cameroon, en relation avec les commissions mixtes compétentes ». Quant à l'article 71, il est ainsi formulé : « L'inscription sur les listes électorales est un droit. Elle se fait par les soins des démembrements territoriaux d'Elections Cameroon, en relation avec les commissions mixtes compétentes ».

quelles sont les tâches de l'une et de l'autre structure, s'il y a entre elles une hiérarchie dans cette tâche, etc. D'autre part, en l'absence de prescriptions pouvant assurer l'effectivité de cette collaboration, il reste qu'en pratique, ce sont les commissions électorales qui assurent seules ces tâches puisque d'après les dispositions législatives pertinentes, seuls leurs membres sont habilités à signer les procès-verbaux de ces opérations, à l'exclusion des membres d'ELECAM qui sont pourtant censés assurer avec elles ces tâches[55]. La signature par les seuls membres des commissions électorales des procès-verbaux de leurs activités suffit à montrer que seules elles sont en réalité compétentes pour le faire, la signature marquant l'authenticité de l'autorité habilitée à poser un acte[56].

Aussi, selon l'article 10 (2) du Code électoral, "Elections Cameroon" à travers son Conseil électoral « transmet les procès-verbaux des élections au Conseil constitutionnel ou aux instances prévues par la loi ». Pourtant, en suivant l'évolution du processus électoral, on se rend compte que conformément à l'article 69 (4) *in fine*, c'est finalement la Commission nationale de recensement général des votes qui procède à cette transmission. Cet article est en effet ainsi formulé : « la Commission nationale de Recensement Général des Votes dresse le procès-verbal de toutes ses opérations. Ce procès-verbal établi en autant d'exemplaires que de membres

[55] V. les articles 53 (4) du Code électoral pour la Commission de contrôle de l'établissement et de distribution des cartes électorales, 52 (9) pour la Commission de révision des listes électorales, 62 (1) pour la Commission locale de vote, 67 (3) pour la Commission départementale de supervision et 69 (4) pour la Commission nationale de recensement général des votes 193 (2) pour la Commission communale de supervision et 265 (2) pour la Commission régionale de supervision.

[56] Lon FULLER identifie en effet trois fonctions attachées à la signature que sont la preuve, la solennité et l'efficacité (V. FULLER Lon, « Consideration and form », (1941) 41, *Columbia Law Review*, 799), même si Isabelle DAURIAC considère que dans certaines circonstances, « la fonction d'identification [de la signature] n'est pas une fonction probatoire, mais une fonction symbolique » (DAURIAC Isabelle, *La signature*, thèse de doctorat, Paris, Université Paris 2, 1997, p. 182). Pour un complément d'informations sur la fonction de la signature en droit, lire également De LAMBERTERIE Isabelle, « La valeur juridique de la signature, perspective de longue durée », Hypothèses, 1/2006 (9), p. 361-370. BELLEY Jean-Guy, « Le contrat comme vecteur du pluralisme juridique », dans Philippe GÉRARD, François OST et Michel Van de KERCHOVE (dir.), *Droit négocié, droit imposé ?*, Bruxelles, Publications des Facultés universitaires Saint-Louis, 1996, p. 353.

est signé du président et des membres présents. Un exemplaire est remis à chaque membre signataire. Un exemplaire est transmis dans un délai de cinq (05) jours au Conseil Constitutionnel, accompagné de pièces annexes ». Il est en effet loisible de constater que ce n'est pas "Elections Cameroon" qui transmet ces procès-verbaux au Conseil Constitutionnel, d'autant que la loi ne prévoit même pas de transmission de ces procès-verbaux par la Commission nationale de recensement général des votes à "Elections Cameroon". C'est dire que techniquement, celui-ci ne peut les transmettre au Conseil constitutionnel puisqu'il ne les détient même pas. Une nouvelle dynamique institutionnelle de l'environnement électoral est donc plus que nécessaire.

B. La nécessaire réorganisation structurelle du paysage institutionnel des élections au Cameroun

La configuration telle qu'elle se présente aujourd'hui fait état d'un imbroglio total où il est difficile d'affirmer avec fermeté et certitude que ELECAM est effectivement le dépositaire de l'organisation et de la supervision des élections au Cameroun[57]. Ceci est dû à une organisation horizontale entre les deux différents protagonistes du processus électoral (1), qu'il convient d'abandonner pour une structuration verticale (2).

1. Le constat : une organisation horizontale entre ELECAM et les commissions électorales

L'environnement institutionnel actuel de gestion des élections au Cameroun est celui d'une coexistence entre deux types de structures traitées dans des titres différents du Code électoral[58] et qui, malgré les apparences hiérarchiques qu'elles donnent, reflètent plutôt une mésentente nocive. En effet, loin des formules péremptoires du législateur qui fait d'ELECAM la commission électorale contrôlant le processus électoral dans son ensemble, la réalité d'une incompréhension et souvent d'un labyrinthe juridique se fait persistante.

[57] Un auteur recommande d'ailleurs, sur un plan plus général, « de restructurer les commissions électorales en les dotant de prérogatives importantes pouvant leur assurer une existence dynamique ». V. KOKOROKO Dodzi, « Les élections disputées : réussites et échecs », *Pouvoirs* N° 129, 2009, p. 115-125, notamment p. 119.

[58] ELECAM fait l'objet du titre 2 alors que les commissions électorales sont prévues par le titre 3.

Cette situation est engendrée par le manque de confiance de l'opposition qui, malgré les faveurs de tous pour la mise en place d'un organe indépendant en charge du processus électoral, rechigne toujours à abandonner tout son droit de regard au profit d'une structure sur laquelle elle ne peut avoir ni contrôle de quelque nature que ce soit, ni moyens de pression. Ceci est évident si l'on veut se rappeler que « le droit électoral est le site d'une bataille âpre d'enjeux multiformes, qui influencent l'attitude des acteurs du jeu politique quant à son élaboration et à ses mutations[59] ». Le maintien des commissions électorales, à côté d'ELECAM et toutes ses structures territoriales témoigne de la volonté des politiques de ne pas lui céder tous les pouvoirs et ainsi pouvoir continuer à contrôler une partie du jeu à travers la composition des commissions électorales. C'est dire si les contingences politiques créent des situations juridiquement compliquées qui, elles-mêmes, peuvent être à l'origine d'un blocage institutionnel. Le politique et le juridique se tiennent[60].

Pourtant, au regard des moyens importants dont ELECAM est doté et notamment des moyens personnels que la loi lui offre, on se demande bien si, d'un point de vue purement technique, le maintien des commissions électorales mixtes était encore nécessaire. On sait en effet que la structure de cet organe le dote d'un important personnel mis à la disposition du Directeur général des élections et composé des démembrements territoriaux, des structures d'appui et des autres personnels qui peuvent, à notre avis, valablement jouer le rôle des commissions électorales sans trop de difficultés.

Ce schéma institutionnel, qui met côte à côte ces deux types de structures[61], a le sérieux désavantage de n'instituer qu'une hiérarchie déclarée

---

[59] OLINGA Alain-Didier, « Politique et droit électoral au Cameroun : analyse juridique de la politique électorale », *op.cit.*, p. 31.

[60] Louis FAVOREU dira à cet effet qu'« on ne peut pas vraiment [...] appréhender la réalité politique sans tenir compte des données juridiques » (FAVOREU Louis, *La politique saisie par le droit. Alternances, cohabitation et Conseil constitutionnel*, Paris, Economica, 1988, p. 7).

[61] Il convient de dire que ce schéma faisant intervenir plusieurs structures dans la gestion du processus électoral est également observable dans plusieurs autres pays, avec les mêmes risques de conflits de compétences. Ainsi, au Gabon, on a une organisation tripartite composée de l'administration, de la Commission nationale électorale (CNE) et des commissions électorales locales, de même qu'au Mali où on distingue la Commission

qui ne se traduit pas dans les faits. En effet, l'adoption de ce schéma aurait dû être accompagnée de mécanismes efficaces assurant une hiérarchie effective entre ces deux structures sur toute l'étendue du processus électoral, ce que le législateur n'a fait que de manière partielle, laissant quelquefois planer un doute sur l'effectivité de la maîtrise par ELECAM de l'ensemble de ce processus électoral. Au lieu de cela, cette organisation horizontale, en n'instituant pas de hiérarchie effective totale, ou en en instituant une imparfaite, fait des deux structures des maîtres de leurs actions, chacun en ce qui la concerne. Il est alors urgent d'instituer une organisation verticale de ces structures en présence.

2. La perspective : pour une organisation verticale

L'option pour une organisation verticale déboucherait sur une structure unique constituée d'ELECAM, mais qui comprendrait les commissions électorales mixtes. Ainsi, ces commissions mixtes feraient désormais partie intégrante d'ELECAM, comme ses démembrements territoriaux ainsi que son personnel d'appui. Cette configuration, du reste, choisie par le législateur togolais[62], aurait l'avantage indéniable de mettre effectivement les commissions électorales mixtes sous le contrôle de la direction d'ELECAM, mais surtout ferait juridiquement de celui-ci l'auteur des actes de celles-là. Faisant ainsi partie de sa structure, la direction d'ELECAM pourrait désormais déployer son pouvoir hiérarchique avec toutes ses variantes que sont les droits d'annulation, de réformation, d'instruction et de substitution, même en l'absence de tout texte le disant expressément[63], et ce sur

---

électorale nationale indépendante (CENI), la Délégation générale des élections et le ministère en charge de l'Administration territoriale (loi n° 06-044/ du 4 septembre 2006 portant loi électorale) ; au Sénégal, c'est un duo composé du ministère chargé des Élections et de la Commission électorale nationale autonome (CENA) qui est en place (Loi n°. 2012-01 abrogeant et remplaçant la loi n° 92-16 du 07 février 1992 relative au Code électoral).

[62] Au Togo, en effet, on distingue bien les Commissions électorales locales indépendantes (CELI), les Comités des listes et cartes (CLC) et les Bureaux de vote (BV), mais toutes ces structures sont considérées comme des démembrements de la Commission électorale nationale indépendante (CENI) dont ils font partie intégrante (loi n° 2012-002 du 29 mai 2012 portant Code électoral).

[63] Le pouvoir hiérarchique qui se déploie dans le cadre de la déconcentration a, en effet, cette particularité de pouvoir être exercé même sans texte. Il s'agit donc d'un pouvoir « autonome et spontané » (MOCKLE Daniel, *Recherche sur les pratiques administratives*

l'ensemble du processus électoral. Ceci éviterait par la même occasion au législateur de procéder à une énumération fastidieuse et probablement limitative des cas d'ouverture du contrôle d'ELECAM sur les commissions électorales que la configuration actuelle oblige à faire.

CONCLUSION

La multitude d'acteurs intervenant dans la gestion du processus électoral au Cameroun est, aujourd'hui, plus un inconvénient qu'un avantage dans la mesure où, pour reprendre les termes de Jean du Bois de GAUDUSSON, elle peut être « à l'origine de redondances, de chevauchements, de vide juridique ou de conflits et de contentieux[64] ». La maîtrise parfaite par ELECAM sur l'ensemble du processus électoral qui semble découler des formules péremptoires du législateur est ainsi, dans la pratique, remise en cause par une articulation tatillonne qui fait des commissions électorales mixtes, tantôt des collaborateurs subordonnés, tantôt des collaborateurs concurrents, tantôt même des acteurs indépendants d'ELECAM.

Si une telle articulation est à déplorer au vu de l'imbroglio qu'elle crée, force est de reconnaître qu'elle fait sans doute les affaires d'une opposition qui s'est toujours affirmée marginalisée par ELECAM dont la mise en place, l'organisation et le fonctionnement lui sont complètement étrangers, laissés à la seule discrétion d'un acteur politique en la personne du président de la République[65]. C'est dire si le maintien des commissions électorales mixtes, malgré l'important moyen personnel dont dispose ELECAM lui est favorable, car il lui permet de maintenir une once de contrôle dans le processus électoral à travers leurs membres représentés dans ces commissions.

---

pararèglementaires, LGDJ, 1984, p. 279 ; à la différence du pouvoir de tutelle, attribut de la décentralisation, qui n'existe que si un texte le prévoit expressément, d'où la célèbre formule de Jean RIVERO « pas de tutelle sans texte, pas de tutelle au-delà des textes », *in Droit administratif*, 4e édition, Paris Dalloz, 1970, p. 290.

[64] De GAUDUSSON Jean du Bois, « Les structures de gestion du processus électoral », *op.cit.*, p. 222

[65] GATSI T. Éric-Adol, « Le Cameroun à la recherche d'un organe fiable de gestion du processus électoral », *op.cit.*

Il convient d'opter pour une articulation qui définisse plus clairement et plus harmonieusement les relations entre ces différents protagonistes de la gestion du processus électoral.

DÉMOCRATIE ET LIBERTÉ DE LA PRESSE AU CAMEROUN

Francis Ampère SIMO KOUAM[1]

> *« Je ne suis pas d'accord avec ce que vous dites, mais je me battrai jusqu'à la mort pour que vous ayez le droit de le dire ».*
> Voltaire, The Friends of Voltaire,
> livre anglais d'Evelyn Beatrice Hall.

Introduction

« *Montesquieu pourra se réjouir, à distance, de ce qu'un quatrième pouvoir ait rejoint les trois autres et donné à sa théorie de la séparation des pouvoirs l'ultime hommage de notre siècle*[2] ». Ce « *quatrième pouvoir*[3] » n'est rien d'autre que le « *pouvoir médiatique* [4] » qui agrémente la liste des trois autres

---

[1] Docteur/Ph. D en Droit (spécialité : Droits Fondamentaux), Chargé de cours à la Faculté des Sciences Juridiques et Politiques, Université de Yaoundé II-Soa, framsiko@gmail.com

[2] François MITTERRAND, Lettre adressée à tous les Français lors de la campagne pour la présidentielle en avril 1988.

[3] En 1787, environ quarante ans après *De l'esprit des lois*, de Montesquieu – posant le principe de la séparation des trois pouvoirs (législatif, exécutif et judiciaire) – un homme politique irlandais nommé Edmund Burke désigne les journalistes comme étant détenteurs d'un « quatrième pouvoir ». Plus tard, Alexis de Tocqueville reprendra cette idée dans *De la démocratie en Amérique*. L'expression fait alors son entrée en France. Voir sur la question D. SALLES, « *Médias, pouvoir et contre-pouvoir* », L'école des lettres 2010-2011 n° 2-3, p. 103. Le concept de « quatrième *pouvoir* » renvoie à l'idée selon laquelle les *médias* (c'est-à-dire les moyens de transmettre l'information au public, qui rassemblent un certain nombre de techniques modernes comme la télévision, les journaux, Internet, la radio...) auraient une forte influence sur les affaires publiques et sur les comportements des citoyens.

[4] Marcel GAUCHET cité par Daniel BOUGNOUX, « Médias et démocratie », Information, médias et Internet, Cahiers français n° 338. Voir aussi Daniel BOUGNOUX, *La crise de la représentation*, Paris, La Découverte, 2006. Ce « pouvoir » n'agit jamais que par représentation, contrairement aux pouvoirs exécutif et législatif, issus de la représentation-délégation parlementaire, et qui peuvent directement décider, empêcher, censurer, destituer... Les médias n'ont pas cette vertu ; pouvoir immatériel à base de papier, d'ondes ou de courants faibles, la représentation médiatique inerte par elle-même n'agit

– exécutif, législatif et judiciaire – piliers de l'idéologie démocratique. Il a pour noble mission de surveiller les trois autres, et de clouer au pilori les errements réels ou supposés de ceux-ci[5].

C'est dire combien le pouvoir de la presse est considérable : la presse nous entoure, nous imprègne. Par son omniprésence, elle exerce inéluctablement une influence sur notre façon de voir les choses, d'appréhender l'information et de s'en faire un jugement. Elle peut ainsi se révéler être un redoutable instrument de contrôle et d'orientation de l'opinion publique. « *La presse (…) est la parole à l'état de foudre ; c'est l'électricité sociale. Pouvez-vous faire qu'elle n'existe pas ? Plus vous prétendrez la comprimer, plus l'explosion sera violente. Il faut donc vous résoudre avec elle (…)* [6] ». Sa puissance est d'autant plus décuplée que « *dans un État libre, la parole et la pensée doivent être libres* [7] ».

Ce quatrième pouvoir, aux allures tentaculaires, est essentiellement légitimé par le fait que l'activité des médias repose sur la liberté d'expression, elle-même considérée comme l'une des pierres angulaires de la démocratie[8] et dont la liberté de la presse est l'une des composantes[9]. Cette liberté influence considérablement la formation des courants de pensée. Il ne

---

qu'en excitant ou en démultipliant à distance d'autres pouvoirs plus réels, ailleurs et antérieurement constitués.

[5] Civ. Liège (6e ch.), 21 septembre 1999, Brose c. Deliège et csts., Journal des procès, n° 384, 7 janvier 2000, p. 29 ; A & M, 2000/1-2, p. 155, obs F. JONGEN.

[6] CHATEAUBRIAND, Mémoires d'outre-tombe (t. V), 1850.

[7] Tibère cité par Stéphane HOEBEKE et Bernard MOUFFE, *Le droit de la presse*, Academia Bruylant, 2e éd., 2005, p. 52.

[8] L. JOSENDE, *Liberté d'expression et démocratie, réflexion sur un paradoxe*, Bruylant, 2010, p.12 et s.

[9] La liberté d'expression est constituée de la liberté d'opinion, de la liberté de communication (liberté de presse) et de la liberté de réception ou droit à l'information. Ces trois composantes de la liberté d'expression sont indissociables. Chacune peut valablement désigner la liberté d'expression. La Déclaration universelle des droits de l'homme et le Pacte international relatif aux droits civils et politiques dans leur article 19 commun consacrent cette liberté en insistant sur le fait que « *tout individu a droit à la liberté d'opinion et d'expression, ce qui implique le droit de ne pas être inquiété pour ses opinions et celui de chercher, de recevoir et de répandre, sans considération de frontières, les informations et les idées par quelque moyen d'expression que ce soit* ».

saurait y avoir de démocratie véritable sans citoyens pleinement et objectivement informés.

En effet, une société devrait se prétendre démocratique à partir du moment où elle repose sur les principes d'une citoyenneté souveraine, une prise de décision transparente et un gouvernement tenu de rendre des comptes. La démocratie libérale se caractérisant essentiellement par la primauté du droit, la séparation réelle des pouvoirs[10], la protection des droits de l'homme et des minorités, elle est considérée comme effective dès lors que les citoyens sont en mesure de formuler des exigences, d'exercer des pressions et surtout de contrôler en permanence les actions de leurs gouvernements. C'est spécifiquement par l'intermédiaire des organisations non gouvernementales et des médias que les citoyens peuvent exercer ce contrôle[11]. Ce rôle de gendarme, que jouent les médias au nom des citoyens, ne peut être réel et efficace que s'ils sont libres, c'est-à-dire indépendants des influences et des intérêts du gouvernement et des entreprises, être attachés à la notion de service public et prenant leur mission au sérieux.

Cette liberté de la presse dérive du droit fondamental qu'est la liberté d'information : c'est « *un droit fondamental de l'homme et la pierre de touche de toutes les libertés à la défense desquelles se consacrent les Nations unies. La liberté de l'information implique le droit de recueillir, de transmettre et de publier les nouvelles en tous lieux et sans entrave. À ce titre, elle constitue un élément essentiel de tout effort sérieux pour favoriser la paix et le progrès dans le monde*[12] ». Il est pour cela impératif de garantir et protéger la liberté d'expression des médias. Les acteurs des médias, à commencer par les journalistes doivent pouvoir exercer leur droit à la liberté d'expression. Mais ce qui est encore plus important, c'est le droit du public à l'information,

---

[10] En vertu de la primauté du droit, gouvernement, législatif et judiciaire ne fonctionnent que sur la base de règles écrites. Ce principe est étroitement lié à celui de la séparation des pouvoirs et voudrait que chacun des pouvoirs fonctionne indépendamment des autres.

[11] Les organisations non gouvernementales (ONG) peuvent militer, éduquer et mobiliser l'attention sur les grandes questions d'intérêt général, mais aussi surveiller le comportement des gouvernements et des autres instances dirigeantes. Par le biais des ONG, les citoyens peuvent être des moteurs et des vecteurs puissants du changement en faveur d'un monde plus démocratique.

[12] Voir la résolution 59 (I) de l'Assemblée générale des Nations unies, adoptée lors de sa première session en 1946.

dimension vitale de la liberté d'expression, qui dépend du respect de la liberté d'expression des médias[13].

Les rapports entre les médias et les gouvernants sont souvent antagonistes dans la mesure où les premiers cherchent à révéler ce que les seconds veulent cacher aux citoyens, en entravant par exemple l'accès aux informations administratives pour des raisons objectives ou subjectives.

Quoi qu'il en soit, le respect de la liberté de la presse et du droit des citoyens à l'information constituent pour les États, une obligation juridique dont le fondement réside à la fois dans le droit naturel de l'homme au savoir et dans son droit naturel à communiquer librement.

Dans les régimes démocratiques, la presse s'impose comme « *le chien de garde de la démocratie* [14] » en jouant le rôle d'un contrepouvoir chargé de dénoncer les abus du pouvoir politique institué et les violations du contrat social. Contrat social dont le respect est assuré par ce que Jürgen Habermas appelle « *l'Espace Public* », c'est-à-dire le lieu où se forment l'opinion et la critique du public[15].

De ce paradigme de la presse contrepouvoir, l'avènement des nouveaux médias va inciter à redéfinir la notion de liberté de la presse. Plus que de la seule liberté de la presse, on parlera donc de liberté de communication qui, selon Francis Balle, est la version moderne de la « *libre communication des pensées et des opinions des révolutionnaires français de 1789*[16] ».

---

[13] « *Liberté d'information ! Liberté d'opinion et d'expression ! Liberté de la presse ! Liberté de communication ! Droit à l'information... ! Ces différents vocables utilisés dans les différentes conventions désignent les mêmes réalités et poursuivent le même objectif* ». *Le Conseil constitutionnel français dans sa décision du* 29 juillet 1994, relative à l'emploi de la langue française *a ainsi levé tout équivoque sur ces expressions en leur donnant une définition assez large, appliquant l'une ou l'autre, non seulement à la presse et à la communication audiovisuelle, mais également au choix par chacun des termes exprimant sa pensée.*

[14] CEDH, 5e Sect. 5 mai 2011, Comité de rédaction de Pravoye Delo et Shtekel c. Ukraine. Voir aussi CEDH, GC, 14 septembre 2010, Sanoma Uitgevers BV c. Pays-Bas.

[15] Victor SANON, « Principes de la liberté de presse dans le débat démocratique en Afrique : le cas du Burkina Faso », DT-CAPES N° 2004-12.

[16] Francis BALLE, *Médias et société*, Montchrestien 11e éd. 2003, p. 267.

Cette liberté de la presse est constitutionnalisée au Cameroun, en tant que composante de la liberté d'expression depuis 1996, tant par le droit international des droits de l'Homme que par le droit interne[17].

Bien avant cette consécration par la loi fondamentale, la loi n° 90/052 du 19 décembre 1990 relative à la liberté de communication sociale envisageait déjà la liberté de la presse dans ses articles 6 et 36. Cette liberté consiste à « *pouvoir faire tout ce qui ne nuit pas à autrui (…)*[18] ». Les médias sont donc confrontés à une limite : celle de ne pas empiéter sur les droits d'autrui.

Plus que jamais, la liberté de la presse est considérée comme un droit fondamental et l'un des fondements essentiels de la société démocratique, l'une des conditions de son progrès et de l'épanouissement de chacun[19]. Il faut, par ailleurs, distinguer entre la liberté de presse, qui est la liberté de publier les opinions, et la liberté de la presse, qui concerne l'autonomie de la presse face aux autres institutions[20].

Concrètement, pour être libre, une presse doit être indépendante et pluraliste : indépendante de tout contrôle gouvernemental, politique, économique ou de tout contrôle des moyens de diffusion à sa production et à sa dissémination ; pluraliste de par l'absence de tout monopole médiatique, l'existence du plus grand nombre possible de journaux, magazines et périodiques, traduisant la diversité des courants de pensée et d'opinions[21]. Une presse libre se déploie dans un contexte politique de

---

[17] Le préambule de la loi constitutionnelle du 18 janvier 1996 dispose : « *La liberté de communication, la liberté d'expression, la liberté de presse, (…) sont garanties dans les conditions fixées par la loi* ». La loi n° 90/052 du 19 décembre 1990 relative à la liberté de communication sociale consacre cette liberté dans ses articles 6 et 36. Sur le plan international, elle est consacrée par trois textes internationaux : la Déclaration universelle des droits de l'homme, la Charte africaine des droits de l'homme et des peuples. C'est cependant, le Pacte international relatif aux droits civils et politiques qui lui donne une force juridique.

[18] Voir art. 4 de la DDHC.

[19] CEDH, 7 déc. 1976, Handyside c/ Royaume-Uni, aff. no 5493/72 § 49 : CDE 1978. 350, obs. Cohen-Jonathan ; AFDI 1977. 494, obs. Pelloux ; JDI 1978. 706, obs. Rolland.

[20] Jean de BONVILLE « La liberté de presse à la fin du XIXe siècle : le cas de Canada-Revue », *Revue d'histoire de l'Amérique française*, vol. 31, no 4, mars 1978, p.501-523.

[21] Shahrbanou TADJBAKHSH et Andrea CAIROLA (sous la sup.), *Liberté de la presse et développement : Une analyse des corrélations entre la liberté de la presse et les différentes*

liberté. C'est la condition première pour qu'elle participe à la transparence de la vie publique et à l'édification de la démocratie.

Il apparaît donc évident que la liberté de la presse est indissociable de la démocratie[22]. Elle lui est consubstantielle. *La liberté de la presse se nourrit de la démocratie et la nourrit en retour. On ne saurait aborder la question de la liberté de la presse en faisant abstraction de la démocratie.* Démocratie et liberté de la presse sont les deux faces d'une même médaille. On ne saurait envisager de démocratie qui ne respecte pas les droits de la presse. De même, on ne pourrait concevoir que la liberté de la presse s'épanouisse dans un régime autre que démocratique[23].

En tout état de cause, il apparaît opportun de s'interroger sur l'effectivité, voire la prégnance de la liberté de la presse au Cameroun. L'analyse exégétique des textes y relatifs, combinée à celle de l'activité judiciaire et de la pratique de terrain, nous fournira une claire indication sur le fonctionnement et l'efficience de la démocratie au Cameroun. Cela est d'autant plus important que la liberté de la presse, perçue comme l'un des piliers de la démocratie en est le mécanisme de régulation et partant l'une des manifestations essentielles de l'État de droit. Par ses critiques, la presse permet à la société de se corriger et d'avancer. Elle s'impose donc comme une composante essentielle de la démocratie, ce souffle qui lui donne vie (I) et dont le respect confère un caractère démocratique à un État (II).

I. - La liberté de la presse comme composante essentielle de la démocratie

La liberté de la presse est une liberté fondamentale de premier rang dont l'exercice est l'une des garanties essentielles du respect des autres droits et libertés et de la souveraineté nationale[24]. Elle renferme de nombreux éléments qui sont au cœur de la démocratie et de l'État de droit parce que les influençant et les conditionnant particulièrement. Nous pouvons

---

dimensions du développement, de la pauvreté, de la gouvernance et de la paix, UNESCO, Paris, 2007, p. 13-15.

[22] Patrick WACHSMANN, « Liberté d'expression », *Fasc.* 800, Lexis Nexis, 2008, p. 1.

[23] Luc Adolphe TIAO, *la liberté de la presse dans le contexte africain : étude critique des textes juridiques sur la presse au Rwanda,* aout 2004.

[24] Voir décision du CC n° 84-181 DC du 11 octobre 1984.

envisager entre autres, le droit du public à l'information (A) et le droit au respect du secret des sources journalistiques (B).

A. Le droit du public à l'information au cœur de la démocratie

« *Le droit à l'information est un droit universel, inviolable et inaltérable de l'homme moderne*[25] ». Encore appelé liberté de réception, il constitue avec la liberté d'opinion et la liberté de communication les composantes de la liberté d'expression garantie au Cameroun[26]. Sur le plan international, la Charte africaine des droits de l'homme et des peuples renforce particulièrement ce droit par son article 9 alinéa 1 qui dispose : « *toute personne a droit à l'information* », c'est-à-dire, à une information équilibrée qui contribue à la prévention des conflits et au développement[27].

L'arsenal juridique protégeant ce droit est renforcé par les différents codes de déontologie des journalistes camerounais. En effet, le code élaboré par le gouvernement le 24 septembre 1992 rappelle dans son préambule que l'homme a droit à une information honnête, cohérente complète, précise et objective pour comprendre le monde et les évènements et pour jouer un rôle actif dans son milieu. Pour sa part, le code de déontologie de l'Union des journalistes du Cameroun (UJC) du 19 octobre 1996 précise que « *les journalistes ont le devoir d'aider à faire des Camerounais un peuple mûr, éclairé et maître de ses choix, en s'abstenant de promouvoir la haine, de porter atteinte à l'unité nationale et de favoriser les atteintes aux bonnes mœurs* ».

Le droit à l'information étant un droit fondamental de premier rang, les citoyens peuvent exiger que l'information véhiculée par les médias, qui

---

[25] Frédérique BROCAL Von PLAUEN, *Le droit à l'information en France*, Thèse de l'Univ Lumière- Lyon2, 2004 ; p. 42. Voir aussi La communication du pape Paul VI en avril 1964, lors du séminaire des Nations unies sur la liberté de l'information.

[26] Il est consacré et garanti par la Constitution de 1996, les articles 19 communs de la Déclaration universelle des droits de l'homme et du Pacte international relatif aux droits civils et politiques qui disent sensiblement que : « toute personne a droit à la liberté d'expression ; ce droit comprend la liberté de rechercher, de recevoir et de répandre des informations et des idées de toute espèce, sans considération de frontières, sous une forme orale, écrite, imprimée ou artistique, ou par tout autre moyen de son choix ». Il en va de même aussi de l'article 9 de la Charte africaine des Droits de l'Homme et des Peuples.

[27] Rapport de la Commission pour l'Afrique : Notre intérêt commun, mars 2005, p.165.

jouent un rôle de médiation et de prestation du service de l'information[28], soit transmise fidèlement dans les nouvelles et commentée avec honnêteté, sans ingérences extérieures que ce soit de la part des pouvoirs publics ou d'entités privées. C'est en cela que le droit à l'information est dit passif. Il suppose alors la liberté de tenir tout discours sans entrave gouvernementale. Il est aussi positif, parce qu'exigeant une action positive de l'État qui doit donner accès à l'information et permettre à la presse de l'atteindre.

Ainsi, la liberté d'expression ne signifie pas uniquement le droit de s'exprimer, elle englobe aussi le droit du public à l'information et son corolaire, la liberté de presse[29]. Une condition sine qua non de cette liberté de presse réside dans la capacité pour les médias et les citoyens d'accéder à l'information[30]. L'accès à l'information administrative et gouvernementale est ainsi indispensable à une société démocratique.

Il faut alors distinguer entre le droit à l'information administrative qui est une obligation pour les gouvernants et le droit d'accès à l'information en général. L'accès à l'information est pour cela lié à la participation des citoyens à la gestion des affaires publiques. Il est également un moyen d'encouragement à la participation politique. Ce droit est tout simplement au cœur de la démocratie et de l'État de droit. C'est ce qui justifie que la Cour suprême canadienne ait reconnu que « *des mesures qui empêchent les médias de recueillir l'information et de la diffuser limitent la liberté de presse* [31] ». Et les droits qu'ont les médias quant à la liberté d'information sont fonction des destinataires, c'est-à-dire des citoyens.

---

[28] Francis Ampère SIMO KOUAM, *Processus électoral et droits fondamentaux au Cameroun depuis le retour au multipartisme en 1990, Thèse de la FSJP de l'Université de Ydé II-Soa, 2008,* p. 285-289.

[29] Lucie LEMONDE, « Cour suprême du Canada et liberté d'expression », *Bulletin de la ligue des droits et libertés,* Printemps 2011, p.8.

[30] Anne PINEAU, « Le droit du public à l'information et à la diversité d'opinions : La face cachée de la liberté de presse », *Bulletin de la ligue des droits et libertés,* Printemps 2011, p. 9.

[31] Voir SRC c. N.-B., [1996] 3 RCS 480. Récemment, dans Vancouver Sun (2007 CSC 43), la Cour précisait : « (…) il importe de noter que l'al. 2b) dispose que l'État ne doit pas empêcher les particuliers "d'examiner et de reproduire les dossiers et documents publics" (…) et que "pour que la presse exerce sa liberté d'informer le public, il est essentiel qu'elle puisse avoir accès à l'information" ».

De fait, le droit du public à l'information ne peut être effectif que si les pouvoirs publics, voire le législateur respectent les principes constitutionnels de pluralisme et d'honnêteté de l'information, dans le but de satisfaire les destinataires essentiels de l'information : le lecteur, l'auditeur ou le téléspectateur[32].

Anne Pineau peut alors relever qu'une des conditions de la liberté de presse réside dans la capacité pour les médias et les citoyens d'accéder à l'information et qu'une des façons de bâillonner la liberté d'expression consiste pour l'État à ne pas fournir de porte-voix à ceux incapables de s'en procurer autrement[33]. C'est justement ce à quoi sont souvent confrontés les citoyens et les médias au Cameroun dans plusieurs domaines sensibles de la vie publique[34]. C'est entre autres le cas lors des processus électoraux tenus au Cameroun. Il en va de même des informations interdites dans le domaine de l'administration de la justice.

1. Le droit à l'information en périodes électorales

Dans un système démocratique, l'élection doit permettre la libre expression du corps électoral et en assurer la sincérité. Le respect de la liberté d'expression, qui constitue « *l'un des fondements essentiels de la société démocratique*[35] » est une exigence absolue[36]. Le Conseil constitutionnel en France, en sa qualité de juge électoral, est très souvent confronté à la délicate question de la nécessaire conciliation entre les principes du droit électoral et la liberté de premier rang qu'est la liberté d'expression[37].

---

[32] Le Conseil constitutionnel français, dans sa décision n° 84-181 DC du 11 octobre 1984 Loi sur les entreprises de presse ainsi que dans celle du 29 juillet 1986 (Décision n° 86-210 DC Régime juridique de la presse), rappelait le caractère constitutionnel de la liberté de la presse.

[33] Anne PINEAU, *op.cit.*, p. 10.

[34] Voir le communiqué du SNJC du 10 mai 2016. Dans ce communiqué, le Syndicat national des journalistes du Cameroun déplore l'environnement hostile qui est entretenu dans les services publics contre les professionnels des médias à capitaux privés dans l'exercice de leur métier à travers le difficile accès à l'information et aux sources d'informations dans les services publics.

[35] Arrêt Handyside c/ Royaume-Uni, 7 décembre 1976.

[36] Richard GHEVONTIAN, « Le Conseil constitutionnel, juge électoral et la liberté d'expression », *Les Nouveaux Cahiers du Conseil constitutionnel* 2012/3 (N° 36), p. 45-54.

[37] Richard GHEVONTIAN, *op.cit.*

De fait, une observation empirique de l'exercice du droit à l'information pendant les différents processus électoraux tenus au Cameroun depuis le retour au multipartisme en 1990, rend compte de ce que le droit du public à l'information connaît des fortunes diverses. C'est le cas par exemple des médias du service public qui compromettent le droit à l'information, le principe de pluralisme[38] et partant la sincérité du scrutin avec la manifestation forcenée de leur soutien, presque militant, au parti et aux dirigeants au pouvoir.

Sous la tutelle du ministère de la Communication, la Cameroon Radiotélévision (CRTV) [39] s'est toujours comportée comme l'instrument de propagande exclusif des positions du gouvernement, et plus particulièrement du parti au pouvoir, plutôt qu'au service de l'intérêt public. Un tel parti pris n'est jamais plus évident qu'en période électorale[40]. Au détriment des autres partis politiques, la CRTV consacre davantage de temps d'antenne à la couverture du parti au pouvoir[41].

Par exemple, tout au long de la campagne électorale de 1997 comptant pour l'élection présidentielle, les prises de position des partis ayant appelé au boycott de l'élection n'avaient pas été répercutées sur les ondes nationales alors que le « boycottage » représentait un aspect important de l'élection présidentielle. De plus, les activités de ces formations politiques n'étaient abordées que lorsqu'elles servaient les intérêts du parti au pouvoir. C'est le cas, notamment, de l'interdiction du meeting de la coalition des partis de l'opposition, du 6 octobre, pour trouble à l'ordre public ou de la démission d'un haut cadre du principal parti de l'opposition le Social democratic front (SDF), qui seront largement répercutées sur les ondes nationales[42]. Les partis politiques de l'opposition participant à l'élection présidentielle se sont notamment plaints du fait que leurs meetings ont été très peu relayés par la

[38] Le principe de pluralisme doit trouver sa place dans la campagne électorale où chaque candidat ou formation politique doit pouvoir intervenir de manière au plus égale au moins équitable.

[39] Voir décret n° 88 /126 / du 25 janvier 1988 portant organisation et fonctionnement de l'office de radiodiffusion télévision camerounaise.

[40] Rapport ARTICLE 19, Promesse en l'air, 1999, p.18.

[41] Le Baromètre des médias africains. Première analyse locale du paysage médiatique en Afrique : Cameroun 2014, Friedrich-Ebert-Stiftung (FES), 2014.

[42] Voir rapport FIDH, p. 25.

CRTV. De leur côté, les autorités se défendent en indiquant que « *cette différence de place accordée aux divers partis est due au fait que le parti au pouvoir est très présent sur le terrain et représente la majorité des Camerounais* [43] ».

Quoi qu'il en soit, pour mieux démontrer sa fidélité au parti au pouvoir, la CRTV prendra sur elle, la veille du scrutin, le 11 octobre lors du journal télévisé bilingue du soir, de diffuser un faux communiqué de presse annulant le mot d'ordre de boycott des trois principaux partis de l'opposition.

Malgré le peu de crédibilité de l'information, elle sera diffusée sans vérification préalable. Ce qui a indéniablement causé un préjudice à ces trois formations politiques. Le démenti de l'opposition réitérant le mot d'ordre de boycott ne sera publié que le lendemain soir lors du journal télévisé bilingue, c'est-à-dire après la fermeture des bureaux de vote.

Pour cette même élection, la répartition du temps d'antenne tant à la radio qu'à la télévision, s'est avérée être un grand marché de dupes. En atteste le rapport d'observation des médias camerounais réalisé par Conscience Africaine (CA) et Article XIX lors de la campagne électorale.

Pour ces deux organismes, l'ensemble des médias publics avait eu, pendant les 15 jours de la campagne électorale, un comportement partial en faveur du candidat du parti au pouvoir. À titre d'exemple, du 27 septembre au 11 octobre 1997, l'émission radio, Cameroun magazine consacrait au RDPC plus de 97 % du temps d'antenne accordé aux différents partis politiques.

Quant au journal télévisé bilingue, il ne traitera des activités de l'opposition que de manière négligeable. Et puis, dans leur traitement de l'information, la radio et la télévision ne faisaient pas de distinction entre les activités du gouvernement sortant et celles de ses membres battants campagne pour le parti au pouvoir[44]. Conscience Africaine et Article XIX relèvent, ainsi, que pendant la phase préélectorale, 84 % des informations

---

[43] *Ibid.*

[44] Rapport FIDH, *op.cit.*, p. 25-26.

relatives aux partis politiques, diffusées par la télévision entre le 18 février et le 4 mars, concernaient le parti au pouvoir, le RDPC[45].

De plus, une analyse qualitative a révélé un parti pris systématique en faveur du Président de la République en exercice, non seulement au niveau du langage et du traitement de l'information, mais aussi en raison de la diffusion répétée de chansons favorables à celui-ci[46].

Il apparaît donc, sur la base de l'expérience des élections tenues au Cameroun depuis mars 1992 qu'en matière d'encadrement électoral, des adaptations s'imposent et sont même impératives pour permettre à l'audiovisuel, et plus spécifiquement celui relevant des pouvoirs publics, de jouer pleinement son rôle de promotion d'élections transparentes et démocratiques.

Par ailleurs, le décret n° 92/030 du 13 février 1992 fixant les modalités d'accès des partis politiques aux médias audiovisuels de service public de la communication, vise uniquement les émissions d'expression des partis politiques représentés à l'Assemblée nationale et les émissions de propagande électorale. Or, les comptes rendus des activités politiques exclus du champ d'application de ce texte sont, « *par la finesse d'un exercice maîtrisé de programmation en faveur d'un parti, de nature à influencer la détermination des citoyens par rapport aux différents courants idéologiques et par conséquent tronquer l'expression réelle des suffrages*[47] ». C'est ce qui semble se passer depuis 1992 avec le parti au pouvoir, qui bénéficie d'un soutien militant des médias officiels. Une attitude qui n'est pas de nature à favoriser l'égalité de chance entre les candidats et les partis politiques. Et surtout de donner toutes les clés d'un choix idoine aux citoyens.

En France par exemple, à plusieurs reprises, sans pour autant aller jusqu'à annuler le scrutin, le Conseil constitutionnel a condamné les interventions

[45] Conscience africaine, Synthèse du Rapport d'observation des médias publics en période préélectorale (Yaoundé, 1997). Voir aussi T. BAKARY et S. PALMER, may 17, 1997 Legislative Élections in Cameroon IFES, p. 32 et 52.

[46] Conscience Africaine et ARTICLE 19, Média « prési-97 » : 1er Rapport d'observation de la Radio nationale, Yaoundé, 1997.

[47] Alex Blériot MOMHA, « Médias audiovisuels et processus électoraux en Afrique : regards rétrospectifs et prospectifs », in *Problématique de l'Informatisation des processus électoraux en Afrique*, sous la direction de Alain NKOYOCK, L'Harmattan, avril 2004, p. 321.

tardives des médias audiovisuels en faveur ou contre un candidat ou une formation politique. La haute juridiction fixe clairement sa jurisprudence en la matière dans un considérant de principe : « *S'il appartient aux stations de radiodiffusion et à la télévision d'informer les auditeurs sur le déroulement de la campagne électorale, elles ne sauraient diffuser, surtout le dernier jour de la campagne électorale, sans incidence sur les résultats du scrutin, des éléments de polémique au profit ou au détriment d'un candidat*[48] ».

Une autre dimension des dysfonctionnements ou atteintes au droit du public à l'information est celle résultant des poursuites du fait des commentaires tendancieux ou encore informations interdites dans l'administration de la justice.

2. Les poursuites en matière d'informations interdites

La justice et la presse poursuivent un même objectif : la recherche de la vérité. Les voies qu'elles suivent pour y parvenir sont différentes. Cette différence de voie explique certainement les relations parfois orageuses entre la justice et la presse dans le cadre d'affaires en cours d'instruction. Que ce soit au Cameroun où à l'étranger et plus particulièrement dans les pays dits développés, de nombreux textes législatifs et règlementaires relatifs aux publications interdites et aux immunités de la défense interdisent de publier les actes d'accusation et tous les autres actes de procédure criminelle ou correctionnelle avant qu'ils aient été lus en audience publique.

En janvier 2010, trois journalistes camerounais étaient cités à comparaître devant le juge correctionnel du Tribunal de première instance (TPI) de Douala[49]. Le Procureur de la République du Wouri reprochait à ces derniers d'avoir commenté lors d'un débat télévisé organisé par la chaîne de télévision privée STV2, des procédures judiciaires relatives à l'opération Épervier et à l'affaire Albatros. En sus de cela, la citation du Procureur faisait aussi état de la détention par eux d'un document frappé du secret professionnel en l'occurrence une copie du procès-verbal d'audition d'une

[48] Cons. const., 81-955, 3 décembre 1981, A.N. Seine-et-Marne, 3e circ.

[49] L'affaire opposait le Ministère public aux journalistes Thierry Ngogang, Ananie Rabier Bindzi, Alex Gustave Azebaze et Aboya Manassé Endong (enseignant à l'université de Douala). L'acte d'accusation portait sur une « violation du secret de procédure ».

des personnalités interrogées par la direction de la Police Judiciaire à Yaoundé.

Dans le même sens, le Procureur général près la Cour d'appel du Centre, attirait l'attention des journalistes relativement aux affaires en cours dans le cadre de l'opération épervier sur le fait que la loi leur interdisait de s'intéresser à de telles affaires[50].

On peut en effet comprendre que soit incriminée, dans des conditions particulières, la publication d'informations portant atteinte à des intérêts privés ou publics. On est davantage surpris de constater que peuvent être également réprimées des publications reproduisant certains renseignements ayant trait à des faits, des évènements dont l'exactitude est incontestable. Pourtant, toute vérité n'étant pas bonne à dire, et l'exercice de la liberté d'information comportant des abus qu'il faut éviter, les législations de nombreux pays, notamment celle de la France qui a inspiré celle du Cameroun, contiennent de telles interdictions. D'une manière générale, elles sont inspirées par le souci de protéger divers aspects de l'ordre public. Principalement l'administration de la justice.

L'objectif premier ici est d'éviter, dans l'intérêt des parties, que des commentaires ne faussent l'appréciation des juges. Sont alors pour cela considérés comme actes de procédure : les assignations, les rapports d'experts, les dépositions de témoins et les différents procès-verbaux.

En effet, dans les sociétés démocratiques, la liberté d'information et le droit du public à l'information des réalités, les informations interdites relativement à la protection de l'administration de la justice concernent seulement celles résultant de l'analyse, l'extrait ou le résumé d'un acte de procédure.

Curieusement, car c'est ici que le risque d'influence est le plus grand, n'entre pas dans les prévisions textuelles de ces États, l'information se présentant comme entièrement autonome par rapport aux actes de procédure même si elle y puise ses éléments.

Pour ce qui est de la violation du secret de l'instruction ou du secret professionnel, poursuivre un journaliste pour cette raison révèle une

---

[50] Voir *Mutations*, 14 janvier 2010.

méconnaissance blâmable de la théorie élémentaire du droit des médias. La violation du secret professionnel est en effet définie par l'article 310 du Code pénal du Cameroun comme la révélation sans l'autorisation de celui à qui il appartient d'un « fait confidentiel qu'il n'a connu ou qui ne lui a été confié qu'en raison de sa profession ou de sa fonction ». Cette révélation « est punie d'un emprisonnement de 3 mois à 3 ans et d'une amende de 20 000 à 100 000 francs ».

Cette disposition pose le principe d'un droit absolu au secret professionnel, c'est-à-dire indisponible, par opposition à celui relatif qui est le secret dont on peut délier le professionnel, soit par la volonté de la personne concernée, soit par l'ordre de révéler que va émettre une autorité publique, un juge par exemple.

Par respect au droit à l'information du public, la Cour européenne estime par exemple nécessaire de permettre à un journaliste de discuter une affaire soumise à la justice lorsqu'elle concerne une question d'intérêt public[51]. Le texte camerounais de par sa généralité ne permet pas une telle distinction[52].

En Europe par exemple, la Convention européenne de sauvegarde des droits de l'homme, dont l'application est contrôlée par la Cour européenne des droits de l'homme de Strasbourg, qui tend à devenir le droit commun dans la plupart des pays de ce continent a soigneusement balisé le territoire des informations interdites. « *Tout journaliste détenteur de pièces provenant*

---

[51] Voir CEDH, 26 avril 1979, Sunday Times n° 1, A, n° 30, §65 in Derieux E., Droit de la communication. Droit européen international, Recueil de textes : Victoires Éditions. « À (la) fonction (de la presse) qui consiste à diffuser (des informations) s'ajoute le droit pour le public d'en recevoir ». Voir également (CEDH, 8 juill. 1986, Lingens, A, n° 103, §42). Dans cette espèce, la Cour européenne des droits de l'homme a précisé que : « S'il en était autrement, la presse ne pourrait jouer son rôle indispensable de « chien de garde de la société » (CEDH, 26 nov. 1991, Observer et Guardian, A, n° 216, § 59).

[52] L'article 169 du Code pénal dispose en son alinéa 1er qu'est « *puni d'un emprisonnement de quinze jours à trois mois et d'une amende de 10000 à 100000 francs celui qui relate publiquement une procédure judiciaire non définitivement jugée dans des conditions telles qu'il influence même non intentionnellement l'opinion d'autrui pour ou contre l'une des parties* ». L'alinéa 3 dispose : « *lorsque l'infraction est commise par la voie de la presse ou de la radio la peine est de trois mois à deux ans d'emprisonnement et l'amende de 100000 à 5 millions de francs* ».

d'un dossier d'instruction, peut en extraire des informations et en faire état dans ses écrits, à la condition de ne pas publier la pièce en question ». En cas de poursuites ultérieures pour diffamation, il pourra rapporter la preuve de la véracité de ses écrits afin d'échapper à toute sanction pénale, et sans risquer de nouvelles poursuites du chef de recel.

Même si la législation camerounaise reste donc largement en retrait et en deçà de telles avancées. Cela peut s'expliquer par le fait que le Code pénal en vigueur aujourd'hui date de 1965, époque à laquelle la liberté d'expression et la démocratie n'avaient pas droit de cité au Cameroun. Tout journaliste qui se retrouve sur le terrain glissant d'une affaire en instruction risque, comme c'est le cas aujourd'hui, d'être poursuivi pour violation du secret professionnel, du secret de l'instruction et de recel.

Qu'à cela ne tienne l'article 169 du Code pénal pèsera-t-il plus lourd que la Constitution quand on sait que son article 65 dispose que « *le préambule fait partie intégrante de la Constitution* » et ledit préambule garanti la liberté d'expression et partant la liberté d'opinion ? Qu'en sera-t-il du Pacte de 1966 ? Seule la juridiction a le pouvoir d'en décider. En effet, l'alinéa 1 de l'article 19 du Pacte international relatif aux droits civils et politiques dispose que « *nul ne peut être inquiété pour ses opinions* ». Sous réserve que les droits et la réputation des autres soient respectés de même que la sauvegarde de la sécurité nationale, de l'ordre public, de la santé ou de la moralité publiques sur lesquels veille l'État. Ces textes en vertu de la hiérarchie des normes sont supérieurs au Code pénal Camerounais.

B. Le droit au secret des sources journalistiques au centre de la démocratie

Alfred Sauvy qualifiait l'information de « *clé de la démocratie* [53] ». Et pour cause, il ne saurait y avoir de démocratie sans liberté d'expression ni de liberté d'expression sans liberté d'information. Il faut donc protéger les sources des journalistes et, en particulier, le secret qui s'attache à elles.

La protection des sources journalistiques est l'une des pierres angulaires de la liberté de la presse. L'absence d'une telle protection pourrait dissuader

---

[53] Alfred SAUVY, « L'information, clé de la démocratie », *Revue française de science politique*, 1951, vol. 1, nos 1-2, p. 26-39.

les sources journalistiques d'aider la presse à informer le public sur des questions d'intérêt général. En conséquence, la presse pourrait être moins à même de jouer son rôle indispensable de « *chien de garde* » de la démocratie, et son aptitude à fournir des informations précises et fiables pourrait s'en trouver amoindrie[54].

La presse joue, en effet, un rôle essentiel dans une société démocratique ; si elle ne doit pas franchir certaines limites, tenant notamment à la protection de la réputation et aux droits d'autrui ainsi qu'à la nécessité d'empêcher la divulgation d'informations confidentielles, il lui incombe néanmoins de communiquer, dans le respect de ses devoirs et de ses responsabilités, des informations et idées sur toutes les questions d'intérêt général[55].

1. La protection des sources, corolaire de la liberté de la presse

Le cadre juridique protégeant actuellement le secret des sources au Cameroun demeure insuffisant pour assurer une protection satisfaisante de ce secret et, partant, garantir pleinement la liberté de la presse. Et pourtant, la nécessité de protéger le secret des sources est d'autant plus forte que la vie publique souffre d'un déficit de transparence. La publication des documents administratifs n'est que trop peu systématique, et certains dénoncent l'existence d'une culture du secret dans le fonctionnement de l'administration publique. Face à cette culture, la protection des sources, corolaire indispensable de ce que certains appellent « *journalisme de combat* », est une garantie nécessaire pour protéger le droit à l'information, essentiel à toute société démocratique.

Cette protection du secret des sources n'est ni un privilège, encore moins une prérogative de la profession de journaliste, mais tout simplement une condition nécessaire de la liberté de la presse. Une liberté constituant l'un des fondements essentiels d'une société démocratique[56]. Ainsi, la protection du secret des sources est « *l'une des pierres angulaires de la liberté de la presse*

---

[54] CEDH, Roemen et Schmit, no 51772/99 ; Tillack no 20477/05 ; Thoma, no 38432/97 ; Cumpănă et Mazăre [GC], no 33348/96).

[55] (CEDH, De Haes et Gijsels, 24 février 1997)

[56] Voir notamment CEDH, 28/06/2012, Ressiot c/ France

(...) [57] », car elle garantit le droit à l'information du public sur des questions d'intérêt général.

Le journaliste, dont la mission « *est de servir au peuple une information véridique et authentique* [58] », est le seul juge afin de décider en conscience quelles informations et quelles sources doivent être tues. Le journaliste gardera le secret professionnel concernant la source des informations obtenues confidentiellement. Il faut garder le secret professionnel et ne pas divulguer la source des informations obtenues confidentiellement, affirment les textes déontologiques de nature internationale[59]. Le devoir du journaliste de taire sa source a non seulement pour raison d'être le respect du contrat passé avec son informateur, mais aussi la nécessité de protéger l'ensemble du travail de recherche d'information. Qui accepterait de parler encore à un journaliste s'il se sait exposé à se retrouver impliqué dans une affaire judiciaire ? Qui accepterait de parler encore à un journaliste s'il se sait exposé à des représailles, voire à des menaces de mort ? Combien de fois faut-il se taire un jour pour mieux écrire demain ? Combien de garanties faut-il donner à ses sources avant qu'elles se livrent, se lâchent enfin et offrent sur un plateau le vrai secret qui fait vendre ? « *Si tu sors une information que tu avais promis de taire, tu es professionnellement mort : plus personne n'acceptera de te parler* [60] ».

Alors qu'elle est une condition nécessaire de la liberté de la presse, la protection du secret des sources est organisée par la loi n° 90/052 du 19

[57] *Op.cit.*

[58] La Déclaration de l'UNESCO sur les médias 1983 est le texte déontologique le plus récent et le plus ambitieux, puisqu'il est le seul qui ait une portée véritablement internationale. Toutefois, elle n'est pas conçue en vue d'une application directe ; elle est destinée plutôt à orienter les formulations déontologiques des communautés professionnelles.

[59] Fédération internationale des journalistes. Adoptée au Congrès mondial de la FIJ en 1954, amendée au Congrès mondial de 1986 (http : //www.ifj.org/whatis/basdocs/ifjcodef.html).

[60] Didier LAURAS, « Le plaisir de l'indicible. Le journaliste et le secret », in Marie-Anne Frison-Roche, *Secrets professionnels*, Autrement essais. 1999.

décembre 1990 relative à la liberté de communication sociale[61], quand bien même celle-ci constitue un progrès par rapport à la situation antérieure, la garantie qu'elle offre apparaît insuffisante. Il est pourtant possible de renforcer la protection de ce secret. C'est d'ailleurs le cas dans de nombreuses démocraties.

Depuis l'arrêt Goodwin du le 27 mars 1996, la Cour européenne des droits de l'homme protège le secret des sources des journalistes, qu'elle présente comme « *l'une des pierres angulaires de la liberté de la presse* », c'est-à-dire comme une condition sine qua non de la liberté d'expression : sans protection du secret des sources des journalistes, pas de sources ; sans sources, pas d'information libre ; sans information libre, pas de démocratie. Ce lien entre protection du secret des sources, liberté d'expression et démocratie est explicité dans un considérant de principe de cet arrêt.

La Cour rappelle que la liberté d'expression constitue l'un des fondements essentiels d'une société démocratique et les garanties à accorder à la presse revêtent une importance particulière[62]. La protection des sources journalistiques revêt une importance particulière pour la liberté de la presse dans une société démocratique.

La Commission nationale consultative des droits de l'homme (CNCDH) en France a toujours souligné l'importance de la protection du secret des sources : « *Protéger le secret de sources des journalistes ne tient pas à la nécessité de défendre un intérêt corporatiste des journalistes : c'est une garantie essentielle pour le fonctionnement de notre démocratie. Ce principe se rattache tant à la liberté d'expression qu'au droit à l'information du public* [63] ».

2. L'encadrement des atteintes au secret des sources au Cameroun

La loi de 1990 relative à la liberté de communication sociale dans son article 50 consacre et garantit la protection des sources. Elle renvoie la sanction des infractions commises par voie d'organe de presse et de

[61] Les alinéas 1 et 2 de l'article 50 de cette loi dispose : « *(1) La protection des sources d'information est reconnue et garantie aux journalistes et aux auxiliaires de la profession de journaliste. (2) Elle ne peut être levée que devant le juge et à huis clos* ».

[62] CEDH, Goodwin contre Royaume-Uni, 27 mars 1996, § 39.

[63] Avis adopté par l'assemblée plénière de la CNCDH le 25 avril 2013,

communication audiovisuelle au Code pénal[64]. Elle n'a envisagé aucune disposition concernant le délit de recel de violation du secret de l'instruction. Qui plus est, l'absence d'infractions de presse, expressément listées dans la loi de 1990, induit donc le maintien de cette infraction contre les journalistes. Et ce délit affaiblit la portée de l'article 50 de la loi de 1990. De ce fait, il peut apparaître comme « *un moyen indirect de pression sur les journalistes* [65] ». En poursuivant ou en menaçant de poursuivre un journaliste pour recel de violation du secret de l'instruction, des enquêteurs ou des magistrats peuvent chercher à faire pression sur ce journaliste pour qu'il révèle des informations qu'ils recherchent, ce qui revient à contourner la limitation des possibilités de porter atteinte au secret des sources[66].

Les tentatives de musèlement de la presse, contrairement aux apparences ne datent pas d'aujourd'hui. La presse a toujours constitué un objet d'inquiétude et d'insomnie pour les gouvernants. Surtout ceux qui ont des problèmes de gouvernance. Dans la plupart des cas, les journalistes sont accusés de vol ou de recel de documents administratifs pour avoir refusé de dévoiler l'identité de la source[67].

En principe, c'est une aberration d'accuser un journaliste de vol et de recel de documents administratifs. Très souvent, c'est pour recel de violation de secret professionnel qu'ils sont poursuivis au Cameroun. Ce qui constitue une négation de la liberté de la presse. En effet, quand quelqu'un tenu au secret parle, ce qu'il dit devient une information et le journaliste ne sait que transmettre les informations[68]. S'agissant particulièrement du Cameroun, la loi de 90 sur la liberté de communication sociale dispose pourtant en son

---

[64] Voir les articles 74 à 77 de la loi de 90.

[65] Manuel RECIO, « *Une protection en trompe-l'œil : la loi du 4 janvier 2010 relative à la protection du secret des sources des journalistes* », Petites affiches, 19 mars 2010, n° 56, p. 6.

[66] Marie-Anne CHAPDELAINE, *Rapport fait au nom de la commission des lois constitutionnelles, de la législation et de l'administration générale de la république, sur le projet de loi (n° 1127), renforçant la protection du secret des sources des journalistes*, AN, n° 1622, 11 décembre 2013.

[67] Francis Ampère SIMO, « *La presse à l'école du journalisme d'annonce et de connivence* », Le quotidien *Mutations*, 14 janvier 2010.

[68] Loïc DENIS, « La protection des sources journalistiques », *Les cahiers du journalisme* n° 13 – printemps 2004.

article 49 alinéa 1 que : « *Sauf dispositions législatives ou règlementaires contraires, l'accès aux documents administratifs est libre* ».

Pour ce qui est de la violation du secret de l'instruction ou du secret professionnel, poursuivre un journaliste pour cette raison révèle une méconnaissance blâmable de la théorie élémentaire du droit des médias. La violation du secret professionnel est en effet définie par l'article 310 du Code pénal du Cameroun comme la révélation sans l'autorisation de celui à qui il appartient d'un « *fait confidentiel qu'il n'a connu ou qui ne lui a été confié qu'en raison de sa profession ou de sa fonction* ». Cette révélation « *est punie d'un emprisonnement de 3 mois à 3 ans et d'une amende de 20 000 à 100 000 francs* ».

Cette disposition pose le principe d'un droit absolu au secret professionnel, c'est-à-dire indisponible, par opposition à celui relatif qui est le secret dont on peut délier le professionnel, soit par la volonté de la personne concernée, soit par l'ordre de révéler que va émettre une autorité publique, un juge par exemple.

Il en résulte donc que l'infraction, pour être réalisée, nécessite la réunion de trois conditions : un dépositaire (par profession ou à raison d'une fonction), une information à caractère confidentiel, enfin une révélation. Il appert donc que le journaliste ne peut être tenu au secret professionnel. En effet, il n'y a violation du secret professionnel que si le fait est secret. Il l'est si l'information est obtenue auprès d'un tiers ; il ne l'est pas en revanche quand la personne, objet du contrôle, choisit de transmettre les informations demandées.

En effet, le secret professionnel s'oppose au secret des sources. La violation du secret autorise donc sa divulgation, pourvu qu'elle soit le fait d'un journaliste. C'est ainsi que parler de « *secret professionnel* » du journaliste est un abus de langage : il est plutôt préférable de parler du « *secret des sources* » du journaliste.

Par conséquent, l'article 310 du Code pénal ne saurait s'appliquer aux journalistes. N'étant pas dépositaires, par état ou par profession, des secrets qu'on leur confie, ils ne sont pas tenus au secret professionnel. Tout au contraire, les journalistes ont vocation à révéler les secrets qu'ils reçoivent, mais – en même temps – à cacher l'identité de leurs sources. Le seul secret professionnel du journaliste réside dans la méthode qu'il emploie pour violer le secret des autres et conserver l'anonymat de ceux qui l'informent[69]. Du moins est-ce là le cas du journalisme d'investigation, qui s'oppose au journalisme d'annonce, de comptes rendus et de connivence.

S'il apparaît clairement que la liberté de la presse est conçue au Cameroun comme une des composantes essentielles de la démocratie, sa mise en œuvre, dans le cadre de la démocratie en construction, souffre de quelques dysfonctionnements qui pourront être très vite régularisés par la volonté politique des pouvoirs publics. Cela est d'autant plus indispensable que le respect de la liberté de la presse est appréhendé, sur le plan international, comme un critère de la démocratie.

II. - Le respect de la liberté de la presse comme critère de la démocratie

Le respect de la liberté de la presse nécessite que les pouvoirs publics prennent des mesures pour que soient entre autres effectifs le pluralisme des médias (A) et leur indépendance structurelle, économique et financière (B).

A. L'effectivité du pluralisme comme garantie de la démocratie

La constitutionnalisation de la liberté de communication s'accompagne de la consécration de l'une de ses garanties objectives : le pluralisme[70]. Le pluralisme de la communication conditionne ainsi l'effectivité théorique de la liberté de communication. Dans les systèmes démocratiques, le pluralisme des médias et des contenus est perçu, tout à la fois, comme la condition, la cause et la conséquence de la liberté d'expression[71]. Dans le domaine des médias, le pluralisme est l'un des principes fondateurs du droit des médias.

---

[69] Francis Ampère SIMO, *op.cit.*

[70] Pierre de MONTALIVET, *La liberté d'expression et de communication*, Nouveaux Cahiers du Conseil constitutionnel, n° 36, juin 2012

[71] Emmanuel DERIEUX, « *Franck REBILLARD et Marlene LOICQ (dir.) (2013), Pluralisme de l'information et media diversity. Un état des lieux international* », Communication [En ligne], Vol. 33/1 | 2015, mis en ligne le 18 février 2015, consulté le 13 août 2015. URL : http : //communication.revues.org/5369.

Il « *constitue la garantie d'une société démocratique [...]. Le pluralisme de la presse constitue sans nul doute un objectif à valeur constitutionnelle* [72] ».

Il vise, par ailleurs, à éviter des actes susceptibles de favoriser la formation des positions dominantes qui imposeraient des limites à la liberté de l'information dans son ensemble. Il existe une relation étroite entre la liberté des médias et le pluralisme des médias : « *La liberté des médias est plutôt synonyme d'indépendance des médias par rapport à un contrôle de l'État/des autorités, tandis que le pluralisme des médias s'apparente à l'indépendance des médias par rapport à un contrôle privé ou une influence disproportionnée d'un ou de plusieurs pouvoirs économiques, sociaux et/ou politiques*[73] ».

Cela dit, la mise en œuvre du principe de pluralisme s'implémente de manière différente selon les supports.

1. Le pluralisme externe de la presse écrite

Le pluralisme externe consacre la mise en œuvre du pluralisme dans la presse écrite. Il ne s'analyse pas en une obligation pour chaque journal de refléter l'ensemble des tendances ou des opinions politiques. Il s'agit tout simplement de permettre au lecteur de disposer de la possibilité de choisir entre plusieurs journaux ou périodiques de tendances différentes. Le public doit donc disposer d'un nombre suffisant de publications de tendances et de caractères différents, afin que les lecteurs puissent exercer leur libre choix sans que ni les intérêts privés ni les pouvoirs publics puissent y substituer leurs propres décisions ni qu'on puisse en faire l'objet d'un marché.

Sur ce point, la loi de 1990 favorise ce pluralisme à travers les dispositions de son article 7 qui institue un régime de déclaration préalable en matière de presse écrite. Cette loi met également en place un mécanisme visant à prévenir la concentration des médias[74], c'est-à-dire l'accumulation des courants de pensée de même tendance. Il en va de même des opérations

[72] Cons. const., n° 82-141 DC, 27 juillet 1982, cons. 5. Cette décision répond aux prescriptions de l'article 11 de la Déclaration des droits de l'homme et du citoyen de 1789 et est ainsi reconnue comme telle par le Conseil constitutionnel dans sa jurisprudence.

[73] Andrea CALDERARO & Alina DOBREV, « Exploring the current state of media pluralism and media freedom in the European Union –Political and Social Aspects », 2012.

[74] Selon l'article 43 « *aucune personne physique ou morale ne peut être propriétaire, en même temps, de plus d'une entreprise de communication audiovisuelle et d'un organe de presse* ».

de prête-nom qui sont interdites[75]. L'objectif visé ici étant que « *les lecteurs qui sont au nombre des destinataires essentiels de la liberté proclamée soient à même d'exercer leur libre choix sans que ni les intérêts privés ni les pouvoirs publics puissent y subordonner leurs propres décisions ni qu'on puisse en faire l'objet d'un marché* »[76].

Cette prévention de la concentration est renforcée par le système des plafonds qui interdit aux personnes physiques ou morales d'être propriétaire, en même temps, d'un certain nombre de titres, d'entreprise de communication audiovisuelle et surtout de plus d'un quotidien[77]. Pour éviter un contournement des règles relatives aux plafonds et pour assurer une complète information des lecteurs, l'objectif de transparence financière, qui renforce la liberté de la presse a été consacré comme autre principe du droit des médias[78].

2. Le pluralisme interne des médias audiovisuels

À la conception externe du pluralisme qui permet la limitation des concentrations, existe le pluralisme interne qui est l'obligation pour les organes de communication audiovisuelle publics ou privés de garantir l'expression de tendances et d'opinion différentes dans leurs programmes. L'objectif à réaliser est que les auditeurs et les téléspectateurs soient aussi à même d'exercer leurs libres choix.

---

[75] Voir art. 26 alinéa 2 pour la presse écrite et art. 44 pour les structures audiovisuelles.
Il est interdit de prêter son nom de quelque manière que ce soit à toute personne qui se porte candidate à la délivrance d'une licence de création et d'exploitation d'une entreprise de communication audiovisuelle.

[76] Cons. Const., Décision des 10-11 octobre 1984, in Derieux, E., *Droit de la communication. Jurisprudence. Recueil de textes*, Victoires Editions, 5e éd., 2006, p. 32-38.

[77] Voir les articles 27 et 43 de la loi de 90 qui dispose : art 27 : « *Aucune entreprise éditrice ne peut publier plus de trois organes de presse. Toutefois, cette restriction ne s'applique pas aux entreprises éditrices du secteur public lorsqu'elles agissent dans le cadre de l'exécution des missions de service public. Art 43 : « Aucune personne physique ou morale ne peut être propriétaire, en même temps, de plus d'une entreprise de communication audiovisuelle et d'un organe de presse* ». Ce système de plafond est renforcé par l'interdiction de prête-nom ; cette pratique est interdite pour toute prise de participation dans une entreprise éditrice étant entendu que les actions doivent être nominatives.

[78] Voir les articles 19 et 28 de la loi de 1990.

L'exigence de garantir le pluralisme a été transposée, au secteur de la communication audiovisuelle[79]. Il *appartient au législateur de veiller à « la préservation du caractère pluraliste des courants d'expression socioculturels* [80] ».

Le Conseil constitutionnel français a eu à préciser que : « *le respect de ce pluralisme est une des conditions de la démocratie* » ; que la liberté de communication « *ne serait pas effective si le public (...) n'était pas à même de disposer, aussi bien dans le cadre du secteur public que dans celui du secteur privé, de programmes qui garantissent l'expression de tendances de caractères différents* » ; et que, « *en définitive, l'objectif à réaliser est que les auditeurs et les téléspectateurs qui sont au nombre des destinataires essentiels de la liberté proclamée (...) soient à même d'exercer leur libre choix sans que ni les intérêts privés ni les pouvoirs publics puissent y substituer leurs propres décisions ni qu'on puisse en faire l'objet d'un marché*[81] ».

En termes de programmes, le respect du pluralisme implique pour le secteur public un certain nombre d'obligations. Entre autres, consacrer des émissions régulières à l'expression directe des formations politiques en respectant un équilibre politique entre les différentes tendances qu'elles relèvent de la majorité ou de l'opposition, une place particulière étant cependant faite au gouvernement[82]. En période électorale, le respect du pluralisme implique d'encadrer l'utilisation des médias, de répartir le volume d'antenne, de faire respecter l'égalité de traitement. L'avènement des services privés de télévision a profondément modifié le contexte des campagnes électorales à la télévision. Aujourd'hui, des possibilités d'expression plus large et diversifiée sont offertes, avec un traitement médiatique de la campagne qui ne se limite plus à la seule période dite de campagne officielle. Le débat électoral s'installe déjà plusieurs mois avant cette échéance. Cette évolution a contribué à définitivement asseoir le

[79] Cons. Const. Français. Décision du 18 septembre 1986.

[80] Derieux, E., *Jurisprudence*, VE, p. 10-19.

[81] Voir dans le même sens la Décision du Conseil constitutionnel du 27 juillet 2000.

[82] Voir sur la question au Cameroun le décret n° 92/030 du 13 février 1992 fixant les modalités d'accès des partis politiques aux médias audiovisuels du service public de la communication.

principe du pluralisme, qui constitue l'un des fondements de la règlementation des campagnes électorales à la télévision[83].

Les entreprises privées de l'audiovisuel doivent observer la même réserve et le même souci d'équilibre, mais elles ont des obligations moins lourdes que celles du secteur public.

Le contrôle du respect du pluralisme, pour être efficace et efficient doit être assuré par une autorité administrative indépendante de régulation[84], c'est le cas au Cameroun avec le Conseil national de la communication, même si la structure et son activité sont contestées par le secteur privé de la communication qui estime que le conseil est aux ordres de l'exécutif.

Qu'à cela ne tienne, la liberté de la presse ne se limite pas à sa consécration. Faudrait-il encore que l'indépendance de la presse soit assurée.

B. L'indépendance des médias comme garantie de la liberté de la presse

La liberté de la presse a pour corolaire son indépendance. Cette indépendance vise à protéger les médias des ingérences politiques et financières. Si la mission principale de la presse est d'informer, cette mission serait vaine si l'indépendance éditoriale des médias n'était pas garantie. En considération de l'influence de la presse sur la société, le législateur a prévu des dispositions spécifiques pour protéger le public et le droit à une saine information des manipulations et influences occultes.

1. L'indépendance éditoriale des médias

« *S'ils en avaient l'occasion, les États ne se priveraient pas de diriger et de manipuler la presse* » et c'est ce que la Fédération internationale des journalistes (FIJ) tente à tout prix d'éviter[85]. Quoi qu'il en soit, l'indépendance de la presse est compromise au Cameroun par les pouvoirs

---

83 DAVE Audrey et ASSAF Diane, *Le traitement du pluralisme pendant et en dehors des campagnes électorales*, Master 2 recherche, droit de la communication, Université Paris 2 Panthéon-Assas, 2006.

84 Le mot régulation vient du latin « regula » qui veut dire règle, loi, normes. La régulation est l'action de régler, de rendre régulier un mouvement ou un débit. En science, la régulation est l'ensemble des moyens et des techniques qui permettent de maintenir en équilibre ou à un niveau souhaité un système complexe afin d'en assurer un bon fonctionnement. Il évoque une certaine discipline qu'on se voit imposer.

85 Aidan WHITE, secrétaire général de la FIJ, 1996.

politiques, mais aussi et davantage, par les puissances économiques et financières, les lobbys tribaux et sectaires, dont l'omniprésence, même discrète, ne permet que difficilement aux médias camerounais de remplir convenablement leurs missions d'information, d'éducation et de divertissement[86].

L'indépendance éditoriale consiste alors pour les médias et les journalistes de refuser d'adopter une attitude servile aux profits des causes étrangères à la profession, d'adopter des démarches étrangères aux règles de celle-ci, donc de servir de pantin[87]. L'indépendance éditoriale découle de la consécration de la liberté d'expression. Elle a donc une valeur constitutionnelle au Cameroun. Elle est la forme que prend la liberté d'expression lorsqu'elle s'applique aux médias comme entités[88]. L'indépendance éditoriale suppose une autonomie de principe dans les décisions relatives aux choix, au traitement et à la diffusion des informations. Elle a pour contrepartie la responsabilité : les détenteurs de la liberté éditoriale répondent devant les tiers, des informations publiées ou diffusées à l'exclusion de toute autre personne[89]. C'est ce qui justifie que la haute juridiction du Canada ait jugé que « *le droit a reconnu la liberté de la presse de diffuser les opinions et ses idées et de choisir ce qu'elle publie* [90] ».

Le devoir premier du journaliste étant de chercher, de collecter, de traiter ou de commenter des faits et des évènements, il ne doit publier que des informations dont il est sûr de leur exactitude et dont il connaît l'origine. Son employeur devrait, pour cela, en contrepartie, lui garantir les meilleures conditions pour accomplir ses différentes tâches et le sécuriser sur les plans matériel et moral. Pour rester fidèle à sa mission, le journaliste a plusieurs instruments en sa possession qui lui permettent de se distancer

[86]A. MBOG PIBASSO, « Liberté et professionnalisme de la presse camerounaise en question… », *La Nouvelle Expression*, Douala, 09 nov. 2011.

[87] Elie BOSSOMA, « Indépendance éditoriale et Responsabilité Sociale des Journalistes », *Communication*, Table ronde SAINFO/FIJ – Niger, Niamey, du 29 au 30 août 2003.

[88] Susan D. CHARKES, "*Editorial discretion of state public broadcasting licensees* ", Columbia L. Rev, 1116, 1172, 1982.

[89] P. TRUDEL et F. ABRAN, « La compatibilité des mécanismes de détermination du financement public de la société Radio-Canada avec la liberté éditoriale », *Revue Juridique Thémis* (RJT), 31, 1997, p. 154-204,

[90] Arrêt GAY Alliance Toward Equality c/ Vancouver Sun, RCS, 435, 1979.

honorablement de l'inféodation, à travers la collecte, le traitement et la mise à la disposition du public de l'information[91]. Rares sont les organes de communication qui peuvent se targuer au Cameroun de ne pas subir une influence extérieure relativement à leur démarche éditoriale et à leur financement. L'indépendance de la presse y est compromise par les pouvoirs politiques, mais aussi et davantage, par les puissances économiques et financières, les lobbys tribaux, sectaires, religieux, dont l'omniprésence, même discrète, ne permet que difficilement aux médias camerounais de remplir convenablement leurs missions d'information[92], d'éducation et de

[91] Les normes juridiques favorables à l'indépendance éditoriale sont nombreuses : L'article 19 de la Déclaration universelle des droits de l'homme, qui dispose "Tout individu a droit à la liberté d'opinion et d'expression, ce qui implique le droit de ne pas être inquiété pour ses opinions et celui de chercher, de recevoir et de répandre, sans considération de frontières, les informations et les idées par quelque moyen d'expression que ce soit" ; La résolution 59 (1) de l'Assemblée générale de l'Organisation des Nations unies, en date du 14 décembre 1946, dans laquelle l'Assemblée a déclaré que la liberté de l'information est un droit fondamental de la personne humaine, et sa résolution 45/76 A du 11 décembre 1990 sur l'information au service de l'humanité ; La résolution 104 adoptée par la Conférence générale de l'UNESCO à sa vingt-cinquième session en 1989, qui met l'accent sur la promotion "de la libre circulation des idées par le mot et l'image [...] aux plans international aussi bien que national" ; La résolution 4.3 adoptée par la Conférence générale de l'UNESCO à sa vingt-sixième session, "reconnaissant qu'une presse libre, pluraliste et indépendante est une composante essentielle de toute société démocratique" et invitant le Directeur général "à étendre aux autres régions du monde les efforts entrepris... pour encourager la liberté de la presse et promouvoir l'indépendance et le pluralisme des médias" ; Les principes fondamentaux de la Déclaration de Windhoek reconnaissant son importance cruciale pour la promotion de médias écrits et audiovisuels libres, indépendants et pluralistes dans toutes les régions du monde et demandons que les principes énoncés dans cette Déclaration soient réellement appliqués ; Le code d'éthique professionnelle élaborée par l'UNESCO à l'intention des journalistes professionnels.

[92] Lors de l'élection présidentielle du 9 octobre 2011, la Direction du cabinet civil de la présidence de la République et le ministère de la Communication étaient accusés de « corruption ou de tentative de corruption » de certains responsables des médias, en l'occurrence, les promoteurs des entreprises de presse. La finalité de leur action étant d'amener les médias, si ce n'est à polir l'image du régime, tout au moins à être peu critique lors de l'élection présidentielle. Cette démarche, visant à apporter un peu d'oxygène aux entreprises de presse, avait été condamnée par l'Observatoire Camerounais de la Déontologie et de l'Éthique dans les Médias (OCADEM), tout au moins, en ce qui concerne la formule utilisée par les pouvoirs publics.

divertissement[93]. Il apparaît clairement que les situations sociales, économiques, culturelles et politiques limitent les possibilités réelles de jouissance de cette indépendance.

L'analyse des contenus de certains médias dégage des sujets bâclés au parfum de calomnie, de diffamation, de manipulation, de fausses informations, de dithyrambe, au grand dam des règles cardinales de la déontologie et de l'éthique professionnelles. Les hommes et femmes de médias font preuve de nombreux dérapages, manquements et dérives dans l'exercice de leur métier. En conséquence, le public a de moins en moins droit à une information fouillée, vérifiée et équilibrée. Et ce, au mépris des principes fondateurs de l'indépendance éditoriale qui prennent leurs sources dans la consécration du droit du public à l'information[94]. Un droit qui vaut aussi bien pour les médias publics que privés. C'est justement ce droit qui fonde l'État à créer et entretenir un secteur public de l'information qu'il subventionne. C'est toujours en vertu de ce droit que l'État s'est doté d'un domaine public et indépendant de régulation de l'information et de la communication qui garantisse en son nom l'indépendance et le pluralisme des médias publics et privés[95].

Une naïve confusion est souvent entretenue entre la liberté de la presse et l'indépendance de la presse. Cette confusion fait en sorte que les médias privés soient considérés comme indépendants. S'il est vrai qu'on ne peut être indépendant sans liberté, il est tout aussi vrai qu'on peut être libre sans indépendance. Cette liberté aurait simplement servi au choix d'un maître. C'est un niveau de dépendance volontaire qui interpelle ceux qui jouent le rôle de chien de garde de la profession, sur la nécessité peut-être d'une refondation sémantique de la qualification de journaliste pour la dépoussiérer des pratiques « *indignantes* [96] » observables dans cette profession

---

[93] A. MBOG PIBASSO, « Liberté et professionnalisme de la presse camerounaise en question… », *La Nouvelle Expression*, Douala, 09 nov. 2011.

[94] Voir G. BRAIBANT, « Droit d'accès et droit à l'information », in *Mélanges Charlier : Services publics et libertés*, Paris, 1981, p. 703. Voir aussi B. VOYENNE, *Le Droit à l'information*, Paris, Aubier-Montaigne, 1970.

[95] Voir le décret n° 2012/038 du 23 janvier 2012 portant réorganisation du Conseil National de la Communication.

[96]Elie BOSSOMA, *op.cit.*

au Cameroun. Même s'il est vrai que les journalistes font face aux pressions économiques et difficultés sociales : « *Nous sommes absolument convaincus que la liberté de presse ne peut exister lorsque les journalistes travaillent dans la misère ou sans appui technique. Il est absurde, de parler d'une presse libre lorsque les journalistes ne sont pas payés ou ne peuvent exercer valablement leur profession*[97] ».

S'il est évident que l'État crée et subventionne la presse publique, de grandes interrogations subsistent quant à la transparence du financement et du fonctionnement des médias privés[98]. Dans un environnement mal organisé, où les conditions de travail dans les entreprises de presse sont parmi les plus dévalorisantes, avec entre autres, des salaires de catéchiste quand il y en a, l'absence d'un plan de carrière pour le personnel, une insécurité sociale pour les travailleurs, à quoi il convient d'ajouter la mauvaise foi de certains promoteurs plus soucieux de leur aisance matérielle que de donner le minimum acceptable aux travailleurs, pourtant premier capital de l'entreprise, l'on ne doit pas véritablement s'étonner que l'éthique et la déontologie ne soient pas toujours les qualités premières dans nos rédactions. On comprend donc pourquoi beaucoup de journalistes se muent en relationnistes, communicateurs, lobbyistes, agents commerciaux et même de véritables sicaires en mission commandée, le tout pour assurer d'interminables fins de mois[99]. Devant l'ingratitude des patrons qui ne pensent pas qu'il faille partager « la manne » parce qu'ils « ont des charges », la presse camerounaise en prend un sacré coup pour sa crédibilité, d'autant que le cadre juridique fait du premier détenteur d'un récépissé de

---

[97] Aidan WHITE, secrétaire général de la FIJ, 1996.

[98] Conscient de la précarité économique des entreprises de presse, l'État a décidé de viabiliser les structures médiatiques qui remplissent les conditions exigées par les administrations chargées du travail, des finances et du développement industriel et commercial, grâce à l'octroi d'une aide publique à la communication privée inscrite désormais dans la loi des finances et par le biais d'une politique d'exonération totale sur le matériel informatique et sur la TVA des intrants servant à la production des supports de production. Ces mesures apparaissent pour le moment, insignifiantes. C'est sans doute pourquoi le CNC lors de sa session ordinaire du 14 août 2015 a recommandé un appui substantiel de l'État à l'émergence de véritables entreprises de presse acteurs du développement.

[99] A. MBOG PIBASSO, *op.cit.*

déclaration d'un journal un directeur de publication malgré son ignorance totale des règles éthiques et déontologiques.

Le paysage médiatique camerounais est riche de sa diversité et de sa pluralité : presse écrite, télévision, radio, réseaux sociaux, blogs et autres médias en ligne en sont autant de composantes. Ces médias ne sont pas épargnés par les menaces pesant sur leur indépendance ; qu'elles prennent la forme d'ingérences gouvernementales, d'actes d'intimidation à l'encontre de journalistes, d'un manque de transparence des structures et de la concentration de la propriété, d'une domination des intérêts commerciaux ou de tentatives délibérées de bloquer l'accès aux contenus, bouleversent et déséquilibrent la liberté et le pluralisme des médias.

Dans tous les cas, la presse souffre de trop de maux, surtout du déficit de crédibilité pourtant nécessaire en matière d'information. Or, la crédibilité des médias et des journalistes passe par l'indépendance éditoriale c'est-à-dire la liberté du verbe, qui fait la force de la critique.

Pressions politiques et contraintes juridiques ne sont donc pas les seules menaces de la liberté de la presse. Les contraintes de l'environnement économique sont en effet apparues préoccupantes au point de se révéler être de sérieux handicaps pour cette liberté[100]. Comment en effet un organe de communication qui n'a pas d'assise financière et dont la survie dépend de subventions ou de financements de personnes étrangères au support peut-il conserver son indépendance et son esprit libre et critique ? C'est ce qui justifie que des mesures soient prises par le législateur pour assurer et garantir l'indépendance des médias à travers l'institutionnalisation de la transparence financière.

2. L'obligation de transparence pour protéger l'indépendance des médias

La liberté de la presse ne devant pas être dévoyée, l'obligation de transparence tend à protéger le public des manipulations et influences des puissances politico-économiques, des lobbys tribaux et sectaires. De fait, si la presse a le droit d'informer, toutes les personnes intéressées ont le droit de

[100]Valentin Siméon ZINGA, « Cameroun : une liberté de la presse précaire. De la chape de plomb politique à l'étau économique », *Les Cahiers du journalisme* n° 9 – Automne 2001.

savoir ce qu'est exactement l'entreprise qui les informe. Ce qui signifie que l'entreprise de presse doit porter à la connaissance du public les éléments essentiels de son état civil et de son fonctionnement.

En exigeant que soient connus du public les dirigeants réels des entreprises de presse, les conditions de financement des journaux, les transactions financières dont ceux-ci peuvent être l'objet, les intérêts de tous ordres qui peuvent s'y trouver engagés, le législateur met le lecteur à même de porter un jugement éclairé sur les moyens d'informations qui lui sont offerts par la presse écrite[101].

Il est essentiel que chacun connaisse qui sont les dirigeants réels de l'entreprise de presse. C'est pourquoi il convient de porter à la connaissance du public, dans chaque numéro, les noms et prénoms des propriétaires, du directeur de la publication et celui du responsable de la rédaction. Ainsi, le public peut-il identifier qui est derrière l'entreprise éditrice. Il en va de même du financement de la publication. Le législateur a prévu une série d'obligations permettant d'identifier clairement sur qui repose la charge réelle du financement. Dans les sociétés par action, les actions doivent être nominatives[102]. Et le journal a l'obligation d'insérer dans ses colonnes toute information relative à la cession ou promesse de cession d'une part du capital de la société éditrice dès lors qu'elle porte sur plus du tiers du capital. Cette obligation pèse sur tout transfert ou promesse de transfert de propriété dépassant le seuil fixé[103]. L'interdiction de prête-nom renforce la portée des dispositions sur la transparence du financement[104]. Le même souci de garantir la transparence et les pressions sur la presse explique que le législateur ait prévu que toute cession d'action doit être portée à la connaissance du préfet compétent et du public.

Par ailleurs, tout ce qui est publié dans le journal doit être conforme à l'exigence d'honnêteté et de véracité. C'est pourquoi toute publicité doit être présentée comme telle. De la même façon, il est interdit de recevoir ou

---

[101] Cons. Const. Décision du 10 octobre 1984.

[102] Voir art. 28 de la loi n° 90/052 du 19 décembre 1990 relative à la liberté de communication sociale.

[103] Charles DEBBASCH, sous la (dir.) ; *Droit des médias*, Dalloz, 2000, p. 16.

[104] Voir art. 26 al. 2 de la loi de 1990.

de se faire promettre une somme d'argent, ou tout autre avantage, aux fins de travestir, en information de la publicité financière[105]. Pour ce qui est des entreprises du secteur de l'audiovisuel, il revient au Conseil national de la communication, organe de régulation de garantir l'indépendance et l'impartialité des services publics et privés de la communication[106].

Conclusion

En fin de compte, si l'on peut unanimement reconnaître que la démocratie et la liberté de la presse sont inséparables, parce qu'étant les deux faces d'une même médaille ; dans cette association, la société démocratique, « *société libre et égalitaire où le peuple a une influence déterminante dans l'invention et l'exécution de la loi*[107] », connaît quelques difficultés au Cameroun, notamment en ce qui concerne le droit à l'information, que ce soit dans leur fonctionnement quotidien ou dans les processus électoraux. S'agissant spécifiquement des élections, pour qu'elles soient honnêtes, elles doivent traduire la volonté politique du peuple. Cette volonté, les électeurs ne peuvent la formuler et l'exprimer qu'en ayant accès à des informations fiables sur les candidats, les partis politiques et le processus électoral. Les médias sont alors une condition nécessaire à la réalisation de la démocratie et ne suscitent des questions qu'en ce qui concerne les conditions dans lesquelles ils remplissent leur mission[108]. Sur ce point, on ne saurait envisager de classer le Cameroun au rang des pays dits démocratiques. En effet, le processus électoral qui devrait servir comme modèle à partir duquel la démocratie et l'État de droit sont appréciés, est traversé par de

---

[105] Voir art. 20 al. 1, 2 et 3 de la loi de 1990.

[106] Voir art. 4 du décret n° 2012/038 du 23 janvier 2012 portant réorganisation du Conseil National de la Communication.

[107] Noëlla BARAQUIN, « *Démocratie* », dans Russ Jacqueline (dir.), Dictionnaire de philosophie, Paris, Armand Colin, 2000, p.74.

[108] LOUM NDIAGA, « Médias et Démocratie : le quatrième pouvoir en question », Communication délivrée pour la maîtrise de Communication à l'UQUAM, septembre 2002.

nombreuses entraves qui limitent sa sincérité[109]. Il s'agit, en l'occurrence, pour rester dans notre sujet des entraves liées au droit à l'information.

Ainsi, depuis le retour au multipartisme, les processus électoraux ont du mal à faire l'unanimité auprès de l'opinion. Et pour cause, l'élection pluraliste semble y avoir donné naissance, depuis 1992, à un genre particulier de démocratie où, malgré un certain pluralisme, un doute épais plane sur la compétition électorale qui apparaît si réduite, la liberté et l'honnêteté des scrutins pas toujours parfaites de telle sorte que les résultats des scrutins semblent n'être pas toujours le reflet des préférences populaires. Une démocratie à la camerounaise cristallisée par un système de parti hégémonique où l'alternance n'est pas encore perçue comme une exigence du principe démocratique[110]. Ce qui participe d'une régulation conservatrice du système[111].

S'il est évident que la démocratie, comme mode de gestion de la cité requiert la participation consciente et responsable des citoyens à la vie publique et aux actions de développement, cette participation repose sur une information juste, régulière et complète. D'où le droit à l'information qui englobe à la fois « *le droit d'informer et d'être informé* ». Ce droit qui constitue la charpente matricielle de la liberté de la presse considérée comme garante d'une société démocratique n'est pas encore effectif. De fait, pour avoir une démocratie solidement ancrée dans une société, l'instrument à privilégier serait incontestablement la liberté de presse[112] à travers le droit du public à la bonne information. Cette liberté est consacrée au Cameroun comme étant essentielle pour une société libre parce que devant permettre

---

109 La sincérité du scrutin peut se définir comme le révélateur de la volonté réelle de l'électeur. Voir Richard GHEVONTIAN - Cahiers du Conseil constitutionnel n° 13 (Dossier : La sincérité du scrutin) - janvier 2003.

110 Voir art. 23 alinéas 5 de la Charte africaine de la démocratie, des élections et de la gouvernance (CADEG) ratifiée par le Cameroun le 15 janvier 2012. La CADEG consacre l'alternance comme élément fondamental de la démocratie.

111 Jean NJOYA, « Les élections pluralistes au Cameroun : essai sur une régulation conservatrice du système », *Annales de la FSJP*, Univ. Dschang, PUA, T7, 2003, p. 93 et ss., cité par KEUMEDJIO, *op.cit.*, p. 38.

112 Henri MALER, « La critique des médias et ses enjeux démocratiques », dans *Médias, mensonges et démocraties*..., sous la direction de Jean-Pierre Gélard, Rennes : PUR (Presses Universitaires de Rennes), 2005, p. 173-113, 180.

d'informer les citoyens sur la situation sociale, économique et politique[113]. Mais seulement, l'acharnement et la ténacité avec lesquels la presse et les journalistes sont parfois persécutés et maltraités[114] révèlent clairement qu'ils s'attaquent à un système « patrimonialiste » et autocratique dont ils ébranlent les fondements[115]. L'engagement, voire la croisade de certaines publications contre l'ordre ancien conduit à décrire génériquement la presse écrite privée comme un « *quatrième pouvoir* ».

Au chapitre des atteintes et obstacles à la liberté de la presse, il faudrait aussi déplorer le fait que le droit pénal de la presse continue d'être assimilé au Cameroun à un droit commun ce qui implique que la spécificité de l'activité journalistique ne soit pas prise en compte. Ce qui contribue à fragiliser la presse et à exposer les journalistes à toutes sortes de menaces et d'exactions. Pour preuve, trois journalistes[116] ont, par exemple, été cités à comparaître en octobre 2014 devant le tribunal militaire pour atteinte à la

---

[113] Voir E. BARENDT, *Freedom of Speech*, Clavendon Press, Oxford (1985), p. 8-20 ou il développe l'idée de 3 théories explicatives de la liberté d'expression : la découverte de la vérité des utilitaristes comme John Stuart Mill, le développement personnel et, celle qui nous intéresse ici : la participation citoyenne à la démocratie.

[114] Le 13 janvier 2010, Jean Bosco Talla, directeur de publication de l'hebdomadaire indépendant *Germinal*, a été libéré de la prison de Kondengui après avoir payé une amende de trois millions de francs CFA. En décembre 2009, Talla avait été condamné à cette amende et à un an d'emprisonnement avec sursis pour diffamation présumée contre le Président Biya qui, selon Talla, aurait trahi « un pacte homosexuel » avec le Président Ahidjo.
Le 30 janvier 2010, la Cour d'appel du Centre à Yaoundé a confirmé la sentence prononcée en octobre 2009 par une juridiction d'instance contre Michel Mombio, directeur de publication du journal indépendant *L'Ouest Républicain*. Michel Mombio a ainsi été condamné à 14 mois de prison, un million de francs CFA d'amende, cinq millions de francs CFA de dommages et intérêts, et 265 000 francs CFA de dépens. Il avait été accusé de fraude, de tentative de chantage et de diffamation, à la suite d'un article critiquant des membres du gouvernement. De même, le 30 janvier 2010, la Cour d'appel du Littoral à Douala a confirmé la condamnation, à trois ans de prison, de Lewis Medjo, directeur de publication de *La Détente Libre*, arrêté en 2008. Cette condamnation avait été prononcée en janvier 2009 par un tribunal d'instance. Medjo a été libéré le 26 mai.

[115] Fabien EBOUSSI BOULAGA, *La démocratie en transit au Cameroun*, L'Harmattan, Paris, 1997, p. 349.

[116] Rodrigue Tongue, coordonnateur de la rédaction du quotidien *Le Messager* ; Félix Cyriaque Ebole Bola, secrétaire de rédaction du quotidien *Mutations*, et Baba Wamé, enseignant de journalisme.

sécurité de l'État parce qu'ils n'avaient pas averti les autorités militaires administratives ou judiciaires de toute activité de nature à nuire à la défense nationale. Faits prévus et réprimés par le Code pénal. Pourtant, le journaliste, dans l'exercice de son activité professionnelle, ne devrait pas en principe être concerné par une telle disposition du fait de la protection des sources. Cette inculpation est très inquiétante pour la liberté de l'information au Cameroun. « *Les journalistes n'ont pas à être des collaborateurs des agents de sécurité de l'État. Au contraire, ils se doivent de maintenir leur indépendance vis-à-vis du pouvoir s'ils veulent continuer à exercer. Leur demander de se transformer en informateurs des autorités, c'est tuer l'essence même de la profession journalistique* [117] ». Quoi qu'il en soit, des efforts sont encore nécessaires pour la construction d'une société véritablement démocratique au Cameroun, cela devrait se faire en prenant en compte le fait qu'on ne saurait envisager de démocratie sans presse libre.

---

[117] Cléa KAHN-SRIBER, responsable du bureau Afrique de Reporters sans frontières (RSF), 29 octobre 2014.

L'ÉTAT DU DROIT EN AFRIQUE : MAUX ET MOTS DE LA CONSTITUTION

Étienne KENFACK TEMFACK[1]

Résumé :

Au-delà de toutes les vertus que lui reconnait la théorie générale et de toutes les appellations dont elle fait l'objet, la Constitution n'est en définitive que l'expression juridique d'un rapport de force politique, condamnée sinon à la précarité du moins à l'éphéméride. Galvaudée, banalisée, la Constitution en Afrique n'en finit pas de servir et de subir le pouvoir. L'évaluation de la santé du Droit en Afrique au prisme de la « loi fondamentale » aboutit au diagnostic de la fièvre. Fièvre constitutionnelle qui transcende l'opposition procédés démocratiques et procédés non démocratiques d'élaboration de la Constitution. En effet, qu'elle soit considérée comme pacte social ou charte, le Droit en Afrique prétend faiblement à la longévité, puisque son existence dépend en ultime analyse de son aptitude à servir.

Mots-clés : Constitution, révision, rapport de forces, transition, démocratie, constitutionnalisme

Abstract:

That we dread it as fundamental law or common social pact, it is definitively acquired that the constitution is not a tent raised for sleep. This postulate, if it sentences the fundamental law to the evolution does not dedicate it to the precariousness and to the ephemeris. In other words, the necessity of changing the constitution does not involve that to change the constitution. Nevertheless, we notice a strong constitutional instability in

---

[1] Docteur/*Ph.D.* en Droit public et Attaché Temporaire d'Enseignement et de Recherche (ATER) à l'Université de Douala. kenfack21@yahoo.fr

Africa, which deprives of the fundamental law any claim in the longevity. In fact, the life expectancy of a constitution is dependent not on its democratic elaboration or not, characteristic of a more or less asserted consensus, but on stability or a variability of the balance of power between those who may hold the political decision

Keywords: Constitution, balance of powers, revision, transition, democracy, constitutionalism.

« Constitution : mot magique » s'exclamait déjà Jean GICQUEL[2] à propos de cet objet du droit constitutionnel qui envoute et déroute. Pour les révolutionnaires de 1789, c'est le pilier, la pierre angulaire de la nouvelle société idéale, dont « le but (…) est la conservation des droits naturels et imprescriptibles de l'homme[3]. » La constitution est alors magnifiée, exaltée et parée de toutes les vertus. Elle est le rempart qui désormais se dresse avec majesté et force contre l'arbitraire, le despotisme et la tyrannie. Elle est la « grande royale » qui étend son ombre protectrice sur celui-là longtemps privé de l'essentiel de ses droits et libertés fondamentales : le peuple. En effet, il est dès ce moment admis que « toute société dans laquelle la garantie des droits n'est pas assurée ni la séparation des pouvoirs déterminée n'a point de constitution[4] ». Elle déroute les constitutionnalistes puritains ; ceux dont la doctrine est que la constitution dans l'État est la norme informant le système politique et juridique, laquelle est nécessairement contenue dans un document reconnu comme tel[5]. Et pour cause, ni la Grande-Bretagne ni Israël ne disposeraient d'un tel document[6]. Aussi s'interroge-t-on sur ce qui,

---

[2] GICQUEL J., *Droit constitutionnel et institutions politiques,* Paris, LGDJ, 2003, p. 161.

[3] Article 2 de la Déclaration des droits de l'homme et du citoyen (DDHC) du 26 août 1789.

[4] Article 16 DDHC du 26 août 1789.

[5] Cet argument constitue également la limite de la thèse de l'existence dans les sociétés anétatiques africaines d'une constitution ou loi fondamentale. Au surplus reconnaîtra-t-on que le pouvoir étant inhérent à toute société, son organisation et son exercice dans un empire ou un royaume reposera sur un minimum de règles coutumières.

[6] Pour la Grande-Bretagne elle disposerait d'une « constitution coutumière » formée de plusieurs textes s'étalant sur toute l'histoire de la constitution du régime parlementaire. Selon Philippe ARDANT, « cette constitution n'est pas écrite, elle tient à des usages, des pratiques, des précédents, à une coutume, et aussi, après tant de siècles, à quelques textes

dans ces États, assure la garantie des droits et détermine la séparation des pouvoirs, puisqu'ils comptent parmi les démocraties contemporaines. Sous ce prisme la magie-constitution comme idée ou philosophie se substitue à la magie-constitution comme papier. Pourtant, dans l'une ou l'autre hypothèse, c'est le peuple qui est à l'origine de la transformation ou de l'évolution.

Le peuple est au cœur de l'avènement de la nouvelle société libérale du XVIIIe siècle. Il est celui qui détient le pouvoir constituant[7], cette sublime découverte, « cette saine idée et utile en 1788 » attribuée aux Français, et qui fait faire un pas de géant à la science[8]. Cette attribution du pouvoir constituant au peuple n'étant elle-même que la conséquence du transfert de la souveraineté du Monarque au *Tiers*. En ce sens, la constitution est l'idée de droit étatique[9] triomphante définie par le peuple, en tant qu'il détient au sein de la société politique le plus élevé des pouvoirs. Pourtant, l'expérience constitutionnelle que vit la France en cette fin de siècle des Lumières n'est pas pionnière dans le monde. Outre-Atlantique, le peuple américain a non seulement adopté une déclaration d'indépendance, mais a aussi élaboré une constitution[10]. Toutefois, on relèvera que les expériences américaine et

---

dont certains prestigieux – comme la Grande Charte de 1215 ou le *Bill of Rights* de 1689 – qui n'ont pas d'autre valeur que la loi et peuvent être modifiés ou abrogés par le Parlement suivant la procédure législative ordinaire » (ARDANT Ph., *Institutions politiques et droit constitutionnel,* Paris, LGDJ, 2004, p. 247).
Quant à l'État hébreu, il dispose d'un ensemble de textes qui forme la Loi fondamentale. Ceux-ci ont été progressivement adoptés par la *Knesset* qui, comme le Parlement en Grande-Bretagne, est souveraine et donc détient le pouvoir constituant. Lire en ce sens KLEIN Cl., *Théorie et pratique du pouvoir constituant,* Paris, PUF, 1996, p. 52.

[7] Voir SIEYES E., *Qu'est-ce que le tiers-État ?,* 3e édition, 1789 ; F. DELARUE, *Du Pouvoir constituant et du principe souverain, d'après M. de Cormenin, au sujet de la Charte de 1830,* Paris, Chez Levasseur, Libraire, Palais-Royal, 1831.

[8] Déclaration faite par Sieyès le 22 juillet 1795, rapportée par KLEIN Cl., *op.cit,* p. 8.

[9] BURDEAU G., *Traité de science politique,* Paris, Tome IV, LGDJ, 1969, p. 105 et ss.

[10] Celle du 17 septembre 1787. Le préambule est sans équivoque sur l'identité de celui qui dispose du pouvoir constituant, qui énonce que : « Nous, le Peuple des États-Unis, en vue de former une Union plus parfaite, d'établir la justice, de faire régner la paix intérieure, de pourvoir à la défense commune, de développer le bien-être général et d'assurer les bienfaits de la liberté à nous-mêmes et à notre postérité, nous décrétons et établissons cette Constitution pour les États-Unis d'Amérique ».

française, bien que prenant pour origine une assemblée constituante, diffèrent fondamentalement.

Alors qu'en France le consentement du peuple souverain n'est pas sollicité pour valider la Constitution des 3-14 septembre 1791[11], aux États-Unis le texte adopté par les délégués le 17 septembre 1787 devait obtenir le consentement des ¾ des États pour devenir Constitution fédérale[12]. Y faisant suite, les actes issus de ces deux procédures connaîtront également des fortunes diverses : la première constitution de l'histoire constitutionnelle française tiendra deux ans, alors que la Constitution américaine est entrée dans son tricentenaire depuis 1987. Cette longévité est-elle la conséquence de la procédure d'élaboration ? Certainement pas. Depuis le précédent américain, les États renouvellent sans cesse leur loi fondamentale, sans tenir compte de son mode d'élaboration[13]. À cause de cela on recense moins d'une dizaine de constitutions dont la durée de vie excède cent ans.[14] Le changement de constitution apparaît en ce sens comme un principe du constitutionnalisme, autant dans sa formulation que dans sa transmission.

La réception du constitutionnalisme par les États africains a été particulièrement mise en relief par l'adoption de l'État constitutionnel comme forme d'organisation humaine, par le truchement de l'écriture d'une

---

[11] Lire Le PILLOUER O., *Les pouvoirs non- constituants des assemblées constituantes : essai sur le pouvoir instituant,* Paris, Dalloz, coll. Nouvelle bibliothèque des thèses, tome 47, 2005, p 64 ; GICQUEL J., *op. cit,.* pp. 399 et ss. Il faut attendre le Décret du 21 septembre1792 qui consacre le référendum constituant. Il servira pour l'adoption de la Constitution de 1792.

[12] Mis à part le Delaware, la Pennsylvanie et le New Jersey, le reste des ratifications nécessaires pour l'entrée en vigueur du texte se fera au courant de l'année 1788. Le neuvième est le New Hampshire, le 21 juin 1788. Entretemps, le Rhodes Island a refusé de ratifier, par référendum, le 24 mars, avant de l'adopter de justesse le 29 mai 1790. La Virginie ratifie peu après le New Hampshire, le 25 juin, avec difficulté. La ratification de New York est effective le 27 juillet. La Caroline du Nord finit par ratifier le texte constitutionnel et rejoindre l'Union le 21 novembre.

[13] Pour mémoire les études constitutionnelles comptabilisent pour la France 17 constitutions depuis la révolution. Pour inventaire se reporter à GICQUEL J., *op.cit,.* p. 397-398.

[14] La plus ancienne est certainement la Constitution de Saint-Marin qui date de 1600. On peut également citer la Constitution américaine de 1787, la Constitution polonaise de 1791, la Constitution belge de 1831, la Constitution du Luxembourg de 1848.

Loi fondamentale[15]. Captant pour les tropicaliser les expériences occidentales, les processus constituants engagés dès les indépendances ne se désolidarisent cependant pas du postulat général posé par l'abbé SIEYES selon lequel « une constitution suppose avant tout un pouvoir constituant »[16]. Mais ils affirment tout autant leur originalité par la diversification des procédures mises en œuvre à cet effet. Pour certains c'est le procédé du contractualisme. Il s'agit de cette variante des procédures démocratiques, qui associe une assemblée constituante non souveraine et le référendum constituant[17]. Ici l'accord des volontés, d'une part des rédacteurs et d'autre part du peuple, donne force juridique à la constitution. Pour d'autres c'est l'unilatéralisme[18] : la constitution est rédigée puis adoptée par les détenteurs du pouvoir au moment de l'accession à la souveraineté internationale. La particularité étant que l'assemblée ou les rédacteurs du texte ne sont pas choisis par le peuple et, lorsqu'il s'agit d'une assemblée législative, celle-ci n'a pas reçu mandat pour cela[19]. Aussi, toute étude sur le pouvoir constituant ne peut donner lieu qu'à des théories et des pratiques[20].

L'euphorie des indépendances s'estompe rapidement à l'épreuve des contraintes de l'État constitutionnel, des appétits du pouvoir et du pouvoir personnel[21]. La scène politique est envahie par des bruits de bottes et de mitraillettes[22], occasionnant un peu partout des renversements violents de l'ordre constitutionnel[23] et, dans certains cas, son remplacement par un

---

[15] GONIDEC P.-F., *Les droits africains. Évolution et sources,* Paris, LGDJ, 1968, p. 71.

[16] SIEYES, cité par BURDEAU G., *op. cit,*. p. 183.

[17] GICQUEL J., *op. cit,*. p 169-171 ; ARDANT Ph., *op. cit,*. p. 72-74.

[18] Lire à ce propos ARDANT Ph., *op. cit,*. p. 71.

[19] GONIDEC P.-F., *op. cit,*. p. 74 et ss.

[20] Lire en ce sens DU BOIS De GAUDUSSON J., CONAC G. et DESOUCHES C. (dir.), *Les constitutions africaines,* Bruxelles, Tome 2, Bruylant, 1998, p. 9-12.

[21] FOUCHER V., « Difficiles successions en Afrique subsaharienne : persistance et reconstruction du pouvoir personnel », *Pouvoirs,* N° 129, 2009, pp. 127-137.

[22] Du BOIS De GAUDUSSON J., « Trente ans d'institutions constitutionnelles et politiques. Points de repère et interrogation », *Afrique contemporaine,* numéro spécial, 4e trimestre, 1992, p 50-58 ; LAVROFF D-G., « La constitutionnalisation des régimes militaires en Afrique noire », *in* Seurin J-L. (dir.), *Le constitutionnalisme aujourd'hui,* Paris, Economica, 1984, p. 200-213.

[23] LAVROFF D. G., *Les systèmes constitutionnels en Afrique noire. Les États africains,* Paris, Pedone, 1976, pp 26 et ss ; GONIDEC P.-F., *op. cit,* p. 89 et 90.

nouvel ordre juridique unilatéralement défini[24], poursuivant un objectif de légitimation[25]. Ailleurs, la radicalisation du pouvoir va jusqu'à l'inexistence même de la constitution[26], livrant l'État au bon plaisir du chef de la junte ou du groupuscule de militaires détenant LE pouvoir[27]. Dans les cas où elle demeure ou est renouvelée, son élaboration emprunte très souvent la voie de l'unilatéralisme[28]. Au sens de la Charte octroyée, même s'il s'agit d'un acte concerté des gouvernants ou de ceux qui se sont emparés du pouvoir. L'intensité du phénomène banalise le pouvoir constituant, favorisant « l'instabilité constitutionnelle »[29] comme symptôme d'une « fièvre

---

[24] On relèvera qu'à la suite du renversement du Président du Niger M. Mamadou TANDJA, le chef de la junte M. Salou DJIBO prend l'ordonnance n° 2010-001 du 22 février 2010, modifiée par l'ordonnance n° 2010-05 du 30 mars 2010 portant organisation des pouvoirs publics pendant la période de transition. C'est donc une constitution matérielle qui abolit la Loi fondamentale.

[25]. LAVROFF D.-G, « La constitutionnalisation des régimes militaires en Afrique noire », *op. cit.*

[26] LAVROFF D.-G., *Les systèmes constitutionnels en Afrique noire Les États africains, op. cit.*, p. 38-39. L'auteur fait remarquer que la tendance des premiers régimes issus des coups d'États en Afrique est qu'ils « ne reposent généralement pas sur une organisation définie par un texte constitutionnel (…) Les compétences sont généralement attribuées au chef de l'État ou au Comité militaire suivant l'équilibre politique au sein des forces insurrectionnelles ». V. aussi WANDJI K. J.F., « Les zones d'ombre du constitutionnalisme en Afrique », *Revue juridique et politique,* n° 3, 2007, p. 267 et 268 ; LATH Y. S., *L'évolution des systèmes constitutionnels africains à l'ère de la démocratisation,* Thèse, Université d'Abidjan-Cocody, 2008, p.17 ; AHADZI NONOU K., *Essai de réflexion sur les régimes de fait. Le cas du Togo,* Thèse de doctorat d'État en droit public, Université de Poitiers, 1985.

[27] À titre illustratif la 2e Constitution togolaise adoptée par référendum le 5 mai 1963 est abolie le 14 janvier 1967 après une tentative de coup d'État. Il faut attendre le 13 janvier 1980 pour voir naître la IIIe République. Quant à la Mauritanie, le pays vivra sous un régime transitoire du 10 juillet 1978 au 12 juillet 1991, date à laquelle est adoptée par référendum la 3e constitution de son histoire. Enfin la République Démocratique du Congo qui accède à l'indépendance le 30 juin 1960 n'aura sa première constitution que le 3 août 1964, après que Joseph Désiré Mobutu ait écarté les autorités légitimes de l'État à savoir le chef de l'État Joseph KASAVUBU et le Premier ministre Patrice Eméry LUMUMBA.

[28] C'est le cas de l'actuelle constitution de la Guinée-Conakry.

[29] L'expression est de. GONIDEC P.-F, *op.cit,.* p. 89.

constitutionnelle »[30]. Les processus constituants se multiplient, et les Républiques se succèdent dans un temps relativement court[31]. À l'apogée de cette époque est le renouveau constitutionnel des années quatre-vingt-dix, qui engage ces États dans un autre cycle : celui de l'établissement de l'État libéral[32]. Prenant ses origines les plus proches[33] dans le fameux discours de la Baule et l'effondrement du bloc soviétique, soutenu par la conditionnalité démocratique[34] et le triomphe du capitalisme, le libéralisme est la philosophie qui sous-tend le patrimoine constitutionnel commun[35]. Les constitutions nouvelles sont alors censées marquer l'adhésion de ces pays aux valeurs désormais universelles[36] de la démocratie et de l'État de droit[37], par

---

[30] ATANGANA AMOUGOU J. L., « Les révisions constitutionnelles dans le nouveau constitutionnalisme africain », p. 4. Disponible sur www.droitconstitutionnel.org/.../atelier7.html consultée le 29 novembre 2011.

[31] Ces États célèbrent en 2010 le cinquantenaire de leur indépendance. Nous citerons le Cameroun, le Gabon, la République centrafricaine, le Burkina Faso, le Togo, le Mali. Surtout nous relèverons le Niger qui est entré depuis le 25 novembre 2010 dans la VIIe République.

[32] SY D., « Sur la renaissance du droit constitutionnel en Afrique. Questions de méthode », *Politeia,* n° 6, 2004, p. 455-479. V. aussi LATH Y. S., *L'évolution des systèmes constitutionnels africains à l'ère de la démocratisation, op. cit,.* p. 19 et ss.

[33] Une autre opinion voudrait que la démocratisation des régimes africains soit antérieure au fameux « vent de l'Est ». Selon Yédoh Sébastien LATH, « il est historiquement inexact de situer le déclenchement du processus de démocratisation de l'Afrique seulement qu'à partir de 1990. Au demeurant, si on pose les années 1990 comme repère, c'est simplement parce que cette période est celle où le mouvement de déclenchement a été des plus admirablement et généralement perceptible. Il faut, de ce point de vue, faire remarquer que déjà à partir des années 1980, l'on assistait à un processus d'évolution vers une démocratisation réelle » (*op. cit,.* p. 20).

[34] François MITTERRAND alors chef de l'État français dira sans ambages qu'« il est évident que l'aide normale de la France sera plus tiède en face des régimes qui se comporteraient de façon autoritaire sans accepter l'évolution vers la démocratie et enthousiaste vers ceux qui franchiront le pas avec courage ». Sur la conditionnalité voir notamment *La conditionnalité dans la coopération internationale,* Actes du colloque de Yaoundé 20-22 juillet 2004.

[35] SINDJOUN L., « La formation du patrimoine constitutionnel commun des sociétés politiques », Dakar, Codesria, 1997.

[36] SINDJOUN L., « Les nouvelles constitutions africaines et la politique internationale : contribution à une économie internationale des biens politico-constitutionnels », *Études internationales,* vol.26, n° 2, 1995, p. 329-345.

allégeance au modèle étatique dominant[38]. Autrement dit, l'achèvement en Afrique du processus d'édification de cette association politique dont le but est la préservation des droits et libertés fondamentales de l'individu. Dans la mise en œuvre de cet impératif international, l'Afrique noire francophone renoue avec l'orthodoxie de 1789[39].

L'édification de l'État constitutionnel démocratique emprunte partout le mécanisme du contractualisme. Conférence nationale souveraine[40] ou tout simplement élaboration d'un nouveau compromis politique par des techniques diverses, les nouvelles constitutions marquent l'abandon des régimes autoritaires et de la dictature[41]. Les gouvernants et les gouvernés, dont la nouvelle configuration intègre l'opposition, le clergé et la société civile, scellent un nouveau pacte commun[42]. À l'expérience, cette entreprise a été simplement le point de départ d'un nouveau cycle constitutionnel, à l'intérieur duquel se succèdent des Lois fondamentales élaborées sous le couvert de la sauvegarde de la démocratie ou la restauration de la

---

[37] AHADZI K., « Les nouvelles tendances du constitutionnalisme africain : le cas des États d'Afrique noire francophone », *Afrique juridique et politique, la revue du CERDIP*, n° 1, 2002, pp. 35-86. V. aussi DONFACK SOKENG L., « L'État de droit en Afrique », *Afrique juridique et politique, la revue du CERDIP*, n° 1, 2002, pp. 87-125.

[38] Lire en ce sens POLLET-PANOUSSIS D., « La Constitution congolaise de 2006 : petite sœur africaine de la Constitution française », *Revue Française de Droit Constitutionnel*, n° 75, 2008, p. 451-498.

[39] SINDJOUN L., « Les nouvelles constitutions africaines et la politique internationale : contribution à une économie internationale des biens politico-constitutionnels », *Études internationales*, vol. 26, n° 2, 1995, p. 329-345. Disponible sur http : //id.erudit.org/iderudit/703459ar consultée le 08 juillet 2015 ; WANDJI K. J.F., « La déclaration française des droits de l'homme et du citoyen du 26 août 1789 et l'État en Afrique », *RFDC*, 2014/3, n° 99, p. e1-e28.

[40] MASSINA P., « De la souveraineté des conférences nationales africaines », *Revue congolaise de droit*, n° 15-16, 1994, p 7-16 ; KAMTO M., « Les conférences nationales africaines ou la création révolutionnaire des constitutions », *in* Darbon D. et Du Bois De Gaudusson J. (dir.), *La création du droit en Afrique*, Paris, Karthala, 1997, p. 177-195.

[41] ROY M.-P., « Le Bénin : un modèle de sortie de dictature et de transition démocratique en Afrique noire », *Revue de la recherche juridique*, n° 50, 1992, p. 585-604.

[42] KEUTCHA TCHAPNGA C., « Droit constitutionnel et conflits politiques dans les États francophones d'Afrique noire », *in Revue Française de Droit Constitutionnel* 2005/3, n° 63, p. 451-491.

démocratie[43]. Il impose le constat finalement qu'après cinquante ans d'expériences constitutionnelles, les États d'Afrique noire francophone sont encore à la recherche d'une stabilité institutionnelle, que retarde une stabilité constitutionnelle indécidable au regard de l'espérance de vie assez réduite des lois fondamentales[44].

Les référendums constituants au Niger[45], à Madagascar[46] en Égypte[47] et plus récemment au Burkina Faso[48] imposent deux constats. D'une part, ils

---

[43] C'est notamment le cas du **Comité Transitoire de Salut Public** institué au Mali après le renversement de Moussa TRAORE le 26 mars 1991. Selon son président le Lieutenant-Colonel Amadou TOUMANI-TOURE « La Conférence nationale, née de la volonté politique affirmée depuis la Révolution du 26 mars 1991, illustre la détermination du Comité de Transition pour le Salut du Peuple et du Gouvernement à poursuivre, sans calcul, la mise en œuvre d'un programme de la phase de transition vers l'instauration d'un véritable État de droit dans le cadre de la démocratie pluraliste ». Dans le même esprit est le **Conseil National de Salut Public** mis sur pied par Robert GUEÏ après le coup d'État de décembre 1999 en Côte d'Ivoire. Il se donne ainsi pour objectif de « créer les conditions nécessaires à l'instauration d'une vraie démocratie en vue de l'organisation d'élections justes et transparentes pour le retour à une vie constitutionnelle normale ». C'est aussi l'exemple du **Conseil Militaire pour la Justice et la Démocratie**, instance dirigeante créée en Mauritanie après le renversement de M. OULD TAYA par le colonel Ely OULD MOHAMED VALI le 3 août 2005, ou encore le **Conseil National pour la Démocratie et le Développement**, organe suprême de l'État mis sur pied par le Capitaine Moussa Dadis CAMARA après sa prise de pouvoir le 23 décembre 2008 à la mort de Lassana CONTE. Citons enfin le **Conseil Suprême pour la Restauration de la Démocratie** créé par le Chef d'escadron Salou DJIBO après le renversement de Mamadou TANDJA le 18 février 2010.

[44] Voir WANDJI K. J. F., « Les zones d'ombre du constitutionnalisme en Afrique », *op.cit.* p. 263-307.

[45] Le 31 octobre 2010 les Nigériens se sont prononcés à plus de 90 % sur la nouvelle constitution de l'État. Promulguée le 25 novembre 2010, elle remplace celle adoptée par référendum le 4 août 2009 et devient la 8e depuis 1959.

[46] Le président de la Haute Autorité de Transition M. Andry Nirina RAJOELINA a soumis à la votation populaire le 17 novembre 2010 la décision d'une nouvelle constitution, du reste, acceptée à plus de 74 %.

[47] La loi fondamentale adoptée dans la précipitation en décembre 2012 a été suspendue le 3 juillet 2013 par le général Abdelfattah Al-SISSI, après le renversement par l'armée du président élu Mohamed MORSI accusé d'avoir trahi la révolution. Une nouvelle assemblée constituante dite « Comité des 50 » a été mise sur pied par le président par intérim pour réécrire la constitution. Adoptée à 98 % lors du référendum du 18 janvier 2014 ce texte, dans son économie générale, met fin à la légitimité des frères musulmans.

démontrent que la thèse d'un constitutionnalisme africain qualifié de fiévreux parce qu'instable et à certain égard ineffectif est justifiée, si l'on considère que ces processus constituants visent à remplacer des constitutions qui n'ont pas prouvé leur capacité à traduire l'idée de droit voulue, et qui ont pour certaines au plus dix ans d'existence[49]. D'autre part, ils donnent à penser, considérant leur mode d'élaboration[50], que ces nouvelles lois fondamentales auront une durée de vie plus longue que celles qu'elles abolissent. La dogmatique constitutionnelle veut en ce sens que la ratification populaire, qui marque l'adhésion du peuple tout entier à une idée de droit, soit « un facteur de stabilité constitutionnelle[51] ». Ce contractualisme s'opposerait ainsi à l'unilatéralisme, source de conflits et cause d'ineffectivité du constitutionnalisme en Afrique. Ainsi nous pouvons nous demander si l'appropriation du constitutionnalisme par les différents acteurs politiques, la société civile et le peuple est tributaire du mode d'élaboration des constitutions ? Autrement dit, la contestation ou la revendication de la constitution dépend-elle de ce qu'elle a été adoptée de manière unilatérale par les gouvernants ou par référendum ? Dans le premier cas, la constitution est une charte octroyée, et dans le second elle est le pacte

---

48 Le Gouvernement a déposé le 21 octobre 2014 un projet de loi visant la modification de l'article 37 de la loi fondamentale, pour permettre à Blaise Compaoré de briguer un troisième mandat. Une énième modification qui a engendré des émeutes avec pour finalité le retrait du texte et, dans la suite, la prise du pouvoir par le général Honoré Nabéré Traoré après la démission de Blaise Compaoré le 31 octobre 2014. La charte de la transition adoptée le 16 novembre 2014 par les principaux acteurs de la scène politique fait office de constitution intérimaire du Faso.

49 Voir notamment le *Rapport sur l'état des pratiques de la démocratie, des droits et des libertés dans l'espace francophone 2010*. On peut lire à la page 14 qu'« entre 2001 et juin 2010, l'espace francophone a vu l'élaboration de sept nouvelles Constitutions, une vingtaine de révisions constitutionnelles et cinq cas de suspension de Constitution suivis de sa restauration et de son amendement dans le cadre de processus de transition. Dans certains cas, des actes ou accords de transition ont été conclus sous la médiation de la communauté internationale pour servir de Constitution intérimaire en attendant l'aboutissement du processus référendaire ».

50 Le référendum est, au regard de cette dernière décennie, la voie choisie par un grand nombre d'États africains pour se donner une nouvelle constitution. On peut citer le Sénégal (le 7 janvier 2001), le Rwanda (26 mai 2003), la RCA (le 5 décembre 2004 et 13 et 14 décembre 2015), le Burundi (le 28 février 2005) et la RDC (les 18 et 19 décembre 2005),

51 BEAUD O., *La puissance de l'État*, Paris, PUF, 1994, p. 285.

constitutionnel en tant qu'il « inscrit la constitution dans la durée et la détache de l'emprise de ceux qui l'ont faite[52] ». Les cycles constitutionnels se succèdent en Afrique, et la mise en œuvre de l'impératif constitutionnel, d'abord par les pouvoirs constitués et ensuite par le peuple, perpétue un rapport dialectique droit-pouvoir, dont la suprématie de l'un sur l'autre est loin d'être acquise[53]. Au surplus dans un contexte général de transition, la longévité de l'acte constituant ne saurait reposer, comme c'est le cas dans les États constitutionnellement stables, sur des valeurs de démocratie, qui ne sont ni établies ni partagées par l'ensemble des acteurs[54]. Pourtant on admettra que la remise en cause de la loi fondamentale, autant par changement de la constitution que par changement de constitution, n'est pas une spécificité africaine[55]. En effet, même si la Constitution française a célébré son cinquantenaire, elle est bien différente du texte adopté par le peuple en 1958[56]. Au demeurant, le lien étroit entre l'idée de droit et la constitution condamne cette dernière à être changeante. Le professeur Jacques CHEVALLIER reconnaît d'ailleurs que « la constitution doit être ainsi considérée comme une construction permanente qui porte la marque de sa genèse et des usages[57] ».

Exacerbée autant que galvaudée, la constitution en Afrique redevient le docile serviteur du ou des détenteurs du pouvoir politique. Analyser ses mots c'est surfer sur ces vocables consacrés par la science constitutionnelle : tantôt charte, tantôt constitution selon les procédés discutables et discutés de son élaboration ou de sa réformation. Épiloguer sur ses maux participe

---

[52] BEAUD O., *op. cit,.* p. 250.

[53] De JOUVENEL B., *Du pouvoir histoire naturelle de sa croissance,* Paris, Hachette, 1972, p. 369 et ss.

[54] Ceci est justifié par la multiplication de textes internationaux adoptés par les États africains en vue d'instaurer des États démocratiques et effectivement soumis au droit. C'est notamment le cas de la **Charte africaine de la démocratie, des élections et de la gouvernance** adoptée en Éthiopie en 2007.

[55] LACROIX B., « Les fonctions symboliques des constitutions : bilan et perspectives », *in* Seurin J-L. (dir.), *Le constitutionnalisme aujourd'hui,* Paris, Economica, 1984, p. 186-199

[56] V. en ce sens FOUQUET-ARMAND M., « Les révisions de la constitution de 1958 : de la Ve à la VIe République ? », *Revue de la recherche juridique,* n° 90, 2001, p. 1591-1622.

[57] CHEVALLIER J., « Pour une sociologie du droit constitutionnel », *in* De Béchillon D., Brunet P., Champeil-Desplats V. et Millard E., (coord.), *L'architecture du droit, Mélanges en l'honneur de Michel TROPER,* Paris, Economica, 2006, p. 284.

alors de la recherche sur les fondements de l'instabilité constitutionnelle, par-delà les multiples justifications de l'établissement d'une nouvelle constitution ou de sa révision. Car l'état du Droit en Afrique c'est d'abord et avant tout la valeur et les valeurs de la loi fondamentale dont tirent leur régularité et leur validité toutes les autres normes. L'interrogation est alors celle de savoir quelle est l'idée de constitution qui soutient les processus constituants en Afrique ? À l'observation l'idée de constitution en Afrique est celle d'un moyen de légitimation du pouvoir et, accessoirement, de sa limitation. Ceci s'explique par le fait que la constitution est toujours le résultat d'un rapport de force (I), et sa survie ou sa pérennité dépend de la stabilité ou de la variabilité du rapport initial (II).

I- La constitution comme expression juridique d'un rapport de force politique

La dimension du rêve et de la majesté attribuée à la Constitution en 1789 n'a pas constitué un héritage susceptible de transmission ou d'appropriation. Qu'elle soit élaborée par référendum ou souverainement octroyée par l'individu ou le groupe d'individus détenant le pouvoir, la constitution n'est pas à proprement parler la formulation idéale d'une société dans laquelle l'individu trouve son plein accomplissement. On observera que la magie-constitution comme philosophie ou la magie-constitution comme texte-papier ont en commun d'être avant tout le résultat d'un rapport de force politique. Aussi, l'idée de droit triomphante est dans les États africains celle de celui qui décide finalement de l'exception. La constitution est à cause de cela un texte de nature provisoire, sans être éphémère. À ce propos, opine Georges BURDEAU, « on peut se demander si aujourd'hui l'ère des constitutions conçue pour durer n'est pas révolue, en raison de la dynamique sociale qui fait que les compromis entre les forces ne sont que temporaires[58] » ? En effet, le bilan de deux décennies de pratique de la démocratie en Afrique est que « l'élaboration de nouvelles Constitutions procède, dans la plupart des cas, d'une sortie de crise politique ou de conflit armé, [et] le recours au constitutionnalisme apparaît comme un facteur facilitant les sorties de crise par la pacification des procédures qu'il implique pour aboutir dans un cadre consensuel à des compromis politiques

[58] BURDEAU G., *Traité de science politique,* Paris, Tome VIII, LGDJ, 1974.

structurant la vie des États[59] ». Cette instrumentalisation de l'acte constituant (B) n'est toutefois que la conséquence de l'instrumentalisation du pouvoir constituant (A), vidant ainsi les termes « charte » et « pacte » de tout contenu en droit constitutionnel.

A) L'instrumentalisation du pouvoir constituant

À qui appartient le pouvoir constituant ? La doctrine répond différemment selon que le cadre constitutionnel considéré est occidental ou africain. Dans le premier il appartient au peuple, et dans le second au gouvernant. Mais en réalité, l'histoire de l'humanité n'offre aucun exemple d'un peuple élaborant une constitution. L'idée d'attribuer le pouvoir constituant au peuple est intimement liée à la désacralisation de la souveraineté divine dont se revendiquait le Monarque[60]. La Révolution française aurait alors commis un *hold-up*, trompant à la fois le Roi et le peuple. Au Roi les délégués aux États généraux disent : « tu n'es plus le souverain, c'est le peuple » ; et au peuple ils disent : « tu es le souverain et nous sommes toi ».

L'instrumentalisation du pouvoir constituant[61] repose sur une manipulation terminologique, aboutissant à la création du concept de « représentation[62] », qui soutient la distinction didactique et tout autant

[59] Le constat est posé par le *Rapport sur l'état des pratiques de la démocratie, des droits et des libertés dans l'espace francophone 2010*, p. 14.

[60] BEAUD O., *op. cit.*, p 62 et ss.

[61] Lire en ce sens KENFACK TEMFACK E., *Le pouvoir constituant au Cameroun,* Thèse de doctorat de droit public, Université de Douala, 2012, 650 p.

[62] DENQUIN J.P., « Pour en finir avec la crise de la représentation », *Jus Politicum,* n° 4, 2010, p. 1-38. Théoricien de la souveraineté populaire, Jean-Jacques ROUSSEAU s'oppose à la représentation, car elle comporte « un risque de détournement de la volonté générale au profit de la volonté particulière de ceux qui sont censés incarner le Peuple, donc une menace pour la liberté ». La représentation par le mécanisme de l'imputabilité permet simplement d'attribuer à un sujet de droit la volonté manifestée par un autre sujet de droit. Selon le professeur Maurice KAMTO, « dans l'ordre juridique interne, l'imputation permet d'expliquer l'institution de la représentation en déroulant le lien juridique qui existe entre le mandataire et le mandant, le représentant et le représenté. Ce lien juridique unit deux sujets de droit ; la représentation s'entendant de l'acte accompli par un sujet de droit pour le compte d'un autre sujet de droit, de sorte que les effets de l'acte juridique se produisent directement sur la personne pour laquelle l'acte a été accompli, comme si cette personne l'avait accompli elle-même ou comme si l'acte s'adressait à elle directement » (KAMTO M.,

pratique entre celui qui détient la souveraineté et celui qui l'exerce effectivement. Ce brouillard n'en est pas véritablement un, puisqu'il est proclamé depuis 1789 que « le principe de toute souveraineté réside essentiellement dans la nation[63] ». Ceci signifierait que désormais c'est la nation ou le peuple, et non plus Dieu, qui servira de justification aux actes de toute nature que poseront ceux qui détiennent le pouvoir. Sous ce prisme, l'exercice de la souveraineté par « la décision d'initiative pré constituante[64] » et « la décision attributive du pouvoir constituant[65] » trahit le fait que la souveraineté n'appartient qu'à celui qui l'exerce effectivement[66]. L'instrumentalisation du pouvoir constituant procède donc de la fabrication d'une illusion que nous exprimerons ainsi : « toi le peuple tu es celui qui décide, qui détermine l'idée de droit qui aura force de loi dans la société ».

Le pouvoir constituant n'est pas extérieur et différent des détenteurs effectifs du pouvoir. Il n'est pas hors de la société, transcendant, mais immanent et objet de convoitise, de lutte pour sa conquête. Il est, dans la quasi-totalité des cas, inscrit de manière informelle au nombre des prérogatives du président de la République[67]. Ce dernier décide des changements de la constitution et des changements de constitution. Il détermine le moment, la dimension et la procédure de toute réforme constitutionnelle. À cause de cela, l'instrumentalisation du pouvoir constituant est avant tout la conséquence de son détournement. Autrement dit la souveraineté en tant que pouvoir suprême se retrouve dans le champ du politique. Ceci explique la cristallisation de la compétition politique au

---

La volonté de l'État en droit international, Tiré à part du *Recueil des cours de l'ADIH*, tome 310, Martinus Nijhoff Publishers Leiden/Boston, 2007, p. 33).

[63] Article 3 DDHC

[64] BEAUD O., *op. cit.*, p. 265

[65] *Ibid.* p. 265.

[66] Pierre-François GONIDEC constate que même lorsqu'il est mis sur pied une assemblée constituante, le chef de l'exécutif joue « un rôle prépondérant ». Véritable maître d'ouvrage, il définit sous couvert du gouvernement l'idéologie de la constitution. Lire GONIDEC P.-F., *op. cit,* p. 76 ; MIAFO DONFACK V., « Le Président de la République et les Constitutions au Cameroun », *in* Meloné S., Minkoa She A. et Sindjoun L. (dir.), *La réforme constitutionnelle du 18 janvier 1996 au Cameroun. Aspects juridiques et politiques*, Yaoundé, Friedrich Ebert, 1996, p. 252-281.

[67] MELEDJE DJEDJRO F., « La révision des constitutions dans les États africains francophones Esquisse de bilan », in *Revue du droit public,* 1992, p. 117.

niveau de l'accession à la magistrature suprême[68], et justifie le déploiement juridique des occupants du poste pour s'y maintenir[69]. Contrairement à la Grande-Bretagne et dans la même voie que la Ve République française, le processus constituant en Afrique met en relief un rapport de force favorable à l'exécutif[70]. La conséquence est que contrairement au mouvement de naissance ou de création du pouvoir constituant tel qu'il s'offre à l'histoire constitutionnelle, à travers d'une part la Déclaration d'indépendance américaine de 1776 et d'autre part la Déclaration française de 1789, celui qui résulte de l'accession des pays d'Afrique noire francophone à la souveraineté internationale est fondé sur un postulat qui détermine aujourd'hui la destination de la constitution : la nécessité d'un exécutif fort[71].

Admettre que les constitutions africaines sont définitivement provisoires, c'est reconnaître à la suite de Georges BURDEAU qu'elles sont engagées dans un combat qu'elles avaient pour but de réguler : le combat pour la conquête du pouvoir. Le pouvoir constituant sert à matérialiser, par l'acte constituant ou par la réforme constitutionnelle, l'affrontement politique entre les organes de pouvoir entre eux ou, dans certaines circonstances, les différents acteurs politiques engagés dans la compétition. Il est tiraillé entre ceux qui détiennent le pouvoir, ceux qui veulent accéder au pouvoir, et le peuple qui voudrait affirmer sa souveraineté. Mais dans cette lutte à trois, seuls les acteurs du champ politique sont favorisés. En effet, si l'on admet

---

68 BANKOUNDA-MPELE F., « Repenser le président africain », disponible sur http : //www.zenga-mambu.com/doc/Bankounda-Felix.pdf consulté le 16 septembre 2015. Lire également TCHEJIP KAPTCHOUANG C., « La dévolution du pouvoir en Afrique noire francophone entre tensions et compromis », *Revue africaine d'études politiques et stratégiques,* FSJP-Université de Yaoundé II Soa, n° 6, 2009, p. 125-144.

69 CABANIS A.et. MARTIN M. L, « La pérennisation du chef de l'État : l'enjeu actuel pour les constitutions d'Afrique francophone » in *Mélanges en l'honneur de Slobodan MILACIC, Démocratie et liberté : tension, dialogue, confrontation,* Bruylant, Bruxelles, 2007, p. 333-380 ; DEDDE OULD HAMADY O., « La réforme constitutionnelle mauritanienne du 25 juin 2006 : portée et limites », *Revue Juridique et Politique,* n° 3, 2007, p. 356-409.

70 Il s'agira soit du président de la République, soit du Premier ministre.

71 Lire FALL I. M., *La condition du pouvoir exécutif dans le nouveau constitutionnalisme africain (l'exemple des États d'Afrique subsaharienne francophone),* Thèse, Université Cheikh ANTA DIOP, 2001.

qu'avant 1990 « les populations ont toujours été absentes des processus constitutionnels (...), exclues du jeu politique actif », le mouvement de démocratisation les réintroduit de nouveau dans le champ de la lutte pour la maîtrise du pouvoir constituant. Mais cette place demeure résiduelle dans bien des cas, car les populations « n'ont pas de représentants authentiques qui formulent pour elles, en leur nom et pour leur intérêt exclusif, des demandes constitutionnelles[72] ». Aussi, la lutte se concentre entre les acteurs politiques, et vise simplement la dépossession ou la conservation et pas nécessairement la possession, au sens ou n'appartenant à personne le pouvoir constituant serait disponible. Sous ce prisme le statut des gouvernants, dont l'objectivité dépend de sa fixation par un acteur externe et supérieur, le peuple souverain, est fondamentalement subjectif puisqu'établi par les gouvernants[73].

La transformation du pouvoir qui fonde la société idéelle en l'inscrivant dans la stabilité et dans la durée en un moyen de légitimation d'un pouvoir personnel se traduit par l'édiction d'un ordre constitutionnel dévoyé ; la constitution est alors instrumentalisée.

B) L'instrumentalisation de la constitution

L'instrumentalisation de la constitution doit être distinguée de la constitution comme instrument. La constitution comme instrument renvoie à sa disponibilité. Comme règle de droit, elle a vocation à être mise en pratique, utilisée par les acteurs politiques. En ce sens, écrit Philippe ARDANT, elle « met à la disposition des acteurs du jeu politique un arsenal de règles et de procédures dans lesquels chacun puise les instruments – on pourrait dire les armes – aptes à renforcer sa position, à « marquer des points », si possible, à faire triompher ses idées et sa politique[74] ». Or l'instrumentalisation de la constitution fait obstacle à cette disponibilité, lui substituant la privatisation voire la patrimonialisation. En ce sens, elle est une chose dont on se sert pour parvenir à ses fins. On constatera que « le

72 FAURE Y-A., « Les constitutions et l'exercice du pouvoir en Afrique noire. Pour une lecture différente des textes », *in* Seurin J-L (dir.), *Le constitutionnalisme aujourd'hui,* Paris, Economica, 1984, p. 221.

73 BOLLE S., « Des constitutions « made in » Afrique », disponible sur http : //www.la-constitution-en-afrique.org/article-23321605.html. Consultée le 29 novembre 2011.

74 ARDANT Ph., *op. cit.*, p. 3.

comportement des acteurs est commandé en effet, non par le souci de se conformer aux normes constitutionnelles, mais par le calcul politique : même s'ils se plient à la contrainte juridique et sacrifient aux impératifs de la justification juridique, leur rapport au droit reste avant tout pragmatique et instrumental[75] ». L'instrumentalisation de la loi fondamentale est avant tout la conséquence de l'instrumentalisation de la souveraineté et du pouvoir constituant. Elle a pour contenu la destination de la constitution à des fins de pouvoir[76].

A contrario de l'idée selon laquelle la constitution est la « loi fondamentale[77] », au sens de la limitation du pouvoir politique par les droits et libertés individuelles, les constitutions africaines sont des textes prédestinés. Dans un monde où le libéralisme et la démocratie sont devenus des impératifs qu'il faut traduire en termes juridiques, le pouvoir constituant sert à élaborer au pouvoir un fondement légitimant, justifiant sa détention par un privilégié se présentant le plus souvent comme la seule solution de l'État. C'est aussi l'idée qu'avance Georges BURDEAU pour qui : « la constitution aurait finalement pour seul effet d'investir certaines personnalités du droit de commander, mais, l'investiture une fois acquise, les chefs ne se distingueraient en rien de ceux qui commandent dans un régime de pouvoir individualisé. Maîtres de définir à leur gré l'étendue et les buts du Pouvoir, ils n'en seraient que théoriquement les agents ; en fait, ils en sont les maîtres[78] ». Sous ce rapport la destination idéologique de la constitution est d'être la traduction d'un droit du plus fort. Selon Bernard LACROIX, « une constitution n'est en aucun cas le fait de tous, mais toujours le fait de groupes isolables qui trouvent l'instrument de réalisation de leurs desseins dans le travail spécifique de "légistes[79]" ». Le symbolisme[80]

[75] CHEVALLIER J., *op. cit,*. p. 296.

[76] ATANGANA AMOUGOU J. L., « Les révisions constitutionnelles dans le nouveau constitutionnalisme africain », *op. cit.,* p. 18 et ss.

[77] AHANHANZO GLELE M., « La constitution ou loi fondamentale », *in Encyclopédie juridique de l'Afrique,* tome I, Abidjan, Dakar, Lomé, 1982, p. 33-34.

[78] BURDEAU G., *op. cit,*. p. 108.

[79] LACROIX B., « Les fonctions symboliques des constitutions : bilan et perspectives », *in* Seurin J-L (dir.), *Le constitutionnalisme aujourd'hui,* Paris, Economica, 1984, p. 198.

[80] LACROIX B., « Les fonctions symboliques des constitutions : bilan et perspectives », *op. cit,*. p. 186-199.

qui l'entoure se réduit alors à l'évanescence d'un pacte social, car « l'idée de droit qu'il exprime est celle qui est parvenue à s'imposer parmi le parallélisme ou la concurrence des idées de droit rivales[81] ». Cette idée de droit, qui ne se confond pas avec un projet de société, est en réalité le statut qu'aura dans l'État celui qui détient en pratique « la décision pré constituante[82] ». La constitution est alors utilisée comme facteur légitimant, en même temps qu'elle assure la protection de celui qui a présidé à son élaboration. Au soutien de cette thèse, Yves-André FAURE fait valoir que : « pur fait des gouvernants, les constitutions contribuent à protéger ceux-ci des atteintes, des revendications, des bouleversements. Comme le pouvoir ne se partage pas, ou si peu, les constitutions africaines, peuvent être analysées comme des techniques de domination politique[83] ».

Pour le cas qu'elle vise, la constitution est une haute tour, une forteresse inaccessible pour les autres. Elle met la sphère politique *stricto sensu* hors du champ de discussion et de dispute ; mais aussi au sein de la sphère politique elle opère une hiérarchie des organes. Sous ce prisme, le texte élève au niveau supérieur dans le corps social la distinction entre celui qui détient le pouvoir et le reste. Cette distinction revêt deux aspects. D'une part, elle opère exclusion de tous ceux qui ne participent pas à l'exercice effectif et quotidien du pouvoir : les populations, les partis politiques d'opposition et ceux qui constituent ce que l'on qualifie de « société civile ». D'autre part, elle exclut, au sein des organes exerçant le pouvoir politique, ceux qui ne font pas partie de la sphère restreinte de décision et de commandement. Selon le professeur Yves-André FAURE, « la plupart d'entre elles sont moins l'instrument rationnel et normatif d'une cohabitation supportable entre les représentants du pouvoir et les acteurs sociaux, que le reflet d'une brutale répartition des fonctions politiques qui distinguent ceux qui participent au pouvoir de ceux qui ne gouvernent pas, mais aussi, au sein du premier groupe, ceux qui décident et disposent de la force de ceux qui ne servent que d'auxiliaires, de relais[84] ».

---

[81] BURDEAU G., *op. cit,*. p. 185.
[82] *Ibid.* p 236.
[83] FAURE Y-A., *op. cit,*. p. 220.
[84] FAURE Y-A., *op. cit,*. p. 223.

L'instrumentalisation de la constitution débouche sur sa mise en œuvre effective par les différents organes de l'État[85]. C'est ici la limite de la thèse du constitutionnalisme rédhibitoire qui voudrait que la pratique institutionnelle africaine depuis les indépendances jusqu'à la fin des années 80 se soit développée en marge de la constitution et le plus souvent contre elle[86]. Cette thèse est difficilement défendable, car dans le cadre du parti unique ou encore du parti-État, la règle constitutionnelle est au moins la décision de la classe gouvernante, au plus la décision du chef du parti concentrant l'entièreté du pouvoir normatif et des ressources de l'État, annihilant tel un baobab toute vie autour de lui. Aussi est-il dans la logique des choses que la constitution que l'on a voulue soit appliquée. Elle l'est d'autant plus que le souci de légitimité oblige le détenteur du pouvoir à se référer à la constitution comme fondement de son autorité.

L'instrumentalisation de la constitution la disqualifie en tant qu'instrument objectif de construction d'une société réalisant une idée de droit, expression de la volonté générale, tournée vers l'accomplissement individuel et collectif. Elle fait parfois obstacle à l'émergence d'une conscience nationale[87] et handicape l'édification même d'une Nation[88]. À

---

[85] BOURGI A., « L'évolution du constitutionnalisme en Afrique : du formalisme à l'effectivité », *Revue Française de Droit Constitutionnel* 2002/4, n° 52, p. 721-748.

[86] Cette hypothèse ressurgit notamment lorsque sous l'impulsion de la communauté internationale, un droit constitutionnel de crise est élaboré, avec comme principale caractéristique la mise entre parenthèse de tout ou partie de la constitution en vigueur. À titre d'exemple plusieurs textes ont profondément modifié le droit constitutionnel ivoirien issu de la constitution de 2000 : l'Accord de Lomé du 1er novembre 2002 ; l'Accord de Linas Marcoussis du 24 janvier 2003 ; l'Accord signé le 30 juillet 2004 à Accra (Accord d'Accra III) ; l'Accord de Pretoria du 6 avril 2005 ; la Résolution 1633 du Conseil de sécurité des Nations unies adoptée le 21 octobre 2005 ; la Résolution 1721 du Conseil de sécurité des Nations unies adoptée le 1er novembre 2006 ; l'Accord de Ouagadougou du 4 mars 2007.

[87] On observe que les membres de la tribu du chef de l'État bénéficieront des meilleures positions dans l'appareil étatique et administratif. Ce privilège, que ne justifie aucune condition objective, attise la haine et entretient la jalousie des autres membres du groupe social. Même lorsque la distribution des postes obéit à quelques règles objectives, le pouvoir réel reste concentré entre les mains de la tribu du président, qui obtiennent toujours les postes les plus stratégiques pour la conservation durable du pouvoir. Voir BAGALWA MALABI J., *Transition démocratique et évolution constitutionnelle en République*

l'opposé elle entretient l'incertitude, nourrit les tensions et conserve sous forme de règles juridiques l'expression de l'évanescence de l'unité nationale par la bipolarisation de la lutte politique[89], car en Afrique le pouvoir est une chaise et non un banc. Il en résulte la supplantation de la nationalité sur la citoyenneté, car « la nationalité est dans l'État multinational, le lien et le statut d'appartenance à une communauté de caractères (Douala, Lunda, etc.), tandis que la citoyenneté est le lien et le statut d'appartenance à un seul État ou à une seule patrie (le Congo, le Cameroun, l'ex-Zaïre) [90] ». Par sa vocation d'exclusion et d'exclusivité, la loi fondamentale grève les consciences individuelles d'un sentiment de frustration, lequel engendre à

Démocratique du Congo, Mémoire de DEA de droit public, Université d'Abomey-Calavi, 2003-2004.

[88] On prendra pour exemple la proclamation par la Constitution camerounaise d'un droit des peuples autochtones. La conséquence est que certaines personnes parce qu'appartenant à une certaine tribu ou ethnie seront moins camerounaises que d'autres, en fonction de la région dans laquelle elles se trouvent. Cette « distinction » entre citoyens d'un même État ne peut que créer un sentiment d'exclusion et de repli identitaire qui est par essence contraire à toute idée de communauté et de Nation. Sur cette question lire avec intérêt : DONFACK SOKENG Léopold, *Le droit des minorités et des peuples autochtones au Cameroun*, Thèse de doctorat en droit, Université de Nantes, 2001 ; MOUANGUE KOBILA J., *La protection des minorités et des peuples autochtones au Cameroun. Entre reconnaissance interne contrastée et consécration universelle réaffirmée*, Paris, éditions Dianoïa, 2009.

[89] On parlera du Nord musulman et du Sud chrétien (Côte d'Ivoire), des Hutus majoritaires et des Tutsis minoritaires. Ce fut précisément le cas au Togo. Sous la présidence de Sylvanus Olympio, le gouvernement était composé en majorité des *Ewé* du Sud. Le coup d'État du 13 janvier 1967 porte Gnassingbé Eyadéma au pouvoir et sonne la revanche des *Kabiyés* du Nord. Au Cameroun, la théorie du « triangle équilatéral » formulée par Roger Gabriel NLEP répond à l'impossibilité de trouver un groupe ethnique majoritaire. Aussi la solution est-elle une distribution du pouvoir ayant pour objectif d'associer les principales composantes ethniques, linguistiques et religieuses. Ainsi, lorsque la présidence de la République est à un sudiste chrétien, l'Assemblée nationale revient à un nordiste musulman et la primature à un sudiste anglophone (MANDJACK A., « Le triangle équilatéral du Cameroun. L'hypothèse du pouvoir confisqué de Roger Gabriel Nlep », *Janus Revue camerounaise de droit et de sciences politique,* n° 3, 2011, pp.73-103). Lire aussi G. CONAC, « Succès et crises du constitutionnalisme africain », *op. cit,*. p. 9-19

[90] TSHIYEMBE M., « Constitutionnalisme et démocratie en Afrique centrale et dans les pays des Grands Lacs, problèmes et perspectives », Symposium international de Bamako, disponible sur www.democratie.francophonie.org/IMG/pdf/bamako.391.pdf, p 412. Consultée le 04 octobre 2010.

son tour la haine qui féconde le désir de s'affirmer. Or cette affirmation passe par la conquête du pouvoir présidentiel, qui seul permet de réécrire la constitution.

La longueur ou la brièveté de la constitution est en définitive liée à un facteur intrinsèque et contraignant : sa signification profonde qui est d'être la traduction à un moment donné de l'état du combat pour le pouvoir entre les différents acteurs politiques. En ce sens, elle n'est qu'une donnée dont les variables en font un texte en perpétuelle négociation.

II- L'interdépendance entre stabilité constitutionnelle et stabilité du rapport de force initial

Qu'elle revête les allures d'une charte octroyée ou d'un pacte social commun, l'acte constituant est toujours le fruit d'une tractation, d'un compromis[91]. Comme droit du vainqueur ou, plus précisément droit du plus fort, elle demeure provisoire, précaire et essentiellement révocable ou abrogeable. Selon Michel VIRALLY : « le droit, construction sociale, système de représentations intellectuelles, n'est pas en mesure d'arrêter l'histoire, de figer l'évolution des sociétés. Il doit sans cesse s'adapter, se modifier, pour conserver son effectivité en face des transformations sociales. Il s'établit ainsi dans tout ordre juridique, une tension entre des forces de conservation et des forces de changement, dont l'équilibre peut être fort différent suivant les périodes et les sociétés considérées, mais dont la résultante est telle que cet ordre ne peut immobiliser indéfiniment les normes qui le constituent et ne peut pas davantage se renouveler intégralement du jour au lendemain[92] ». À l'analyse, l'avènement d'un acte constituant est à la fois un acte destructeur et créateur. Elle détruit le rapport de force antérieur au fondement de la constitution abolie ; elle crée le nouveau rapport de force tout en constituant un champ nouveau de compétition dans lequel le vainqueur de la précédente bataille est « l'homme

[91] CHEVALLIER J., *op. cit.*, p. 287.

[92] VIRALLY M., *La pensée juridique*. Paris, LGDJ, 1960, cité par MELEDJE DJEDJDRO F., « Faire, défaire et refaire la constitution en Côte d'Ivoire : un exemple d'instabilité chronique », communication présentée à l'occasion de l'*African Network of Constitutional Law conference on Fostering Constitutionalism in Africa Nairobi, avril 2007*, p. 5. Disponible sur www.publiclaw.uct.ac.za/usr/public.../Meledje_Faire.doc. Consultée le 06 février 2014.

à abattre ». Il s'en suit que tout changement[93] de la constitution n'est en réalité que la traduction d'une modification du rapport de force existant (A) ; et tout changement de constitution est symptomatique du renversement du dit rapport (B) aboutissant à l'émergence d'un nouvel homme fort[94].

A) Le changement de la constitution résulte d'une modification du rapport de force

Le changement de la constitution est toute opération de suppression, de modification ou d'ajout affectant le contenu initial du texte en vigueur. Selon la théorie générale, la nécessité de la révision est justifiée par l'évolution de l'idée de droit originaire ; elle vise alors à adapter la Loi fondamentale afin qu'elle continue d'informer le système juridique et politique. À cause de cela, une révision constitutionnelle n'est jamais *innocente,* selon l'expression de Jean WALINE[95]. Ce postulat, qui rentre dans le domaine de la dogmatique constitutionnelle, n'est pas contredit dans le cadre de la révision constitutionnelle dans les pays d'Afrique noire francophone : elle est la conséquence de l'évolution, entendue comme la modification du rapport de force ayant présidé à la production de l'acte constituant en vigueur. Cette modification, appréciée en fonction de celui qui détient le pouvoir, peut être défavorable ou favorable.

La modification du rapport de force défavorable au vainqueur initial est une hypothèse assez rare dans le cadre du droit constitutionnel africain en général. En effet, les cycles constitutionnels africains s'articulent sur des évènements dont la caractéristique principale est de favoriser l'affermissement du pouvoir du président de la République. Mais on

---

93 Sur l'économie des différentes acceptions de ce terme en droit constitutionnel, lire MELEDJE DJEJDRO F., *op. cit,*. p. 1 et 2.

94 Le professeur Jacques CHEVALLIER reconnaissait déjà que « la constitution apparaît comme un document, sans doute doté d'une valeur juridique supérieure, mais qu'on n'hésite pas à modifier selon les besoins et sous la pression de la conjoncture » (*op. cit,*. p. 288).

95 WALINE J., « Les révisions de la Constitution de 1958 », *in Mélanges Philippe ARDANT. Droit et politique à la croisée des cultures*, cité par MELEDJE DJEDJDRO F., « Faire, défaire et refaire la constitution en Côte d'Ivoire : un exemple d'instabilité chronique », *op. cit,*. p. 12.

retrouve tout de même quelques cas de changement de la constitution, qui traduisent la diminution de l'influence du chef de l'État, par une convergence de facteurs endogènes et exogènes affectant sa position. Cette hypothèse est exclusive au processus de démocratisation en Afrique de la fin des années 1980[96]. C'est sous ce prisme qu'il faut comprendre la révision constitutionnelle du 6 novembre 1990 en Côte d'Ivoire. La libéralisation de la vie politique par l'institution du multipartisme met en concurrence le pouvoir d'HOUPHOUËT-BOIGNY[97], contraint d'accepter une réforme constitutionnelle qui opère une nouvelle répartition du pouvoir exécutif, et affecte de manière significative la nature même du régime politique en vigueur[98]. Selon les termes du professeur MELEDJE DJEDJDRO, la révision introduit « un dualisme dans l'Exécutif ; désormais un Premier ministre existe aux côtés du chef de l'État. Ce dernier peut lui déléguer certains pouvoirs ; ce qui, à l'image de ce qui est vécu ailleurs en Afrique, contribue à modérer le présidentialisme[99] ».

C'est en termes identiques qu'il faut analyser le changement constitutionnel du 21 avril 1991 au Cameroun. Pour le professeur Maurice KAMTO, cette réforme est « un acte de sauvetage d'un régime alors au bord de l'effondrement ». Cette révision, dont l'objet unique est la réintroduction du poste de Premier ministre supprimé après les évènements d'avril 1984, est le résultat d'une convergence de facteurs[100]. À l'intérieur, c'est la montée

[96] KEUTCHA TCHAPNGA C., *op. cit,.* pp. 466-467) ; CONAC G. (dir.) *L'Afrique en transition vers le pluralisme politique,* Paris, Economica, 1993, 517 p.

[97] MELEDJE DJEDJDRO F., « Faire, défaire et refaire la Constitution en Côte d'Ivoire : un exemple d'instabilité chronique », *op. cit,.* p. 8.

[98] DEGNI-SEGUI R., « Évolution politique et constitutionnelle en cours et en perspective en Côte d'Ivoire » *in* Conac G. (dir.), *L'Afrique en transition vers le pluralisme politique,* Economica, 1993, pp 291-300. Voir sur le même sujet PRIVAT MEL A., « La réalité du bicéphalisme du pouvoir exécutif ivoirien », *RFDC,* n° 75, 2008, p. 513-549.

[99] MELEDJE DJEJDRO F., *op. cit,.* p 8.

[100] Citons à titre indicatif :

- EBOLO M.D., « L'implication des puissances occidentales dans les processus de démocratisation en Afrique : analyse des actions américaine et française au Cameroun (1989-1997) », *Polis,* Vol. 6, N° 2, 1998, p. 21-56.
- . POKAM H.P., « Analyse de l'influence que certains agents externes exercent sur le jeu démocratique en Afrique à travers les acteurs internes et le processus du jeu depuis l'ère

des revendications populaires, soutenues par la société civile et une partie de la presse privée[101] ; aggravée par le procès de Me YONDO BLACK accusé officiellement « d'atteinte à la sureté de l'État et de subversion ». Le barreau se mobilise pour le soutenir, et dénonce l'autoritarisme et les pratiques antidémocratiques. Le clergé[102] prend position et s'insurge contre « la négation de l'État de droit et la violation flagrante des droits et libertés des citoyens[103] ». Le mouvement des étudiants se radicalise dès avril 1991, car « ils en sont arrivés à la conclusion que le régime issu de la constitution de 1972, responsable entre autres de la crise économique, mérite d'être détruit ; autant en raison de l'incompétence et de la mauvaise gestion que de l'incapacité des dirigeants à prévoir l'avenir[104] ». À l'extérieur, c'est la résolution des États, anciennes puissances coloniales et puissances économiques et/ou militaires, de n'accorder de l'aide qu'aux États qui feront l'effort de démocratiser la vie et les institutions politiques[105]. Bref, c'est dans un environnement hostile au président de la République, dont la démission est même réclamée, que l'initiative de la révision constitutionnelle du 23 avril 1991 intervient. La réforme est la traduction de la modification du rapport de force institué en 1972, puisqu'« elle introduit une véritable innovation dans le régime institué par la Constitution du 2 juin 1972. Pour la première fois en effet, elle crée un Premier ministre, chef de

---

coloniale », *Annales de la Faculté des Sciences Juridiques et Politiques de l'Université de Dschang,* tome 5, 2001, p. 49-73.

[101] Notamment *Le Messager, Challenge-hebdo, La Nouvelle expression.*

[102] Il s'agit précisément de l'église catholique qui tient une Assemblée plénière extraordinaire de la Conférence épiscopale le 17 mai 1990.

[103] Rapporté par WANDJI K. J.F, *Le présidentialisme camerounais : l'exemple d'immobilisme constitutionnel aux aspects politiques changeants,* Mémoire de DEA de droit public, Université d'Auvergne Clermont-Ferrand I, 1992-1993, p. 34. Lire plus particulièrement son article « Processus de démocratisation et évolution du régime politique camerounais d'un présidentialisme autocratique à un présidentialisme démocratique », *Revue belge de droit constitutionnel,* n° 3, 2001, p. 437-469.

[104] WANDJI K. J.F, *Le présidentialisme camerounais : l'exemple d'immobilisme constitutionnel aux aspects politiques changeants, op. cit,.* p. 35.

[105] BAYART J-F., « La problématique de la démocratie en Afrique noire. "La Baule, et puis après ?" », disponible sur www.politique-africaine.com ; consultée le 06 février 2010 ; S. BOLLE, « La conditionnalité démocratique dans la politique africaine de la France » disponible à l'adresse http : //www.la-constitution-en-afrique.org/article-23321605.html, consultée le 03 mars 2012.

Gouvernement[106] ». Elle crée un mécanisme de responsabilité du Gouvernement devant l'Assemblée nationale, mettant ainsi en relief le fait qu'il ne s'agit pas simplement d'une déconcentration de l'exécutif dans un régime présidentiel[107].

La modification du rapport de force, confortant la position du détenteur du pouvoir, est l'hypothèse la plus fréquente dans les cycles constitutionnels africains. Elle participe alors de la construction et de la consolidation du pouvoir personnel[108]. Dans cette perspective, toute révision de la constitution est la conséquence d'une aggravation de la domination du détenteur du pouvoir[109] et d'une réduction de l'influence des agents externes et/ou internes non décisionnaires due à la survenance d'évènements favorables[110]. C'est l'hypothèse de l'institution des partis uniques[111] après que soit retombée l'euphorie des indépendances. Le parti unique rassemble pour assujettir sous l'autorité du chef de l'État l'ensemble du personnel politique et l'ensemble des institutions de l'État, dont l'organe chargé d'adopter la révision de la constitution. La loi fondamentale est calibrée ; comme un vêtement elle est ajustée au gré des changements de circonstances. La marginalisation du peuple est exaspérée par le recours incessant à l'Assemblée nationale, « chambre d'enregistrement », pour

---

[106] M. KAMTO, « Dynamique constitutionnelle du Cameroun indépendant », *in RJA, op. cit,*. p. 30. L'innovation mérite d'être soulignée justement à cause du fait que, sous l'empire de la Constitution de 1972, le poste de Premier ministre fut créé par la réforme de 1975. En 1979 une nouvelle réforme fait de ce personnage le dauphin du président de la République, avant que la révision du 4 février 1984 ne supprime le poste. Mais de 1975 à 1984, le Premier ministre n'a jamais été autre chose qu'un des plus proches collaborateurs du chef de l'État. Voir en ce sens I. ABIABAG, *Le Premier ministre en droit constitutionnel camerounais,* Thèse d'État, Université Paris X – Nanterre, 1979.

[107] ATANGANA AMOUGOU J. L., *op. cit,*. p. 16.

[108] MELEDJE DJEDJRO F., « La révision des constitutions dans les États africains francophones Esquisse de bilan », *RDP,* 1992, p. 125.

[109] Les révisions constitutionnelles opérées sous le régime du Maréchal Mobutu participent de la construction de cette surpuissance du chef de l'État, aboutissant dans ce champ constitutionnel précis à la concentration entre ses mains du pouvoir législatif et exécutif.

[110] La Constitution sénégalaise adoptée après l'alternance survenue en 2000 sera révisée 8 fois entre 2001 et 2010.

[111] Le 30 mars 1976, le parti unique Union démocratique du peuple malien (UDPM),

applaudir chaque étape de la construction de l'hégémonie présidentielle par retouches successives de la loi fondamentale[112].

Prenons comme exemple la limitation du nombre de mandats présidentiels par la quasi-totalité des constitutions d'Afrique noire francophone adoptées dans la mise en œuvre de l'impératif de démocratiser issu de la Baule, avec comme objectif de mettre fin à la « présidence à vie[113] » passée en force de règle constitutionnelle non écrite quoiqu'impérative. Cette concession du gouvernant, dans une période de rapport de force défavorable, est de nouveau contestée dès 1997[114]. Le mouvement, qui se généralise[115], illustre simplement une nouvelle modification du rapport de force en faveur du président de la République. En difficulté au moment de l'établissement des nouvelles constitutions, les chefs d'États africains acceptent tous les compromis, y compris celui de quitter le pouvoir un jour, vivant, et à la faveur d'une alternance rendue obligatoire par l'impossibilité de se présenter de nouveau aux élections présidentielles. La clause de limitation du nombre de mandats présidentiels est donc le symbole le plus significatif d'une profonde modification du rapport de force au sein des États africains ; il est sans précédent. L'ère des partis uniques et des élections sans concurrence ayant bâti et entretenu la mystique du « chef », et substitué de fait la République monarchique aux jeunes et frêles États républicains[116]. Aussi l'effondrement de près de quatre décennies d'un pouvoir sans partage et à l'abri de contestation agit-il comme une véritable révolution. Elle affecte au principal le pouvoir exécutif par sa décentralisation, procédant parfois

---

[112] Au Cameroun, la révision de 1969 ainsi que celles de 1983, 1984 et 1988. En Côte d'Ivoire la réforme du 02 juillet 1998.

[113] WANDJI K. J. F., « Les zones d'ombre du constitutionnalisme en Afrique », *op.cit.*, p. 276.

[114] C'est M. Blaise COMPAORE du Burkina Faso qui initie la première contestation de la limitation du nombre de mandats présidentiels. Elle est consacrée par la réforme constitutionnelle du 27 janvier 1997 modifiant l'article 37 de la Constitution du 11 juin 1991. Lire sur ce sujet LOADA A., « La limitation du nombre de mandats présidentiels en Afrique francophone », *Revue électronique Afrilex n° 3/2003,* p 139-174. Disponible à l'adresse http : //afrilex.u-bordeaux4.fr, consultée le 11 septembre 2009.

[115] Le Sénégal en 1998, la Guinée-Conakry en 2001, la Tunisie en mai 2002, le Togo en décembre 2002, le Gabon en juillet 2003, la Mauritanie et le Tchad en 2005, le Cameroun en avril 2008, le Rwanda en 2015, le Congo en 2015.

[116] KAMTO M., *Pouvoir et droit en Afrique, op.cit.,* p. 450 et ss.

d'une parlementarisation du régime[117] sans toutefois aboutir à une véritable dyarchie au sommet de l'État[118].

La reconstruction de la domination du président de la République est la conséquence immédiate de la substitution d'une démocratie majoritaire à une démocratie unanimitaire. Elle est due à la difficulté d'organisation d'élections non contestées[119] d'une part ; d'autre part, elle procède de l'incapacité de l'opposition parlementaire, déjà minoritaire, à faire front commun à des moments décisifs. Dans certains États, le parti au pouvoir jouit d'une « majorité écrasante », condamnant toute opposition à la presque inexistence. Sous ce rapport, toute « volition » du chef de l'État devient un impératif juridique, selon la formule du professeur Maurice KAMTO[120]. Ceci justifie le succès de la vague de remise en cause de la disposition limitant le nombre de mandats présidentiels. Ce rééquilibrage rétablit le président de la République comme moteur de la vie des institutions et maître de la construction d'une démocratie qui emporte des formes diverses[121].

B) Le changement de constitution résulte d'un renversement du rapport de force

Unanimement, les auteurs admettent que la constitution est un texte modifiable, et donc en réécriture permanente. Cette marque d'une « sagesse politique », que restitue l'existence dans toute constitution d'une procédure de révision, aurait pour but d'assurer la pérennité de la constitution tout en conservant son actualité. En ce sens, écrit ROYER-COLLARD « les constitutions ne sont pas des tentes dressées pour le sommeil[122] ». Pourtant,

[117] ONDOA M., « Une résurrection : le régime parlementaire camerounais », *Annales de la faculté des sciences juridiques et politiques,* Université de Douala, n° 2, 2002, p. 7-42.
[118] KENFACK TEMFACK E., « Opposition des majorités : l'hypothèse d'une dyarchie de l'exécutif au regard de la Constitution du 18 janvier 1996 au Cameroun », disponible sur www.la-constitution-en-afrique.org/article-pas-de-dyarchie-pas-de-cohabitation-48362263.htm, consultée le 24 mars 2011.
[119] MELEDJE DJEDJRO F., « Le contentieux électoral en Afrique », *Pouvoirs,* n° 129, 2009, p. 139-155.
[120] KAMTO M., *op. cit.,* p. 436.
[121] GUEYE B., « La démocratie en Afrique : succès et résistances », *Pouvoirs,* n° 129, 2009, p. 5-26
[122] Cité par GICQUEL J., *op. cit,.* p. 171.

si « la Nation a le droit imprescriptible de changer sa constitution », ceci n'implique pas nécessairement le droit de changer de constitution. La manifestation d'un pouvoir constituant originaire étant envisagée dans des circonstances limitativement énumérées, l'on en déduit qu'elle s'affranchit du postulat de l'adaptabilité pour revêtir une signification plus politique : il s'agit du renversement du rapport de force politique.

Le renversement du rapport de force se distingue du simple changement, en ce qu'alors que le second traduit une aggravation ou une diminution de position dominante, le premier est la marque d'une interversion de position dominante. Autrement dit, c'est le changement de l'autorité disposant du pouvoir de définir l'idée de droit valable dans la société. En Afrique noire francophone, l'embrigadement de l'alternance, d'abord par l'institution du parti unique, ensuite par l'opacité du système électoral, et enfin, par la neutralisation de la clause de limitation du nombre de mandats présidentiels, a réduit la concurrence au pouvoir à emprunter les voies révolutionnaires des coups d'État. En ce sens, le changement de constitution par le fait du renversement du rapport de force résulte simplement de la prise de pouvoir par des militaires. Selon le professeur Dmitri-Georges LAVROFF, « l'arrivée des militaires au pouvoir a toujours été accompagnée par la rupture totale de l'ordre constitutionnel en vigueur jusqu'alors. La nouvelle équipe gouvernante annonçait immédiatement l'abrogation ou au moins la suspension de la constitution[123] ». Le Niger est sous ce rapport l'exemple typique. Depuis l'indépendance cet État d'Afrique de l'Ouest a connu 8 constitutions dont la dernière, promulguée le 25 novembre 2010, institue la VIIe République. Que ce soit en Centrafrique[124], au Tchad[125] ou encore en Mauritanie[126] le remplacement de la constitution poursuit avant

---

[123] ESSONO OVONO A. « Armée et démocratie en Afrique, une relation ambivalente à normaliser », *Afrique contemporaine,* 2012/2, n° 242, p.120-121, LAVROFF D.-G., « La constitutionnalisation des régimes militaires en Afrique noire », *op.cit.,* p. 202.

[124] Constitution du 5 décembre 2004 adoptée par référendum.

[125] La Constitution du 14 avril 1995 adoptée par référendum le 31 mars 1995, soit 4 ans après l'arrivée de M. Idriss Deby Itno au pouvoir. Initialement l'État était fondé sur une Charte nationale du 28 février 1991, qui fut remplacée par la Charte de transition du 5 avril 1993 issue de la conférence nationale souveraine.

[126] Après la transition opérée en 2005, une crise est née entre le président Sidi Mohamed investi le 17 avril 2007 et une partie des députés. Celle-ci a occasionné un coup d'État

tout un objectif de démilitarisation. Autrement dit, c'est la construction d'un pouvoir tout au moins légal par la déconstruction d'un pouvoir illégitime. Dans le cas qu'elle vise, le nouvel « homme fort », en dénonçant pour les condamner la politique et les institutions anciennes, propose comme solution le changement de loi fondamentale, indexée comme le support de ce pouvoir non démocratique[127]. Aussi, l'élaboration d'une nouvelle constitution constitue-t-elle la marque d'une démilitarisation en vue d'assurer sa longévité. Le professeur LAVROFF reconnaît que « la constitution est un moyen grâce auquel les gouvernants militaires se transforment et s'efforcent de légitimer une autorité qui courait le risque d'être durement contestée[128] ». Au surplus, servira-t-elle à « écarter des soutiens devenus dangereux...[129] ».

Cette transformation se traduit par le recours à une démocratie incantatoire, invoquée formellement et révoquée en pratique, support d'un pouvoir qui est et demeure authentiquement patrimonialisé. Comme en République centrafricaine après la prise de pouvoir du Général François BOZIZE, l'instauration ou la restauration de la démocratie est obligatoirement subordonnée au maintien au pouvoir du chef de la junte. De ce fait, la loi fondamentale nouvelle, parce que destinée seulement à légitimer un pouvoir, n'a de valeur qu'autant que le rapport de force demeure favorable à celui qui détient la réalité de la souveraineté. Peu importe qu'elle soit adoptée par référendum ou par une assemblée législative, la constitution a pour vocation de traduire d'abord la victoire d'un individu ou d'un groupe d'individus, s'accaparant pour l'instrumentaliser de la souveraineté du peuple[130].

---

militaire le 6 août 2008. La junte au pouvoir, regroupée autour d'un Haut Conseil d'État sous l'autorité du Général Abdel Aziz, a substitué à la Constitution de 1991 révisée en 2006 une ordonnance constitutionnelle.

[127] LAVROFF D.-G., *op.cit.*, p. 203.

[128] *Ibid.* p. 204.

[129] Du BOIS De GAUDUSSON J., « Trente ans d'institutions constitutionnelles et politiques... », *op.cit.*, p. 54.

[130] Après le renversement de François Bozizé, le Conseil National de transition a élaboré et soumis au référendum un nouveau projet de constitution. Adoptée à près de 94 % des électeurs en décembre 2015, elle remplace celle qu'avait faite adoptée en 2004 le président Bozizé.

Le renversement du rapport de force peut aussi être la conséquence de l'élimination de toute concurrence au président de la République. C'est l'hypothèse d'un déséquilibre tellement accentué du rapport de force, qu'il s'analyse en la quasi-inexistence d'un vis-à-vis au détenteur du pouvoir présidentiel. Cette hypothèse s'est présentée notamment au Cameroun en 1972 avec le référendum constituant du 20 mai. La constitution issue de ce référendum a substitué l'État unitaire à la fédération consacrée par la Loi constitutionnelle du 1er septembre 1961. L'avènement de l'État fédéral avait réduit, certes dans une moindre mesure, les pouvoirs d'Ahmadou AHIDJO[131]. Aussi s'évertue-t-il à le reconstruire dans un territoire devenu plus large à la suite de la réunification. En ce sens, la réforme constitutionnelle du 10 novembre 1969 lui permet d'intervenir directement dans la gestion interne de l'État fédéré du Cameroun anglophone[132]. Fort de cette emprise retrouvée, Ahmadou AHIDJO prit souverainement[133] la décision d'instituer l'État unitaire en convoquant un référendum constituant, devenant ainsi la seule autorité de la République Unie du Cameroun.

La constitution guinéenne du 7 mai 2010[134] est aussi illustrative de la superpuissance du détenteur du pouvoir. Adoptée unilatéralement par le

---

[131] BAYART J.- F., *L'État au Cameroun,* Paris, Presses de la Fondation Nationale des Sciences Politiques, 2e édition, 1985, p. 96.

[132] BAYART J.-F., *L'État au Cameroun, op.cit.,* p. 125.

[133] L'État fédéral du Cameroun est le fruit du compromis politique dégagé à la conférence de Foumban du 17 au 21 juillet 1961. Elle regroupait la délégation du Southern Cameroon sous la conduite de John NGU FONCHA, et celle du Cameroun français indépendant conduite par le chef de l'État Ahmadou AHIDJO. Il en sortira un texte constitutionnel qui, adopté par l'Assemblée nationale de l'État du Cameroun, abolit la Constitution du 04 mars 1960 adoptée par référendum. Le passage de la fédération à l'État unitaire sera un acte unilatéral d'AHIDJO qui déclare aux députés réunis pour la circonstance le 6 mai 1972 que sa « profonde conviction est que le moment est venu de dépasser l'organisation fédérale de l'État ». Aucune autre autorité, particulièrement de l'État fédéré du Cameroun occidental n'a été préalablement consultée. Selon Jean-François BAYART, « la mesure s'inscrivait logiquement dans une évolution vieille de plusieurs années et couronnait la politique de centralisation poursuivie par le chef de l'État avec l'aide de l'administration » (*op. cit,*. p. 177).

[134] Elle remplace celle du 23 décembre 1990.

Conseil National de Transition[135] le 19 avril 2010 conformément aux accords d'Ouagadougou du 15 janvier 2010, elle est promulguée le 7 mai de la même année par le Général-président de la République par intérim Sékouba KONATE. Cet unilatéralisme, qui rapproche ce texte plus de la charte octroyée que du pacte social commun, est paradoxalement justifié par l'impératif de la restauration sans délai de la démocratie, dans un État qui n'a pas connu d'élections libres depuis son indépendance. En ce sens, une procédure non démocratique a été utilisée pour faire une constitution démocratique, qui servira de fondement au pouvoir du président démocratiquement élu, M. Alpha CONDE.

Bernard De JOUVENEL s'interrogeait déjà en ces termes : « si le Droit est chose que le Pouvoir élabore, comment pourrait-il jamais lui être un obstacle, un guide ou un juge ? [136] » Qu'elle soit l'objet d'une décision unilatérale du détenteur du pouvoir, qu'elle résulte d'un consensus des acteurs du jeu politique, ou qu'elle soit élaborée suivant une procédure faisant allégeance aux normes démocratiques y relatives, la constitution a vocation à être l'expression temporelle d'un état de la société. Destinée à limiter une chose par essence réfractaire à toute limitation, la constitution se trouve obligatoirement dans la précarité. Aussi, sa longévité dépend en ultime analyse de sa capacité à traduire l'état du pouvoir à chaque moment de la société. En attendant que l'intériorisation des valeurs de la démocratie et de l'État de droit[137] par tous les acteurs du jeu politique transforme la nature de la constitution, pour en faire l'arbitre de la lutte pour le pouvoir et l'expression d'une philosophie libérale.

---

[135] Créé par le CNDD, le CNT est, aux termes de l'article 2 de l'ordonnance **N° 001 /PRG/CNDD/SGPRG/2010 du 09 février 2010**, « composé de Cent un (101) Guinéens représentants les Organisations de la Société civile, les syndicats, le Secteur privé, les partis Politiques, le Conseil National pour la Démocratie et le Développement (CNDD), les ordres Socioprofessionnels, le Conseil interreligieux et des personnels ressources ».

[136] De JOUVENEL B., *op. cit.,* p. 369.

[137] Le rassemblement des États africains autour de tels idéaux a donné naissance notamment à la **Déclaration de Bamako** adoptée le 3 novembre 2000, **le Protocole A/SP1/12/01 sur la démocratie et la bonne gouvernance additionnel au Protocole relatif au mécanisme de prévention, de gestion, de règlement des conflits, de maintien de la paix et de la sécurité** adopté à Dakar le 21 décembre 2001 et **la Charte africaine de la démocratie, des élections et de la gouvernance** adoptée à Addis-Abeba le 30 janvier 2007.

PROTOCOLE DE RÉDACTION DES ARTICLES

L'envoi des articles au Comité éditorial se fait exclusivement par courrier électronique à l'adresse suivante : rasj.soa@gmail.com. La Revue n'endosse aucune responsabilité pour tout article envoyé à une autre adresse.

Le comité éditorial de la revue attache un prix particulier au respect des normes et standards ci-dessous indiqués :

1. La taille des contributions ne doit pas excéder 20 pages au format de la revue pour les articles proprement dits et 15 pages pour toute autre contribution.

2. Tout article soumis pour publication doit être envoyé sous le format Word, interligne simple, police d'écriture Times New Roman, taille de police 12, paragraphe aligné, marges de 2,5 cm.

3. Les articles sont accompagnés d'une biographie succincte de l'auteur, incluant sa qualité (grade, responsabilité académique, ou statut professionnel), son adresse e-mail dans une première note de bas de page, et d'un résumé de dix lignes maximum en français et en anglais avec quatre à six mots-clés.

4. Les citations dans le corps du texte doivent être transcrites entre guillemets doubles, avec le même type et la même taille de la lettre du texte.

5. L'appel de note est continu et se place après le mot ou le groupe de mots auquel il se rapporte, séparé par un espace insécable.

6. Les références bibliographiques des articles sont citées comme suit :

a) Pour les articles des revues : Nom (intégral) et Prénom (initial) de l'auteur, Titre de l'article entre guillemets doubles, *Titre de la revue en italique*, Numéro du volume, Numéro du fascicule, Année de la publication, Pages initiale et finale de l'article ou Page (s) exacte (s) de la citation.

Exemple : LECA J., « Pour une analyse comparative des systèmes politiques méditerranéens », *Revue française de science politique ou RFSP*, vol. 27, n° 4, 1977, p. 557-581.

b) Pour les livres : Nom (intégral) et Prénom (initial) de l'auteur, *Titre du livre en italique,* Lieu de publication, Maison d'édition, Année de publication, Pages initiale et finale de l'article ou Page (s) exacte (s) de la citation.

Exemple : MBAYE K., *Les droits de l'homme en Afrique*, Paris, Pedone, 2002, p. 180.

c) Pour les ouvrages collectifs : Nom (intégral) et Prénom (initial) de l'auteur, Titre de l'article entre guillemets doubles, Mention « in » en italique, Nom du directeur de l'ouvrage, nom de l'ouvrage en italique, Lieu d'édition, Maison d'édition, Année d'édition, Pages initiale et finale de l'article ou Page (s) exacte (s) de la citation.

Exemple : MAZERES J.-A., « Qu'est-ce que la puissance publique ? », *in* Raimbault P. (dir.), *La puissance publique à l'heure européenne*, Paris, Dalloz, 2006, p. 9 à 20.

N.B. Les articles expertisés (selon le principe de *Peer Review)*, retenus et publiés dans la *RASJ* deviennent la propriété de celle-ci. Leur reproduction partielle ou intégrale est soumise à l'autorisation expresse de la direction de la Revue.

PROTOCOL FOR SUBMITTING ARTICLES

Contributions can only be submitted through electronic mailing to the following address: rasj.soa@gmail.com. The editorial board of AJL shall not be liable for any contribution which is not sent to above address. The editorial policy of the Journal requires strict adherence to the following guidelines and standards:

1. Articles must not exceed 20 pages and other contributions (Case Law, Legislation and Bibliographic Surveys) 15 pages.

2. All contributions must be sent in Word format (. doc or .docx), single line spacing, Times New Roman font, size - 12, aligned paragraphs, and margins of 2.5 cm.

3. All contributions must include a brief biography of the author in an opening footnote, their academic or professional status, email address and, for articles, a short abstract written in French and English of not more than 200 words each followed by four to six key words;

4. Citations in the body of the paper should be in single smart quotes, with the same font as the text but smaller in size (10).

5. Footnoting should be continuous and must appear after the relevant word or group of words, separated by normal spacing.

6. Bibliographic references of articles should be quoted as follows:

a) For articles of a Journal: Author's name and surname, Title of the article in inverted commas, *Title of the Journal in italics*, Volume Number, Fascicle Number, Year of publication, first and last pages of the article or exact page(s) of the quotation.

Example: Flemming P., "The Justiciability of Socio-Economic Rights in Africa", *International Human Rights Law Review* or *IHLR*, vol. 27, n ° 4, 1977, pp. 557-581.

b) For books: Author's name and surname, *Title of the book in italics*, Place of publication, Publishing house, Year of publication, First and last pages of the article or Exact page(s) of the quotation.

Example: Raz J., *Authority of the Law*, London, Stevens, 2002, p.180.

c) For collective works: Author's name and surname, Title of the article in inverted commas, *"in"* in italics, Name of the director of the book, *Title of the book in italics*, Place of publication, Publishing house, Year of publication, First and last pages of the article or Exact page(s) of the quotation.

Example: Ingelman J. "Foreign Direct Investments in Africa?" *in* Craig P. (Ed.), *Foreign Capital Flows in Developing Countries: Incidence on Development*, Cincinnati, Butterworths, 2006, pp. 9 - 20.

N. B. Articles reviewed (following the Peer Review principle), validated and published by the AJOL become the property of the Journal. Any partial or complete reproduction is subject to the prior authorisation from the Editors of the Journal.

Questions juridiques aux éditions L'Harmattan

Dernières parutions

CONCILIATION ET MÉDIATION DEVANT LA JURIDICTION ADMINISTRATIVE
Actes du colloque du Conseil d'État du 17 juin 2015
Sous la direction de Jacques Biancarelli et Béatrice Blohorn-Brenneur
Voici près de 25 ans que le Conseil d'État, confronté à une judiciarisation croissante de la société, réfléchit aux modes alternatifs de règlement des différends afin de les pacifier et de rendre les justiciables davantage confiants en la justice administrative. Après avoir rappelé le contexte juridique et les enjeux d'une telle impulsion, un bilan comparatif des pratiques du juge administratif et du juge judiciaire a permis de mesurer combien il est nécessaire et urgent de compléter la boîte à outils dont dispose le premier. Voici une réflexion, les références et les outils nécessaires à la juridiction administrative.
(Coédition GEMME, 24.00 euros, 246 p.)
ISBN : 978-2-343-07270-8, ISBN EBOOK : 978-2-336-39774-0

L'ERREUR JUDICIAIRE
Apprendre à douter pour lutter contre les erreurs judiciaires
Sous la direction de Xavier Pin
L'erreur judiciaire hante autant qu'elle jalonne l'histoire de notre justice pénale. Nous avons tous en mémoire de retentissants procès ayant vu des individus accusés ou condamnés, avant d'être disculpés, graciés ou réhabilités. Le législateur y est sensible au point de réformer régulièrement la procédure pénale pour tenter d'éviter, de corriger ou de réparer, autant que possible, de telles erreurs. Une loi du 20 juin 2014 réforme les procédures de révision et de réexamen des condamnations pénales définitives : elle est l'occasion d'essayer de comprendre ces fiascos judiciaires.
(Coll. Droit privé et sciences criminelles, 15.00 euros, 126 p.)
ISBN : 978-2-343-07284-5, ISBN EBOOK : 978-2-336-39807-5

LE DROIT CONSTITUTIONNEL DE LA Ve RÉPUBLIQUE
(Treizième édition)
Lascombe Michel, Toulemonde Gilles
Cet ouvrage s'adresse aux étudiants en droit, aux élèves des instituts d'études politiques et aux candidats aux concours administratifs. Il couvre l'essentiel du programme de droit constitutionnel, c'est-à-dire aussi bien les constitutions françaises depuis 1789 que l'actuel texte constitutionnel. Cette nouvelle édition tient compte des derniers développements induits par les changements politiques, des dernières réformes des règlements des assemblées et de la jurisprudence la plus récente.
(Coll. Logiques Juridiques, 42.00 euros, 506 p.)
ISBN : 978-2-343-07916-5, ISBN EBOOK : 978-2-336-39877-8

LA PROXIMITÉ EN DROIT INTERNATIONAL PRIVÉ DE LA FAMILLE
Bouyahia Sabrine Maya - Préface de Lotfi Chedly et Marie Goré
Parmi les méthodes proposées pour trancher les litiges présentant un élément d'extranéité, figure celle reposant sur le principe de proximité. L'étude porte sur deux systèmes de droit international privé de la famille différents (droit français et droit tunisien) pour mettre en exergue d'une

part l'adaptation de cette méthode aux spécificités de chaque ordre étatique et d'autre part son adéquation avec tous les différents systèmes de droit.
(Coll. Logiques Juridiques, 54.00 euros, 618 p.)
ISBN : 978-2-343-05464-3, ISBN EBOOK : 978-2-336-39866-2

QUARTIER-FEMMES ÉCROU 10970
Boh-Petit Dominique
Cellule 24 : une femme dit toute sa souffrance d'être enfermée. Elle a tué. Son histoire est à la rubrique des faits divers. La Cour d'assises la jugera. Bien des années plus tard, elle est libérée. La vie doit reprendre. Ce récit est parfaitement conforme à la réalité. Tout a existé et existe encore.
(Coll. La justice au quotidien, 15.00 euros, 130 p.)
ISBN : 978-2-343-07436-8, ISBN EBOOK : 978-2-336-39812-9

GABELOUS ET CONTREBANDIERS
Histoire des fermiers généraux de Dijon (1760-1780)
Evrard Sébastien - Préface de Marc Fradet
En exhumant un registre du personnel de la direction des fermes de Dijon, l'auteur retrace, entre 1760 et 1780, la vie méconnue de centaines d'agents au service du doit et de l'impôt. Ces derniers servaient un système protecteur (la retraite fait son apparition dès 1768), parfois très rémunérateur, mais qui s'avère aussi, sous certains aspects, une machine à broyer les hommes : le régime des sanctions que met en place la Ferme est d'une efficacité redoutable. En définitive, la Ferme présente un aspect mitigé.
(Coll. Mémoires des Douanes, 28.50 euros, 278 p.)
ISBN : 978-2-343-06683-7, ISBN EBOOK : 978-2-336-39845-7

DICTIONNAIRE OHADA
(3e édition)
Bitsamana Hilarion Alain
Ce dictionnaire spécial du droit des affaires OHADA propose une définition claire et précise, avec tous les compléments nécessaires, des principaux termes utilisés tous les jours se rapportant à l'OHADA. Un ouvrage de référence permettant de décoder l'OHADA, accessible à toute personne s'intéressant au monde des affaires en Afrique comme à l'étranger.
(39.00 euros, 398 p.)
ISBN : 978-2-343-07656-0, ISBN EBOOK : 978-2-336-39786-3

LA DÉJUDICIARISATION ET LES PROCÉDURES NON CONTENTIEUSES EN AFRIQUE
Amboulou Hygin Didace
La déjudiciarisation comprend l'ensemble des mécanismes de gestion des différends en rationalisant les moyens matériels et humains de la justice, afin de pallier les déficiences du système judiciaire et de limiter les surcharges des juridictions. Les institutions de nombreux pays sont analysées et les déjudiciarisations en droit public et en droit privé sont abordées.
(Coll. Études africaines, 17.50 euros, 156 p.)
ISBN : 978-2-343-06928-9, ISBN EBOOK : 978-2-336-39805-1

COMMENT RENFORCER L'INDÉPENDANCE DE LA MAGISTRATURE AU SÉNÉGAL ?
Ngom Babacar
Préface de Amadou Mahtar Mbow
L'ouvrage présente dans une première partie les garanties légales d'indépendance de la justice, notamment la règle de la séparation des pouvoirs, le principe de la soumission des juges à l'autorité de la loi et celui de l'inamovibilité du magistrat du siège. Après une analyse critique de ces dispositions, l'auteur formule des propositions de renforcement de l'indépendance de la magistrature.
(13.50 euros, 124 p.)
ISBN : 978-2-343-05158-1, ISBN EBOOK : 978-2-336-39837-2

LE DROIT PÉNAL DES AFFAIRES AU CAMEROUN
Djila Kouayi Kemajou Rose
Préface de Victor-Emmanuel Bokalli
Dans le domaine des affaires, la liberté d'entreprendre et d'investir comporte de nombreux risques, au rang desquels le risque pénal. La délinquance en col blanc n'étant plus réservée aux grandes sociétés commerciales, les moyens de lutte et de sécurisation des investisseurs nécessitent un droit pénal des affaires dont l'objectif est la recherche d'une éthique dans ce domaine.
(Coll. Études africaines, 35.50 euros, 350 p.)
ISBN : 978-2-343-07840-3, ISBN EBOOK : 978-2-336-39777-1

50 ANS DE MARIAGE
Réflexions d'un notaire sur l'évolution du couple ces cinquante dernières années
Dauptain Pierre
De la pilule contraceptive jusqu'au mariage pour tous, l'auteur nous propose une réflexion sur les lois qui ont accompagné l'évolution du couple au cours des cinquante dernières années. Il analyse cette évolution pour aborder les problématiques juridiques et morales qui font tant débat de nos jours. Il s'appuie sur des travaux de juristes ou de sociologues, des articles de presse, mais aussi sur les chansons et les films qui ont marqué ces années et qui témoignent de façon si éclairante des changements de mentalités.
(Éditions Pepper, 16.50 euros, 148 p.)
ISBN : 978-2-343-07677-5, ISBN EBOOK : 978-2-336-39690-3

MÉTHODOLOGIE ET ASPECTS FORMELS DE LA RECHERCHE
Petit manuel à l'usage des juristes
Marain Gaëtan
L'ouvrage propose un véritable apprentissage du formalisme qui doit permettre aux étudiants et aux professionnels confrontés à la rédaction d'une thèse ou d'un mémoire juridique d'aborder ce travail avec sérénité. L'auteur donne une méthode de recherche pour définir le sujet, trouver et compulser les références utiles, échafauder un plan. Il aborde également les thèmes des citations d'auteur, notes de bas de page, mise en page. Il traite enfin du travail de relecture et de l'épreuve de soutenance.
(19.00 euros, 178 p.)
ISBN : 978-2-343-07638-6, ISBN EBOOK : 978-2-336-39556-2

RISQUES, ACCIDENTS ET CATASTROPHES
Liber amicorum
En l'honneur de Madame le professeur Marie-France Steinlé-Feuerbach
Sous la direction Hervé Arbousset, Caroline Lacroix et Benoît Steinmetz
L'étude et l'analyse des risques sont au cœur des réflexions du Professeur Steinlé-Feuerbach. Ses nombreux écrits de doctrine sur la thématique des accidents et des catastrophes ont amené à ce que ses collègues et amis lui dédient cet ouvrage. Ces mélanges donnent une vue d'ensemble d'une matière devenue une véritable discipline transcendant le clivage droit public-droit privé.
(Coll. Sciences criminelles, 34.00 euros, 334 p.)
ISBN : 978-2-343-07169-5, ISBN EBOOK : 978-2-336-39677-4

ÉTAT, COLLECTIVITÉS TERRITORIALES ET DROITS SOCIAUX
Étude du droit comparé
Sous la direction d'Olivier Lecucq
Comment, selon leur organisation territoriale respective, La France, l'Espagne et l'Italie œuvrent à la satisfaction des droits sociaux. Quels sont les rôles de l'État en ce domaine ? Quelles sont les actions qui en découlent et comment se coordonnent-elles ? Quelles en sont les implications en termes d'égalité des citoyens et des territoires ? L'ouvrage tente de répondre à ces questions en interpellant la réalisation de l'État social dans un contexte de crise, de réduction des déficits et de maîtrise des dépenses.
(Coll. Bibliothèques de droit, 22.50 euros, 221 p.)
ISBN : 978-2-343-07585-3, ISBN EBOOK : 978-2-336-39683-5

LE PRINCIPE DE PRÉCAUTION
Au carrefour de la philosophie, du droit et des sciences
Calderaro Norbert
La notion de principe de précaution, qui donne lieu à beaucoup de controverses, nécessite de la part d'un juriste une analyse objective pour écarter ce qu'elle n'est pas et définir son contenu véritable. Après un aperçu des sources philosophiques, l'auteur réalise une synthèse du principe de précaution en droit international, européen, en droit comparé et en droit interne. Il intègre notamment les tout derniers développements de la jurisprudence du Conseil d'État.
(18.50 euros, 180 p.)
ISBN : 978-2-343-05457-5, ISBN EBOOK : 978-2-336-39452-7

LES COLLECTIVITÉS TERRITORIALES ET LA SPÉCULATION
Goasdoué Mélissa - Avant-propos de Michel Verpeaux
Préface de Julien Martin
L'ancien dispositif empêchant la conclusion d'opérations financières spéculatives par les collectivités locales ayant échoué, un nouveau dispositif fonctionnant au cas par cas a été mis en place. Après une étude des imperfections de la notion de spéculation puis des liens unissant ces imperfections à l'échec du précédent dispositif dans la protection des collectivités contre les risques spéculatifs, le présent ouvrage s'attache à démontrer comment et dans quelle mesure cette protection est désormais rendue possible.
(Coll. Droit des collectivités territoriales, série Travaux, 15.00 euros, 140 p.)
ISBN : 978-2-343-07619-5, ISBN EBOOK : 978-2-336-39520-3

LE DROIT DE LA GUERRE
Traité sur l'emploi de la force armée en droit international (3 volumes)
Cumin David
Aussi ancien que la guerre et que le droit international dont il constitue le cœur historique, le droit de la guerre existe. Croisant droit et polémologie, portant sur les conflits armés internationaux et internes, ce traité expose, explique et reconstruit l'ensemble du droit international contemporain relatif à l'emploi de la force armée - auteurs et acteurs de la belligérance, ses buts, moyens, théâtres, régimes - et propose une analyse critique de la responsabilité réparatrice et punitive.
Volume 1 (Coll. Droit comparé, 46.00 euros, 458 p.)
ISBN : 978-2-343-06498-7, ISBN EBOOK : 978-2-336-39588-3
Volume 2 (Coll. Droit comparé, 60.00 euros, 760 p.)
ISBN : 978-2-343-07707-9, ISBN EBOOK : 978-2-336-39589-0
Volume 3 (Coll. Droit comparé, 48.00 euros, 468 p.)
ISBN : 978-2-343-07708-6, ISBN EBOOK : 978-2-336-39590-6

LA RESPONSABILITÉ DE PROTÉGER
Nouvelle approche du droit international
Gandou D'Isseret Crépin Gyscard
Le droit d'ingérence humanitaire se comprend comme une éthique de détresse, une obligation de protéger les personnes en danger de mort. La responsabilité de protéger traduit en acte la nécessité impérative de prendre soin de l'homme, ou de la collectivité humaine en général, quand les conditions de son existence connaissent une détérioration significative ou quand elles sont sur le point de le devenir.
(Coll. Harmattan Congo, 16.50 euros, 152 p.)
ISBN : 978-2-343-06724-7, ISBN EBOOK : 978-2-336-39575-3

L'HARMATTAN ITALIA
Via Degli Artisti 15; 10124 Torino
harmattan.italia@gmail.com

L'HARMATTAN HONGRIE
Könyvesbolt ; Kossuth L. u. 14-16
1053 Budapest

L'HARMATTAN KINSHASA
185, avenue Nyangwe
Commune de Lingwala
Kinshasa, R.D. Congo
(00243) 998697603 ou (00243) 999229662

L'HARMATTAN CONGO
67, av. E. P. Lumumba
Bât. – Congo Pharmacie (Bib. Nat.)
BP2874 Brazzaville
harmattan.congo@yahoo.fr

L'HARMATTAN GUINÉE
Almamya Rue KA 028, en face
du restaurant Le Cèdre
OKB agency BP 3470 Conakry
(00224) 657 20 85 08 / 664 28 91 96
harmattanguinee@yahoo.fr

L'HARMATTAN MALI
Rue 73, Porte 536, Niamakoro,
Cité Unicef, Bamako
Tél. 00 (223) 20205724 / +(223) 76378082
poudiougopaul@yahoo.fr
pp.harmattan@gmail.com

L'HARMATTAN CAMEROUN
BP 11486
Face à la SNI, immeuble Don Bosco
Yaoundé
(00237) 99 76 61 66
harmattancam@yahoo.fr

L'HARMATTAN CÔTE D'IVOIRE
Résidence Karl / cité des arts
Abidjan-Cocody 03 BP 1588 Abidjan 03
(00225) 05 77 87 31
etien_nda@yahoo.fr

L'HARMATTAN BURKINA
Penou Achille Some
Ouagadougou
(+226) 70 26 88 27

L'HARMATTAN SÉNÉGAL
10 VDN en face Mermoz, après le pont de Fann
BP 45034 Dakar Fann
33 825 98 58 / 33 860 9858
senharmattan@gmail.com / senlibraire@gmail.com
www.harmattansenegal.com

L'HARMATTAN BÉNIN
ISOR-BENIN
01 BP 359 COTONOU-RP
Quartier Gbèdjromèdé,
Rue Agbélenco, Lot 1247 I
Tél : 00 229 21 32 53 79
christian_dablaka123@yahoo.fr

Achevé d'imprimer par Corlet Numérique - 14110 Condé-sur-Noireau
N° d'Imprimeur : 133082 - Dépôt légal : octobre 2016 - *Imprimé en France*

www.ingramcontent.com/pod-product-compliance
Lightning Source LLC
LaVergne TN
LVHW011451061026
849535LV00004BA/1048
* 9 7 8 2 3 4 3 1 0 4 2 9 4 *